원활한 의사소통을 위한 일본어 문법서

다이나믹 일본어 문법

오현정 지음

다락원

머리말

일반적으로 외국어를 공부하다 보면 문법 학습의 필요성을 느끼게 됩니다. 이는 문법에 관한 기본적인 내용을 파악하는 것이 외국어를 배우는 데 매우 중요하다고 생각하기 때문입니다. 그러나 우리가 왜 문법을 공부해야 하는가에 관해 한 번 더 생각해 보면, 그것은 문법 자체를 잘 알기 위해서라기보다는 그 나라 말을 잘하기 위해서라는 것을 알 수 있습니다. 때문에 문법 학습을 통해 그 나라 말을 더 잘 이해하고 의사소통을 원활하게 하려면 문(文)의 규칙뿐만 아니라 그 문을 어떠한 장면에서 어떠한 사람들을 대상으로 써야 하는가에 관한 정보도 함께 학습해야 합니다. 그래야만 진정한 의미에서 의사소통에 도움이 되는 문법을 공부한 것이 됩니다.

외국어를 구사할 때 가장 좋지 않은 것은 조사나 단어 등을 잘못 쓰는 것이 아니라, 상대방에게 좋지 않은 인상을 주는 표현을 쓰는 것입니다. 아무리 외국어를 유창하게 구사한다 할지라도 그 표현이 예의에 벗어나거나 건방져 보인다면 그 의사소통은 성공한 것이라 볼 수 없습니다. 오히려 서툴더라도 좋은 인상을 남기는 외국어 사용이야말로 성공적으로 외국어를 습득한 것이라 생각합니다. 필자는 이와 같은 생각, 즉, 문법 학습 내용에는 그 문형이나 표현을 어떠한 장면에서 어떠한 사람에게 써야 하는가가 포함되어야 한다는 생각을 하면서 이 교재를 집필하였습니다. 이 점을 염두에 두고 공부한다면 보다 느낌이 좋은 일본어를 구사할 수 있으리라 생각합니다.

아무쪼록 이 교재의 내용을 잘 이해하여 보다 탄탄한 일본어 실력을 다져 나가시기를 바랍니다. 마지막으로 이 교재의 집필에 도움을 주신 다락원의 정규도 사장님과 일본어 출판부에 감사 드리며, 이선희 선생님, 宮内圭子 씨에게도 감사의 말씀을 올립니다.

저자 오현정

이 책의 구성과 특징

★ 『다이나믹 일본어 문법』의 특징은 다음과 같습니다.

1. 문법의 주요 테마를 1과부터 7과까지는 형태(활용)를 중심으로, 8과부터 20과까지는 구문(표현)을 중심으로 구성하였습니다.

2. 각 문형·표현의 실제 쓰임을 중시하여 어떠한 장면에서 쓰이는가, 누구에게 쓰이는가에 관한 정보를 상세히 기술하였습니다.

★ 『다이나믹 일본어 문법』의 구성은 다음과 같습니다.

1 명사의 종류와

(1) 일본어의 명사

명사는 일반적으로 사물의 이름을 나타내는 보통명사, 인명이나 지명을 나타내는 **고유명사**(「夏目漱石」), 명사를 대신 나타내는 **대명사**(「私, あそこ, 彼女」), 「冊, 5時」등), 구체적인 의미를 나타내지 못하여 다른 식명사(「の, ところ, はず」 등) 등으로 나뉜다.

- 教室に 机と 椅子が

▶ 각 과의 주요 문법 사항을 자세히 설명하였습니다.

타내는 **고유명사**(「夏目漱石」
타내는 **대명사**(「私, あそこ, 彼女」등)
時」 등), 구체적인 의미를 나타내지 못하여 다
명사(「の, ところ, はず」 등) 등으로 나뉜다.

- 教室に 机と 椅子が あります。 교실에 책상과 의자가
- 山田さんは 大阪出身です。 야마다 씨는 오사카 출신입니다.
- 彼女は あそこに います。 그녀는 저기에 있습니다.
- 1人で 10冊の 本を 買いました。 혼자서
- 今、着いた ところです。 지금 막 도착했습니다.

▶ 앞서 설명한 내용을 보다 쉽게 이해할 수 있도록 예문을 꼼꼼히 제시하였습니다.

인	机 책상
장소 등	椅子 의자
	花 꽃
「1つ, 3	勉強 공부
	夏目漱石 나쓰메 소세키(인명)
에 쓰이는 **형**	大阪 오사카(지명)
	私 나, 저
	あそこ 저기
	彼女 그녀
	1つ 하나
	~冊 ~권(책)

▶ 설명과 예문에 나오는 어휘를 정리하였습니다. 주로 일본어 능력시험 N4·5급 수준의 어휘들로 구성되어 있습니다.

3   유사표현에 관한 차이점을 팁을 통해 간단하고 명료하게 제시해 두었습니다.

4   학습의 이해를 돕기 위한 예문은 대부분 일본어 능력시험 N4·5급 수준의 어휘로 이루어져 있으며, 문법과 어휘를 함께 공부할 수 있도록 별도로 뜻을 정리하였습니다.

5   각 과에서 학습한 내용을 확인하기 위한 연습문제는 일본어 능력시험의 유형으로 만들어 새로운 일본어 능력시험에 익숙해지도록 하였습니다.

▶ 유사표현에 관한 차이점, 앞서 설명한 내용과 관련하여 함께 알아 두어야 할 사항 등을 정리하였습니다.

▶ 특별히 주의해야 할 사항을 정리하였습니다.

▼ 실제 회화에서 사용할 때 주의할 점이나 알아 두어야 할 사항 등을 정리하였습니다.

▼ 각 과에서 학습한 내용을 확인할 수 있는 연습문제는 일본어 능력시험의 유형에 맞추어 출제하였습니다.

목 차

머리말 ··· 3
이 책의 구성과 특징 ·· 4

01 명사 ··· 9
명사의 종류와 특징 • 명사문 • 수사 읽기 • 인칭대명사
• 지시대명사(こそあど) • 수사

02 형용사 ··· 29
い형용사문 및 활용 • な형용사문 및 활용 • 형용사 연결형의 의미
• 속성형용사와 감정형용사 • 多い, 近い, 遠い의 연체형
• 好きだ, 嫌いだ, 上手だ, 下手だ • な형용사와 한국어 형용사
• 형용사 비교 표현

03 동사의 분류 · 사전형 · ます형 ························ 45
동사의 종류 • 사전형 • ます형

04 동사의 て형 · た형 · ない형 ···························· 59
て형 • た형 • ない형

05 연체형 · 조건형 · 의지형 · 명령형 ··················· 75
연체형 • 조건형 • 의지형 • 명령형

06 정중체와 보통체 ··· 85
정중체와 보통체 • 보통체 회화 • 보통체형이 쓰이는 주요 문형
• の(ん)だ문

07 자동사와 타동사 ··· 97
자동사문과 타동사문 • 자동사와 타동사의 종류
• 자 · 타동사의 사용상의 주의점
• 대응하는 형태를 가진 자 · 타동사의 유형

08 격조사 · 병렬조사 ·· 105
격조사 • 병렬조사 • 조사 비교

09 시제 ·· 117
る형과 た형 • る형(비과거형) • た형(과거형)

10 상 ··· 125
상의 개념 및 종류 • て형에 접속하는 상적 표현
• ます형에 접속하는 상적 표현 • 기타

⑪ 수수표현 ··· *137*
　물건의 수수 • 은혜의 수수 • 수수표현 사용상의 주의점

⑫ 가능표현 ··· *147*
　동사의 가능형 • ～ことが できる • 가능표현의 의미
　• 見える/見られる, 聞ける/聞こえる

⑬ 수동표현 ··· *155*
　동사의 수동형 만들기 • 수동문의 종류 • 수동형에 쓰이는 동작주
　• 수동표현의 사용

⑭ 사역표현 ··· *167*
　동사의 사역형 만들기 • 사역문의 종류 • 사역형의 의미
　• 사역수수표현 • 사역수동표현

⑮ 원인·목적·역접표현 ··· *179*
　원인·이유를 나타내는 접속표현 • 목적을 나타내는 접속표현
　• 역접을 나타내는 접속표현

⑯ 조건표현 ··· *189*
　と • ば • たら • なら • と, ば, たら, なら의 특징 비교
　• 조건표현의 사용

⑰ 서법 ··· *199*
　서법의 종류 • 추량·양태 • 전문 • 가능성·확신 • 당위 • 설명
　• 의지·희망 • 명령 • 금지 • 의뢰 • 허가 • 권유

⑱ 특립조사·종조사 ··· *225*
　특립조사 • 종조사

⑲ 경어 ··· *237*
　존경어(尊敬語) • 겸양어(謙譲語) • 공손어(丁寧語)
　• 경어 사용상의 주의점

⑳ 부사·접속사 ··· *249*
　부사 • 접속사

　부록 ··· *265*

01 명사

명사란 사람이나 사물, 사건 등을 가리키는 말로서, 활용을 하지 않으며 「が, を, で, に」 등 조사를 직접 붙여 쓸 수 있다. 일본어 학습시 가장 기초적인 부분에 해당하여 대부분의 초급 교과서 첫 부분에 명사와 함께 명사문이 제시되어 있다.

이 과에서는 명사문의 종류, 지시사 사용, 수사 사용(시간, 요일, 월일, 가격) 등에 대해 알아보도록 한다.

학습 포인트

- ▶ 명사문의 종류
- ▶ 인칭대명사의 종류와 쓰임
- ▶ 지시대명사의 체계와 한국어와의 차이점
- ▶ 수사 읽기

1 명사의 종류와 특징

(1) 일본어의 명사

명사는 일반적으로 사물의 이름을 나타내는 **보통명사**(「机, 椅子, 花, 勉強」 등), 인명이나 지명을 나타내는 **고유명사**(「夏目漱石, 大阪」 등), 사람이나 사물, 장소 등을 대신 나타내는 **대명사**(「私, あそこ, 彼女」 등), 수량을 나타내는 **수사**(「1つ, 3冊, 5時」 등), 구체적인 의미를 나타내지 못하여 다른 단어와 항상 함께 쓰이는 **형식명사**(「の, ところ, はず」 등) 등으로 나뉜다.

- 教室に 机と 椅子が あります。 교실에 책상과 의자가 있습니다.
- 山田さんは 大阪出身です。 야마다 씨는 오사카 출신입니다.
- 彼女は あそこに います。 그녀는 저기에 있습니다.
- 1人で 10冊の 本を 買いました。 혼자서 10권의 책을 샀습니다.
- 今、着いた ところです。 지금 막 도착했습니다.

(2) 일본어의 단수와 복수

일본어의 명사는 단수와 복수의 개념이 확실하지 않기 때문에 명사의 형태 그대로 단수와 복수를 나타낸다.

- 学生が 教室に います。 학생이 교실에 있습니다. [학생이 1명일 수도 있고 2명 이상일 수도 있음]

단, 사람을 나타내는 명사에 한하여 「～たち(～들), ～がた(～(분)들), ～ら(～들), ～ども(～들)」 등의 접미사를 붙여 복수형을 나타내기도 한다.

- 私たち 우리들
- 学生たち 학생들
- 先生がた 선생님들
- ぼくら 우리들(남자)
- 彼ら 그들
- 子供ども 아이들

(3) 생물과 무생물의 구별

일본어에서 명사가 생물인지 무생물인지를 구별하는 것은 매우 중요하다. 생물의 존재를 나타낼 때에는 「いる」를 쓰고, 무생물의 존재(식물 포함)에는 「ある」를 쓰기 때문이다.

- 教室に 学生が います。 교실에 학생이 있습니다.

机 책상
椅子 의자
花 꽃
勉強 공부
夏目漱石 나쓰메 소세키(인명)
大阪 오사카(지명)
私 나, 저
あそこ 저기
彼女 그녀
1つ 하나
～冊 ～권(책)
～時 ～시(시간)
の ～것
ところ ～바
はず ～할 터
教室 교실
ある 있다
出身 출신
いる 있다
1人 1명
本 책
買う 사다
今 지금
着く 도착하다
学生 학생

- 教室に 机が **あります**。 교실에 책상이 있습니다.

생물이라 할지라도 소유의 의미로 말할 때에는「ある」를 쓰기도 한다.
- 私は 子供が 3人 **あります**。 나는 아이가 3명 있습니다.

子供 아이, 어린이
~人 ~명

2 명사문

❶ 　명사1　は　명사2　です(か)　(명사 1)은 (명사 2)입니다(까?)

명사의 비과거긍정형으로,「명사 1 は」는 그 문장의 주제를 나타내며, 명사 2 뒤에「です」를 붙여 쓴다.

조사로 쓰이는「は」는 [ha]가 아니라 [wa]로 읽어야 한다.

- 私は 金英秀です。 나는 김영수입니다.
- 今日は 日曜日です。 오늘은 일요일입니다.

今日 오늘
日曜日 일요일

또한,「です」뒤에「か」를 붙이면 명사 의문문이 된다.

일본어의 의문문에는 원칙적으로「?」를 쓰지 않고「。」를 쓴다. 단, 보통체에서는「?」를 쓰기도 한다.
- 王さんは 中国人ですか。 왕 씨는 중국인입니까?
- 青山学校は どこですか。 아오야마 학교는 어디입니까?

中国人 중국인
学校 학교
どこ 어디

❷ 　명사1　は　명사2　では ありません(=じゃ ないです)
(명사 1)은 (명사 2)가 아닙니다

「~では ありません」은 명사문의 부정형으로, 일상회화에서는「~じゃ ありません」혹은「~じゃ ないです」를 주로 쓰고, 공식적인 자리에서는「~では ありません」을 쓴다.

우리말 '학생이 아닙니다'를 직역하여 「学生が ありません」으로 쓰지 않도록 주의해야 하며, 「では」의 「は」도 [wa]로 읽는다.

- 私は 大学生では ありません。 나는 대학생이 아닙니다.
- 吉田さんは 会社員じゃ ないです。 요시다 씨는 회사원이 아닙니다.

大学生 대학생
会社員 회사원

❸ 명사1 は 명사2 でした (명사 1)은 (명사 2)였습니다

명사문의 과거긍정형으로 명사 2 뒤에 「でした」를 붙여 쓴다.

- 田中さんは 学生でした。 다나카 씨는 학생이었습니다.
- 昨日は 休みでした。 어제는 휴일이었습니다.

昨日 어제
休み 휴일

❹ 명사1 は 명사2 では ありませんでした
(＝じゃ なかったです) (명사 1)은 (명사 2)가 아니었습니다

명사문의 과거부정형으로 명사 2 뒤에 「では ありませんでした」나 「じゃ なかったです」를 붙여 쓴다.

- 私は 学生では ありませんでした。 나는 학생이 아니었습니다.
- 日曜日は あまり いい 天気じゃ なかったです。
  일요일은 그다지 좋은 날씨가 아니었습니다.

あまり 별로
いい 좋다
天気 날씨

❺ 명사1 は 명사2 だ(である) (명사 1)은 (명사 2)이다

명사 2에 「だ」를 붙이면 명사문의 보통체가 된다. 보통체란 정중한 문체(정중체)의 반대되는 문체로, 주로 신문이나 서적, 일기 등에 쓰이는 말이다. 문장체인 「〜である」가 쓰이기도 한다.

- 私は 韓国人だ。 나는 한국인이다.
- 彼らは 中国人である。 그들은 중국인이다.

韓国人 한국인

❻ 【명사1】は 【명사2】では(=じゃ) ない (명사 1)은 (명사 2)가 아니다

명사문의 보통체 부정형으로 명사 2 뒤에 「では ない」나 「じゃ ない」를 붙여 쓴다.

- あれは 中学校では ない。 저것은 중학교가 아니다.
- 吉田さんは 医学部の 学生じゃ ない。 요시다 씨는 의학부 학생이 아니다.

あれ 저것
中学校 중학교
医学部 의학부

❼ 【명사1】は 【명사2】だった (명사 1)은 (명사 2)였다

명사문의 보통체 과거형으로 명사 2 뒤에 「だった」를 붙여 쓴다.

- 彼は 学生だった。 그는 학생이었다.
- おとといは 水曜日だった。 엊그제는 수요일이었다.

彼 그
おととい 그저께
水曜日 수요일

❽ 【명사1】は 【명사2】では なかった(じゃ なかった)
(명사 1)은 (명사 2)가 아니었다

명사문의 보통체 과거부정형으로 명사 2 뒤에 「では なかった」나 「じゃ なかった」를 붙여 쓴다.

- 彼は 会社員では なかった。 그는 회사원이 아니었다.
- あれは 科学の 本じゃ なかった。 저것은 과학책이 아니었다.

科学 과학

❾ 【명사1】の 【명사2】 (명사 1)의 (명사 2)

명사 1에 「の」를 붙여 명사 2를 수식한다. 일본어에서는 기본적으로 명사가 명사를 수식할 때 「の」가 반드시 필요하다. 따라서 우리말에 '의'가 생략되거나 쓰이지 않는다고 하여 「の」를 생략하지 않도록 주의해야 한다.

- 友だちの かばん 친구의 가방
- 彼の 顔 그의 얼굴
- 課長の 娘 과장님의 딸
- タクシーの 運転手 택시 운전수
- 木の 箱 나무 상자
- 英語の 本 영어책
- 映画の チケット 영화 티켓
- 鐘の 音 종소리

友だち 친구
かばん 가방
顔 얼굴
課長 과장
娘 딸
タクシー 택시
運転手 운전수
木 나무
箱 상자
英語 영어
映画 영화
チケット 티켓
鐘 종
音 소리

❿ 　[명사1]　は　[명사2]　で、　[명사3]　です

(명사 1)은 (명사 2)이고 (명사 3)입니다

두 문장을 한 문장으로 연결할 경우, 명사 2에 「で」를 넣어 연결한다.

- 「私は 韓国人です」+「私は 学生です」
  ⇒ 私は 韓国人で、学生です。 나는 한국이고 학생입니다.
- 父は 60才で、会社員です。 아버지는 60세이고 회사원입니다.

父 아버지
～才 ～살(나이)

3 인칭대명사

인칭대명사는 '나', '당신', '그 여자' 등과 같이 사람을 가리키는 명사로, 지칭하는 대상에 따라 1인칭, 2인칭, 3인칭을 나타내는 말과 부정칭으로 나눌 수 있다.

▶ 일본어의 인칭

1인칭	2인칭	3인칭	부정칭
私(저)	あなた(당신)	彼(그)	どの 方, どなた (어느 분)
私(나, 저)	君(자네)	彼女(그녀)	どの 人, だれ (어느 사람, 누구)
僕(나)	お前(너)	この/その/あの 方 (이/그/저분)	どいつ (어느 녀석)
俺(나)		この/その/あの 人 (이/그/저 사람)	
		こいつ/そいつ/あいつ (이/그/저 녀석)	
		가족 명칭	

(1) 1인칭 대명사

❶ わたし(나, 저) : 가장 일반적으로 쓰는 1인칭 대명사로 격식을 차린 말이다. 이보다 더 격식을 차린 것이「わたくし」이다.

- これは 私の かばんです。 이것은 나의 가방입니다.
- わたくしも そう 思います。 저도 그렇게 생각합니다.

❷ 僕(나)・俺(나) : 주로 남성이 사용하는 말로서 격식을 차릴 필요가 없는 자리에서 사용한다.

- 僕は 絵が とても 下手です。 나는 그림을 무척 못 그립니다.
- 俺は お前を 愛して いる。 나는 너를 사랑한다.

(2) 2인칭 대명사

❶ あなた(당신) : 원래 손윗사람 혹은 대등한 사람에게 쓰던 경어였으나, 현재는 윗사람에게 쓰면 실례가 된다. 아랫사람에게 쓰는 것은 관계없으나 대등한 관계에서는 거리감을 느낄 수 있다. 때문에 주로 상대방의 이름 뒤에 「~さん」을 붙여 부르거나 「先生, 課長」 등과 같이 그 사람의 직책을 부르는 것이 일반적이다. 부부 사이에서 아내가 남편을 「あなた」로 부르기도 한다.

- これが あなたの かばんですか。 |상대방의 이름을 모를 때만 사용|
  이것이 당신의 가방입니까?
- これが 田中さんの かばんですか。 이것이 다나카 씨의 가방입니까?

회화 포인트

일본어에서 「さん」은 가장 일반적인 호칭어로서 성이나 이름 뒤에 붙여 사용한다. 성에 붙이는 것보다 이름 뒤에 붙이는 것이 더 친밀감을 느낄 수 있다.

- 鈴木さんは 今日、来ますか。 스즈키 씨는 오늘 옵니까? |鈴木는 성|
- 景子さんは 今日、来ますか。 게이코 씨는 오늘 옵니까? |景子는 이름|

단, 단어에 경의가 포함되어 있는 말, 예를 들어 「先生, 部長, 社長」 등에는 「さん」을 붙여 쓸 수 없으므로 주의한다.

- 社長、会議の 時間です。(○) 사장님, 회의 시간입니다.
- 社長さん、会議の 時間です。(×)

❷ 君(자네) : 손윗사람이 아랫사람이나 동년배에게 쓰는 말이지만, 남녀를 불문하고 친한 친구 사이에서도 쓰인다.

- 君は いつ 日本へ 行くの？ 너는 언제 일본에 가니?

これ 이것
そう 그렇게
思う 생각하다

絵 그림
とても 매우
下手だ 서툴다
愛する 사랑하다

来る 오다

社長 사장(님)
会議 회의
時間 시간

いつ 언제
日本 일본
行く 가다

❸ お前(자네) : 동년배나 아랫사람을 칭하는 말이다.

- お前が 行って こいよ。 네가 다녀와.
- お前は どう 思う。(／) 너는 어떻게 생각해?

行ってくる 다녀오다
どう 어떻게

(3) 3인칭 대명사

❶ 彼(그) : 3인칭 남자를 지칭하는 말로, 남자 친구를 의미할 때에는 「彼氏」라고 한다.

- 彼の 家は どこですか。 그의 집은 어디입니까?
- 彼の 出身は 北海道です。 그의 출신은 홋카이도입니다.

家 집
北海道 홋카이도(지명)

❷ 彼女(그녀) : 3인칭 여자를 지칭하는 말로, 손윗사람이 아랫사람(여자)을 가리켜 말할 때도 쓴다. 3인칭 여자를 가리킬 때는 보통은 이름 뒤에 「さん」을 붙여 쓰는 것이 무난하다.

- 彼女は おいくつですか。 그녀는 몇 살입니까?
- 景子さんは おいくつですか。 게이코 씨는 몇 살입니까?

おいくつ 몇 살

❸ この/その/あの 方(이/그/저 분)
この/その/あの 人(이/그/저 사람)
こいつ/そいつ/あいつ (이/그/저 녀석)

지시대명사 계통에 「方, 人」 등을 붙여 3인칭을 나타낼 수 있다. こ 계통은 내 쪽에 가까이 있는 사람을, そ 계통은 상대방 쪽에 가까이 있는 사람을, あ 계통은 어느 쪽도 아닌 위치에 있는 사람을 가리킨다. 정중도는 「この 方 ＞ この 人 ＞ こいつ」 순으로, 상대방과의 관계에 따라 적절히 선택하여 사용한다.

- この 方は 日本語の 先生です。 이 분은 일본어 선생님입니다.
- この 人は 私の 同僚です。 이 사람은 제 동료입니다.
- 僕は あいつと 同級生だ。 나는 저 녀석과 동급생이다.

方 분
人 사람

日本語 일본어
先生 선생님
同僚 동료
同級生 동급생

❹ 가족을 나타내는 말

가족 명칭도 3인칭을 나타내는 호칭어에 속하는데, 일본어에서는 내 가족을 부르는 말과 남의 가족을 부르는 말을 다르게 쓰기 때문에 구분하여 사용한다.

▶ 가족 명칭

구성원	자기 가족	남의 가족	구성원	자기 가족	남의 가족
할아버지	祖父(そふ)	お祖父(じい)さん	할머니	祖母(そぼ)	お祖母(ばあ)さん
아버지	父(ちち)	お父(とう)さん	어머니	母(はは)	お母(かあ)さん
형, 오빠	兄(あに)	お兄(にい)さん	언니, 누나	姉(あね)	お姉(ねえ)さん
남동생	弟(おとうと)	弟(おとうと)さん	여동생	妹(いもうと)	妹(いもうと)さん
남편	主人(しゅじん)	ご主人(しゅじん)	아내	家内(かない)/妻(つま)	奥(おく)さん
아들	息子(むすこ)	息子(むすこ)さん	딸	娘(むすめ)	娘(むすめ)さん
양친	両親(りょうしん)	ご両親(りょうしん)	부부	夫婦(ふうふ)	ご夫婦(ふうふ)
가족	家族(かぞく)	ご家族(かぞく)	형제	兄弟(きょうだい)	ご兄弟(きょうだい)
남자 조카	甥(おい)	甥御(おいご)さん	여자 조카	姪(めい)	姪御(めいご)さん
사촌	従兄弟(いとこ) 従姉妹(いとこ)	(お)いとこさん	손자	孫(まご)	お孫(まご)さん

- 娘(むすめ)は 大学生(だいがくせい)です。 (자신의) 딸은 대학생입니다.
- 娘(むすめ)さんは 大学生(だいがくせい)ですか。 (당신의) 따님은 대학생입니까?

(4) 부정칭 どなた(누구)/どの 方(かた)(어느 분)/だれ(누구)/ どの 人(ひと)(어느 사람)/どいつ(어느 녀석)

확실하게 잘 모르는 사람을 가리킬 때에 쓰는 말로「どなた・どの 方(かた) 〉 だれ・どの 人(ひと) 〉 どいつ」순으로 정중하다.

- あの 方(かた)は どなたですか。 저분은 누구십니까?
- この 人(ひと)は だれですか。 이 사람은 누구입니까?

4 지시대명사(こそあど)

사물이나 장소, 방향 등의 명사를 대신하여 쓰는 말(こ, そ, あ)을 **지시대명사** 혹은 **지시사**라고 하고, 지시대상을 모를 경우에 쓰는 말(ど)을 의문사라고 한다. 이들 어군은 「こ(이), そ(그), あ(저), ど(어느)」로 시작하여 그 체계가 규칙적이며, 화자(말하는 사람)와 청자(듣는 사람)의 거리 관계에 따라 다음과 같은 위치를 나타낸다.

「こ」로 시작하는 말은 화자와 가까운 위치에 있는 것을 가리킨다.
「そ」로 시작하는 말은 청자와 가까운 위치에 있는 것을 가리킨다.
「あ」로 시작하는 말은 화자와 청자 모두에게 먼 위치에 있는 것을 가리킨다.
「ど」로 시작하는 말은 의문을 나타낸다.

또한, 이들 어군들은 문중에서의 기능에 따라 다음과 같이 쓰인다.

기능	지시사			의문사
	こ계통	そ계통	あ계통	ど계통
명사수식	この(이) こんな(이런)	その(그) そんな(그런)	あの(저) あんな(저런)	どの(어느) どんな(어떤)
사물	これ(ら) (이것(들))	それ(ら) (그것(들))	あれ(ら) (저것(들))	どれ(어느 것) なに(なん)(무엇)
장소	ここ(여기)	そこ(거기)	あそこ(저기)	どこ(어디)
방향	こちら(＝こっち) (이쪽)	そちら(＝そっち) (그쪽)	あちら(＝あっち) (저쪽)	どちら(＝どっち) (어느 쪽)

- <u>この</u> 本は 会話の 本です。 이 책은 회화책입니다.
- 日本語の 先生は <u>どんな</u> 人ですか。 일본어 선생님은 어떤 사람입니까?
- <u>これ</u>は かがみです。 이것은 거울입니다.
- <u>ここ</u>は イベントホールです。 이곳은 이벤트 홀입니다.
- <u>こちら</u>は 事務室です。 이쪽은 사무실입니다.

会話 회화
かがみ 거울
イベントホール 이벤트홀
事務室 사무실

「何」은「なん」으로도「なに」로도 읽는데, 다음과 같이 구분한다.
「何」다음에 오는 단어의 어두가 た행, だ행, な행일 때나 조수사(「本, 台, 枚」등)가 붙어 있을 때는「なん」으로 읽고, 그 외의 경우에는「なに」로 읽는다.

- それは 何の 話ですか。 [何 뒤가 な행]
  그것은 무슨 이야기입니까?
- 田中さんは 何才ですか。 [何 뒤가 조수사]
  다나카 씨는 몇 살입니까?
- そこに 何が ありますか。 [何 뒤가 が행]
  거기에 무엇이 있습니까?

단,「何」뒤에「で」가 올 때에는 두 가지 방법 모두로 읽을 수 있으나 각각의 의미가 다르다.

- アメリカには 何で 行きますか。 [で는 원인이나 이유를 나타냄]
  미국에는 무엇 때문에(왜) 갑니까?
- 大阪へは 何で 行きますか。 [で는 수단이나 방법을 나타냄]
  오사카에는 무엇으로 (무엇을 타고) 갑니까?

~本 ~병
~台 ~대
~枚 ~장

話 이야기
何才 몇 살

アメリカ 미국

지시대명사는 실제 눈 앞에 있는 것을 가리키는 **현장 지시**와 이야기나 문장에서의 화제, 사건 등을 가리키는 **문맥 지시**로 나눌 수 있다.

❶ 현장 지시

ⓐ 눈 앞에 있는 실질적인 사람이나 사물을 가리킬 때는 원칙적으로 위에 기술한 바와 같이 화자에 가까운 것은 こ 계통을, 청자에 가까운 것은 そ 계통을, 이외의 것은 あ 계통을 쓴다.

- これは 何ですか。 이것은 무엇입니까?
- それは 辞書です。 그것은 사전입니다.

辞書 사전

그러나 화자와 청자가 동일한 위치에 있는 경우에는 화자와 청자 모두에게 가까운 것은 こ 계통을, 먼 것은 あ 계통을, 어느 쪽도 아닌 것은 そ 계통을 쓴다.

- 같은 위치에서

  A : これは 誰の 本ですか。 이것은 누구의 책입니까?
  B : これは 木村さんの 本です。 이것은 기무라 씨의 책입니다.

ⓑ 장소를 나타내는「ここ, そこ, あそこ, どこ」나, 사람을 가리키는「この 方, その 方, あの 方, どの 方」를 대신해서 방향을 나타내는「こちら, そちら, あちら, どちら」를 쓰면 정중한 표현이 된다.

- お国は どちら(＝どこ)ですか。 고향은 어디십니까?

お国 나라, 고향

- こちら(＝この 方)は 大和産業の 木村さんです。(○)
  이쪽은 야마토 산업의 기무라 씨입니다.

이때 축약형인 「こっち, そっち, あっち, どっち」는 쓸 수 없다.
- こっちは 大和産業の 木村さんです。(×)

ⓒ 의문사가 술어로 쓰인 문장에서는 주격조사 「が」는 쓸 수 없기 때문에 반드시 「は」를 써야 한다.

일본어	한국어
トイレは どこですか。(○)	화장실은 어디입니까? (○)
トイレが どこですか。(×)	화장실이 어디입니까? (○)
これは 何ですか。(○)	이것은 무엇입니까? (○)
これが 何ですか。(×)	이것이 무엇입니까? (○)

❷ 문맥 지시

ⓐ 이야기 속 화제의 인물이나 사건에 대해 말할 경우, 화자나 청자 두 사람 중에 한 사람만 알고 있는 사람이나 사건에 대해 말할 때에는 そ계통을 쓰며, 화자나 청자가 모두 알고 있는 경우에는 あ계통을 쓴다. (우리말에서는 모두 '그'계통을 쓴다.)

- **A만 알고 있는 사람에 대해 이야기하는 장면**

  A : うちの 会社に 田中さんという 人が いますが、その 人、
  とても おもしろい 人ですよ。
  우리 회사에 다나카 씨라는 사람이 있습니다만, 그 사람 굉장히 재미있는 사람이에요.

  B : そうですか。 그래요?

- **A와 B가 모두 알고 있는 B의 남자 친구 안부를 묻는 장면**

  A : あの 人、元気？ 그 사람 잘 있어?
  B : 私たち、別れたの。 우리 헤어졌어.

ⓑ 혼잣말을 하거나 과거에 있었던 일을 회상할 때에도 あ계통을 쓴다. (우리말에서는 '그'계통을 쓴다.)

- また あの 店で 寿司を 食べたいなあ。 다시 그 가게에서 초밥을 먹고 싶어.
- あの 時は 本当に 幸せだった。 그때는 정말로 행복했다.

産業 산업

トイレ 화장실

うち 우리, 우리 집, 집
会社 회사
おもしろい 재미있다

元気だ 건강하다
別れる 헤어지다

また 또
店 가게
寿司 생선초밥
食べる 먹다
時 때
本当に 정말로
幸せだ 행복하다

5 수사

수사에는 고유어 계통과 한자어 계통이 있으며, 수사에 「匹, 本, 枚」와 같이 조수사를 붙여 쓰기도 한다.

~匹 ~마리

(1) 수사 읽기

일본어의 수사는 한자어 계통인 「いち, に, さん, し, ……」와 고유어 계통인 「ひとつ, ふたつ, みっつ, よっつ, ……」가 있다. 전자는 주로 시간, 날짜, 화폐 등을 셀 때 쓰고, 후자는 개수를 셀 때 쓴다. 1~10은 아래와 같이 세는 방법이 다르지만 11부터는 동일하다.

1	2	3	4	5
いち(일)	に(이)	さん(삼)	よん・し(사)	ご(오)
ひとつ(하나)	ふたつ(둘)	みっつ(셋)	よっつ(넷)	いつつ(다섯)
6	7	8	9	10
ろく(육)	しち・なな(칠)	はち(팔)	きゅう・く(구)	じゅう(십)
むっつ(여섯)	ななつ(일곱)	やっつ(여덟)	ここのつ(아홉)	とお(열)
11	12	13	14	15
じゅういち (십일, 열하나)	じゅうに (십이, 열둘)	じゅうさん (십삼, 열셋)	じゅうし じゅうよん (십사, 열넷)	じゅうご (십오, 열다섯)
16	17	18	19	20
じゅうろく (십육, 열여섯)	じゅうなな じゅうしち (십칠, 열일곱)	じゅうはち (십팔, 열여덟)	じゅうきゅう じゅうく (십구, 열아홉)	にじゅう (이십, 스물)
30	40	50	60	70
さんじゅう (삼십, 서른)	よんじゅう (사십, 마흔)	ごじゅう (오십, 쉰)	ろくじゅう (육십, 예순)	ななじゅう しちじゅう (칠십, 일흔)
80	90	100	1000	10000
はちじゅう (팔십, 여든)	きゅうじゅう (구십, 아흔)	ひゃく (백)	せん (천)	いちまん (만)

(2) 수사

수사는「수사＋の＋명사」의 형태로 쓰이거나 술어 앞에 놓여 부사적으로 쓰인다.

- 3つの キーホルダーを 買いました。 3개의 열쇠고리를 샀습니다.
  みっ　　　　　　　　　　　か
- キーホルダーを 3つ 買いました。 열쇠고리를 3개 샀습니다.
  　　　　　　　　みっ　か

> 수사는 술어 앞에 놓는 것이 더 자연스럽다.

キーホルダー
열쇠고리

(3) 전화번호, 사칙연산, 분수, 소수

전화번호, 사칙연산, 분수, 소수는 다음과 같이 읽는다.

❶ **전화번호** : 전화번호를 말할 때는 0은「ぜろ」혹은「れい」로 읽고 －는「の」로 읽는다. 1글자 숫자인 2(に)와 5(ご)는 상대방이 알기 쉽도록「にい, ごう」처럼 길게 읽는다.

- 02－123－4567
  ぜろにい の いちにいさん の よんごうろくなな

❷ **사칙연산** : 더하기는「たす」로, 빼기는「ひく」로, 곱하기는「かける」로 나누기는「わる」로 읽고, ＝는「は(발음할 때는「わあ」)」로 읽는다.

		삼	더하기	구	는	십이
덧셈	3+9=12	さん	たす	きゅう	は(わあ)	じゅうに
		칠	빼기	삼	은	사
뺄셈	7-3=4	なな	ひく	さん	は(わあ)	よん
		오	곱하기	칠	은	삼십오
곱셈	5×7=35	ご	かける	なな	は(わあ)	さんじゅうご
		사	나누기	이	는	이
나눗셈	4÷2=2	よん	わる	に	は(わあ)	に

❸ **분수와 소수** : 분수의 ―는「ぶんの」로 읽고, 소수점은「てん」이라고 읽는다.

분수	$\frac{1}{4}$	사	분의	일
		よん	ぶんの	いち
소수	2.5	이	점	오
		にい	てん	ご

(4) 조수사

조수사는 수량의 단위를 나타내는 말로 수사에 붙여 쓴다. 조수사를 단독으로 읽을 때와 수사와 함께 읽을 때 발음이 달라지기 때문에 학습에 부담을 느끼는 사람이 많다.

그러나 조수사가 주로 사용되는 상황은 물건의 가격이나 시간, 날짜와 관련된 경우가 많고, 몇 잔, 몇 마리 등의 조수사를 말해야 하는 상황이 그리 빈번한 것은 아니다. 또한 상황에 따라「ひとつ、ふたつ、みっつ」등 다른 수사를 대용해도 의사소통은 가능하며 극단적으로는 손가락으로 숫자를 나타내도 된다. 물론 조수사를 완벽하게 구사해서 손해 볼 일은 없지만 조수사의 학습에 너무 큰 부담을 갖는 것은 좋지 않으며 시간을 두고 조금씩 학습해 가는 것이 바람직하다. 본 교재에서는 사용빈도가 높은 시간, 월일, 가격(화폐)과 관련된 조수사만을 본문에 제시한다. 기타 조수사 읽기에 대해서는 부록을 참조하기 바란다.

❶ **시간 읽기**

시(時) *몇시 何時	1時	2時	3時	4時
	いちじ	にじ	さんじ	よじ
	5時	6時	7時	8時
	ごじ	ろくじ	しちじ	はちじ
	9時	10時	11時	12時
	くじ	じゅうじ	じゅういちじ	じゅうにじ

분(分) *몇분何分	1分	2分	3分	4分	5分
	いっぷん	にふん	さんぷん	よんぷん	ごふん
	6分	7分	8分	9分	10分
	ろっぷん	ななふん	はっぷん	きゅうふん	じゅっぷん
	15分	20分	25分	30分/半	35分
	じゅうごふん	にじゅっぷん	にじゅうごふん	さんじゅっぷん/はん	さんじゅうごふん
	40分	45分	50分	55分	60分
	よんじゅっぷん	よんじゅうごふん	ごじゅっぷん	ごじゅうごふん	ろくじゅっぷん

- A：すみませんが、今、何時ですか。 죄송합니다만, 지금 몇 시입니까?
  B：3時 40分です。 3시 40분입니다.
- 9時 30分(＝半) 9시 30분(반)

すみませんが 죄송합니다만
今 지금

❷ 날짜 읽기

월(月) *몇월何月	1月	2月	3月	4月
	いちがつ	にがつ	さんがつ	しがつ
	5月	6月	7月	8月
	ごがつ	ろくがつ	しちがつ	はちがつ
	9月	10月	11月	12月
	くがつ	じゅうがつ	じゅういちがつ	じゅうにがつ

일(日) *며칠 何日	1日 ついたち	2日 ふつか	3日 みっか	4日 よっか	5日 いつか
	6日 むいか	7日 なのか	8日 ようか	9日 ここのか	10日 とおか
	11日 じゅういちにち	12日 じゅうににち	13日 じゅうさんにち	14日 じゅうよっか	15日 じゅうごにち
	16日 じゅうろくにち	17日 じゅうしちにち	18日 じゅうはちにち	19日 じゅうくにち	20日 はつか
	21日 にじゅういちにち	22日 にじゅうににち	23日 にじゅうさんにち	24日 にじゅうよっか	25日 にじゅうごにち
	26日 にじゅうろくにち	27日 にじゅうしちにち	28日 にじゅうはちにち	29日 にじゅうくにち	30日 さんじゅうにち

- A：お誕生日は いつですか。 생일은 언제입니까?
  B：１０月 １７日です。 10월 17일입니다.
- A：子供の 日は 何月何日ですか。 어린이날은 몇 월 며칠입니까?
  B：５月 ５日です。 5월 5일입니다.

(お)誕生日 생일
子供の日 어린이날

❸ 가격 읽기

일본어의 화폐 단위는 「円」으로 숫자에 「円」을 붙여 읽는다. 만은 「いちまん」으로 읽는 것에 주의한다.

- A：この ボールペン、いくらですか。 이 볼펜 얼마입니까?
  B：１５０円です。 백 오십 엔입니다.
- A：この 靴、いくらですか。 이 구두 얼마입니까?
  B：１７８００円です。 만 칠천 팔백 엔입니다.

ボールペン 볼펜
いくら 얼마
靴 신발

일본어의 조수사 중에서 무게, 길이, 넓이를 나타내는 단위는 다음과 같이 읽는다.

- 무게

グラム(g) 그램 → 豚肉 ６００グラム 돼지고기 600그램
キロ(グラム)(kg) 킬로(그램) → 体重 ５０キログラム 체중 50킬로그램
トン(t) 톤 → １０トントラック 10톤 트럭

- 길이

ミリ(メートル)(mm) 밀리(미터) → 半径 ７ミリメートル 반경 7밀리미터
センチ(メートル)(cm) 센티(미터) → 幅 ３０センチメートル 폭 30센티미터
メートル(m) 미터 → 身長 １メートル 신장 1미터
キロ(メートル)(km) 킬로(미터) → 飛行距離 ７キロメートル 비행 거리 7킬로미터

- 넓이

平方メートル(㎡) 제곱미터 → １坪は ３.３平方メートル 1평은 3.3제곱미터
平方キロメートル(㎢) 제곱킬로미터 → 面積 ４０平方キロメートル 면적 10제곱킬로미터

豚肉 돼지고기
体重 체중
トラック 트럭

半径 반경
幅 폭
身長 신장
飛行距離 비행 거리

～坪 ~평
面積 면적

연습문제

1 빈칸에 알맞은 것을 고르시오.

(1) これは 兄＿＿＿＿＿ 車です。
　① だ　　　② で　　　③ に　　　④ の

(2) 昨日は 土曜日＿＿＿＿＿。
　① です　　② である　　③ だ　　④ でした

(3) 私は 先生では ＿＿＿＿＿。
　① いません　② しません　③ ありません　④ なりません

(4) トイレ＿＿＿＿＿ どこですか。
　① に　　② が　　③ も　　④ は

2 보기와 같이 두 문장을 한 문장으로 바꾸시오.

> **보기**
> 私は 韓国人です。私は 大学生です。
> → 私は 韓国人で、大学生です。

(1) 父は ５０才です。父は 銀行員です。
　→ ＿＿＿＿＿＿＿＿＿＿＿＿＿＿＿＿＿＿＿

(2) 今日は 日曜日です。今日は 休みです。
　→ ＿＿＿＿＿＿＿＿＿＿＿＿＿＿＿＿＿＿＿

(3) これは りんごです。それは みかんです。
　→ ＿＿＿＿＿＿＿＿＿＿＿＿＿＿＿＿＿＿＿

(4) ここは 図書館です。あそこは 学生会館です。
　→ ＿＿＿＿＿＿＿＿＿＿＿＿＿＿＿＿＿＿＿

3 주어진 단어를 이용하여 일본어 문장을 완성하시오.

(1) 그는 회사원입니다. (会社員)
→ 彼は _____。

(2) 저 분은 누구입니까? (どなた)
→ あの 方は _____。

(3) 어제 맥주를 3병 마셨습니다. (ビール, 3本)
→ 昨日 _____ 飲みました。

(4) 그녀는 선생님이 아니었다. (先生)
→ 彼女は _____。

4 보기와 같이 질문에 답하시오.

> **보기**
> 今日は 日曜日ですか、月曜日ですか。(月曜日)
> → 今日は 月曜日です。

(1) あそこは 学校ですか、病院ですか。(病院)
→ _____

(2) これは 刺身ですか、寿司ですか。(寿司)
→ _____

(3) あの 方は 田中さんですか、佐藤さんですか。(佐藤さん)
→ _____

(4) 妹さんは 小学生ですか、中学生ですか。(中学生)
→ _____

정답은 P.274

02 형용사

형용사란 사물의 성질이나 상태, 속성이나 감정 등을 나타내는 말로 활용을 한다. 일본어 형용사는 형태적 차이에 따라 い형용사와 な형용사로 나뉜다. い형용사는 「おもしろい, 赤い」와 같이 어미가 「い」로 끝난 것을 말하며, な형용사는 「きれいだ, まじめだ」와 같이 어미가 「だ」로 끝난 것을 말한다.

이 과에서는 사람이나 물건의 속성 및 감정 표현, 2가지 이상의 사람이나 사물을 비교하는 표현 등에 대해 알아보도록 한다.

학습 포인트

- ▶ い·な형용사문 및 활용
- ▶ 속성·감정형용사
- ▶ な형용사와 한국어
- ▶ 비교 구문

1 い형용사문 및 활용

(1) い형용사문

구분		보통체형	정중체형
비과거형 (현재/미래)	긍정	この パソコンは 安い。 이 컴퓨터는 싸다.	この パソコンは 安いです。 이 컴퓨터는 쌉니다.
	부정	この パソコンは 安く ない。 이 컴퓨터는 싸지 않다.	この パソコンは 安く ありません (安く ないです)。 이 컴퓨터는 싸지 않습니다.
과거형	긍정	この パソコンは 安かった。 이 컴퓨터는 쌌다.	この パソコンは 安かったです。 이 컴퓨터는 쌌습니다.
	부정	この パソコンは 安く なかった。 이 컴퓨터는 싸지 않았다.	この パソコンは 安く ありませんでした (安く なかったです)。 이 컴퓨터는 싸지 않았습니다.

パソコン 컴퓨터
安い 싸다

❶ 명사 は い형용사 / い형용사 です
(명사)는 (い형용사)~다 / (い형용사)~습니다

「명사 は い형용사」는 보통체 긍정형, 「명사 は い형용사 です」는 정중체 긍정형이다. い형용사가 명사에 대해 설명하는 기본적인 문의 형태이다.

- 私の 部屋は 広い。 내 방은 넓다.
- 私の 部屋は 広いです。 내 방은 넓습니다.

部屋 방
広い 넓다

❷ 명사 は い형용사 어간 く ない / く ありません
(= く ないです) (명사)는 (い형용사 어간)~지 않다/~지 않습니다

「명사 は い형용사 어간く ない」는 보통체 부정형으로, い형용사의 어미 「い」

를 없애고 「く ない」를 붙여 쓴다. 정중체는 어미 「い」를 없애고 「く ありません」을 붙이거나 보통체에 「です」를 붙여 쓴다. 「～ありません」보다 「～ないです」가 회화체에서 더 많이 쓰인다. い형용사의 어간은 어미 「い」를 뺀 부분을 말한다.

- この 部屋は 狭く ない。 이 방은 좁지 않다.
- この 部屋は 狭く ありません。 이 방은 좁지 않습니다.
  ＝この 部屋は 狭く ないです。

狭い 좁다

❸ 명사 は い형용사 어간 かった / かったです
(명사)는 (い형용사 어간)~었다/~었습니다

「명사 は い형용사 어간 かった」는 보통체 과거긍정형으로 い형용사의 어미 「い」를 없애고 「かった」를 붙여 쓴다. 정중체는 보통체에 「です」만 붙여 쓴다.

- 今年の 夏は 暑かった。 올 여름은 더웠다.
- 今年の 夏は 暑かったです。 올 여름은 더웠습니다.

今年 올해
夏 여름
暑い 덥다

い형용사의 과거형으로 「暑いでした」와 같이 い형용사에 「でした」를 붙여 쓰지 않도록 주의한다.

❹ 명사 は い형용사 어간 く なかった / く ありませんでした(＝く なかったです)
(명사)는 (い형용사 어간)~지 않았다/~지 않았습니다

「명사 は い형용사 어간 く なかった」는 보통체 과거부정형으로 い형용사 어미 「い」를 없애고 「く なかった」를 붙여 쓰며, 정중체는 어미 「い」를 없애고 「く ありませんでした」나 「く なかったです」를 붙여 쓴다.

- 彼女の 料理は おいしく なかった。 그녀의 요리는 맛이 없었다.
- 彼女の 料理は おいしく ありませんでした。 그녀의 요리는 맛이 없었습니다.
  ＝彼女の 料理は おいしく なかったです。

料理 요리
おいしい 맛있다

(2) い형용사의 활용

연체형	安い パソコンが あります。 싼 컴퓨터가 있습니다.
연결형	この パソコンは 安くて 軽いです。 이 컴퓨터는 싸고 가볍습니다.
부사형	このごろ パソコンが 安く なりました。 요즘 컴퓨터가 싸졌습니다.
조건형	安ければ もう 一台 買います。 싸면 한 대 더 삽니다.

軽い 가볍다
なる 되다
もう 벌써, 이미, 더

❶ い형용사의 연체형(명사수식형)

い형용사가 명사를 수식할 때에는 い형용사를 그대로 명사 앞에 놓는다.

- 今日は いい 天気ですね。 오늘은 좋은 날씨네요.
- 木村さんは 優しい 人です。 기무라 씨는 상냥한 사람입니다.

優しい 상냥하다

 일본어의 형용사는 명사를 수식하는 연체형으로 가장 많이 쓰인다. 예를들어 위 예문과 같이 「今日は いい 天気ですね(오늘은 좋은 날씨네요)」는 「今日は 天気が いいですね(오늘은 날씨가 좋네요)」와 동일한 의미를 나타내지만, 「今日は いい 天気ですね」가 더 자연스럽다.

❷ い형용사의 연결형(て형)

い형용사 어미 「い」를 없애고 「くて」를 붙여서 문장이나 단어를 연결할 때 쓴다.

- この レストランは 安くて、おいしいです。 이 레스토랑은 싸고 맛있습니다.
- この 電子辞書は 薄くて、軽いです。 이 전자사전은 얇고 가볍습니다.

レストラン 레스토랑
電子辞書 전자사전
薄い 얇다

이와 같은 연결형을 **て형**이라고 하며, 「くて」에서 「て」를 없애고 「く」만을 쓰기도 한다.

- この 建物は 広く、新しい。 이 건물은 넓고 새롭다.

建物 건물
新しい 새롭다

이 두 형식의 의미적 차이는 거의 없으나 「く」만 쓴 것이 「くて」보다 문장체적이다.

❸ い형용사의 부사형(동사수식형)

い형용사 어미 「い」를 없애고 「く」를 붙여서 동사를 수식할 때 쓴다. 이를 い형용사의 부사형 혹은 동사수식형이라고 한다.

- 空が 急に 暗く なりました。 하늘이 갑자기 어두워졌습니다.
- 文字を 大きく 書いて ください。 문자를 크게 써 주세요.

空 하늘
急に 갑자기
暗い 어둡다
文字 글자
大きい 크다
書く 쓰다

❹ い형용사의 조건형

い형용사 어미 「い」를 없애고 「ければ」를 붙이면 い형용사의 조건형이 된다.

- 暑(あつ)ければ 窓(まど)を 開(あ)けて ください。 더우면 창문을 열어 주세요.
- 彼(かれ)は 給料(きゅうりょう)が 良(よ)ければ どんな 仕事(しごと)でも いいと 思(おも)って いる。
  그는 월급이 좋으면 어떤 일이라도 괜찮다고 생각하고 있다.

窓 창문
開ける 열다
給料 급료
良い 좋다
仕事 일

 い형용사 중에서 '좋다'의 의미를 지닌 「よい/いい」는 활용에 주의해야 한다. 「よい/いい」는 비과거긍정형과 연체형으로 쓰일 때에는 어느 것을 써도 되지만, 이 외의 경우에는 「よい」만으로 활용형을 만들어야 한다.

구분		보통체	정중체
비과거	긍정	性格(せいかく)が よい/いい 성격이 좋다	性格(せいかく)が よいです/いいです 성격이 좋습니다
	부정	性格(せいかく)が よく ない 성격이 좋지 않다	性格(せいかく)が よく ありません/よく ないです 성격이 좋지 않습니다
과거	긍정	性格(せいかく)が よかった 성격이 좋았다	性格(せいかく)が よかったです 성격이 좋았습니다
	부정	性格(せいかく)が よく なかった 성격이 좋지 않았다	性格(せいかく)が よく ありませんでした/よく なかったです 성격이 좋지 않았습니다
연체형		性格(せいかく)が よい/いい 人(ひと) 성격이 좋은 사람	
연결형		性格(せいかく)が よくて きれいです 성격이 좋고 예쁩니다	
부사형		性格(せいかく)が よく なりました 성격이 좋아졌습니다	
조건형		性格(せいかく)が よければ 一度(いちど) 会(あ)いたいです 성격이 좋으면 한 번 만나고 싶습니다	

性格 성격
きれいだ 예쁘다
一度 한 번
会う 만나다

いいです

「いいです」는 상황에 따라 동의를 나타내기도 하고 거절을 나타내기도 하여 그 의미를 문맥에 따라 파악해야 한다. 실제 쓰임을 살펴보면 「いいです」가 단독으로 쓰이거나 「〜は いいです」로 쓰이면 거절의 경우가 많고, 「いいですね、いいですよ(↗)」나 「〜が いいです」는 동의나 찬성의 경우가 많다. 즉, 함께 쓰는 조사나 어조로 어느 정도의 의미를 구분할 수 있다.

- A: お代(か)わりは いかがですか。 리필은 어떠세요?
  B: いいです。 괜찮습니다. [거절]
- A: これは どうですか。 이것은 어떠세요?
  B: いいですね。 좋네요. [찬동]

お代わり
같은 음식을 한 번 더 먹음
いかがですか
어떠세요?

い형용사의 명사화

い형용사의 어미 「い」를 없애고 「さ」나 「み」 등을 붙여 명사를 만들 수 있다. 이를 '전성명사'라고 한다. 「さ」는 거의 모든 い형용사에 붙일 수 있는 반면, 「み」는 일부 い형용사에만 붙일 수 있다. 일반적으로 「~さ」는 그 단어가 나타내는 속성의 정도, 수치 등을 나타내며, 「~み」는 그 단어가 나타내는 속성에 대한 감각을 추상적으로 나타낸다.

- 深い → 深さ 깊이   深み 심오한 정도
- 重い → 重さ 무게   重み 중후함
- 甘い → 甘さ 단 정도 甘み 단맛
- 強い → 強さ 강도   強み 강점

深い 깊다
重い 무겁다
甘い 달다
強い 강하다

2 な형용사문 및 활용

(1) な형용사문

구분		보통체형	정중체형
비과거형 (현재/미래)	긍정	この 花は きれいだ。 이 꽃은 예쁘다.	この 花は きれいです。 이 꽃은 예쁩니다.
	부정	この 花は きれいでは (じゃ) ない。 이 꽃은 예쁘지 않다.	この 花は きれいでは ありません(じゃ ないです)。 이 꽃은 예쁘지 않습니다.
과거형	긍정	この 花は きれいだった。 이 꽃은 예뻤다.	この 花は きれいでした。 이 꽃은 예뻤습니다.
	부정	この 花は きれいでは (じゃ) なかった。 이 꽃은 예쁘지 않았다.	この 花は きれいでは ありませんでした (じゃ なかったです)。 이 꽃은 예쁘지 않았습니다.

❶ 명사 は な형용사 / な형용사 어간 です

(명사)는 (な형용사)~하다 / (な형용사 어간)~합니다

「명사 は な형용사」는 보통체 긍정형으로 な형용사를 그대로 쓰고, 정중체에

서는 어미 「だ」를 없애고 「です」를 붙여 쓴다.

- 大学の 図書館は とても 静かだ。 대학 도서관은 매우 조용하다.
- 大学の 図書館は とても 静かです。 대학 도서관은 매우 조용합니다.

大学 대학
図書館 도서관
静かだ 조용하다

❷ 　명사　は　な형용사 어간　では(じゃ) ない /
では ありません(=では(じゃ) ないです)

(명사)는 (な형용사 어간)~지 않다/~지 않습니다

「명사 は な형용사 어간 では(じゃ) ない」는 보통체 부정형으로 な형용사의 어미 「だ」를 없애고 「では(じゃ) ない」를 붙여 쓴다. 정중체는 어미 「だ」를 없애고 「では ありません」을 붙여 쓰거나 보통체에 「では(じゃ) ないです」를 붙여 쓴다.

- 彼は 真面目では(じゃ) ない。 그는 부지런하지 않다.
- 彼は 真面目では ありません。 그는 부지런하지 않습니다.
  ＝彼は 真面目じゃ ないです。

真面目だ 성실하다

❸ 　명사　は　な형용사 어간　だった / でした

(명사)는 (な형용사 어간)~했다 / ~했습니다

「명사 は な형용사 어간 だった」는 보통체 과거긍정형으로 な형용사 어미 「だ」를 없애고 「だった」를 붙여 쓴다. 정중체는 어미 「だ」를 없애고 「でした」를 붙여 쓴다.

- 昔、この 海は とても きれいだった。 옛날 이 바다는 굉장히 깨끗했다.
- 昔、この 海は とても きれいでした。 옛날 이 바다는 굉장히 깨끗했습니다.

昔 옛날
海 바다

❹ 　명사　は　な형용사 어간　では(じゃ) なかった /
では ありませんでした(＝じゃ なかったです)

(명사)는 (な형용사 어간)~지 않았다/~지 않았습니다

「명사 は な형용사 어간 では(じゃ) なかった」는 보통체 과거부정형으로 な형용사 어미「だ」를 없애고「では(じゃ) なかった」를 붙여 쓰며, 정중체에서는 어미「だ」를 없애고「では ありませんでした」나「じゃ なかったです」를 붙여 쓴다.

- 木村さんは あまり 親切では なかった。 기무라 씨는 그다지 친절하지 않았다.
- 木村さんは あまり 親切では ありませんでした。
  = 木村さんは あまり 親切じゃ なかったです。
  기무라 씨는 그다지 친절하지 않았습니다.

親切だ 친절하다

(2) な형용사의 활용

연체형	きれいな 花が 咲いて います。 예쁜 꽃이 피어 있습니다.
연결형	この 花は きれいで、鮮やかです。 이 꽃은 예쁘고 산뜻합니다.
부사형	部屋が きれいに なりました。 방이 깨끗해졌습니다.
조건형	きれいなら(ば) どこでも かまいません。 깨끗하면 어디라도 상관없습니다.

咲く (꽃이) 피다
鮮やかだ 산뜻하다
かまわない 상관없다

❶ な형용사의 연체형(명사수식형)

な형용사가 명사를 수식할 때에는 な형용사의 어미「だ」를 없애고「な」를 붙여 쓴다.

- うちの 祖母は とても 元気な 人です。
  우리 할머니는 굉장히 건강한 사람입니다.
- あの 人は 有名な 歌手です。 저 사람은 유명한 가수입니다.

有名だ 유명하다
歌手 가수

❷ な형용사의 연결형(て형)

な형용사를 연결할 때에는 な형용사 어미「だ」를 없애고「で」를 붙여 쓴다.

- 日本語の 先生は 親切で、きれいです。 일본어 선생님은 친절하고 예쁩니다.
- 図書館は 静かで、広いです。 도서관은 조용하고 넓습니다.

な형용사 중에서「同じだ, こんなだ, そんなだ, あんなだ, どんなだ」는 명사수식형이「同じ 人, こんな 人, そんな 人, あんな 人, どんな 人」와 같이 어미「だ」만을 없앤 형태로 명사를 수식하기 때문에 주의한다.

同じだ 같다
こんなだ 이렇다
そんなだ 그렇다
あんなだ 저렇다
どんなだ 어떻다

❸ な형용사의 부사형 (동사 수식형)

な형용사 어미「だ」를 없애고「に」를 붙이면 동사를 수식할 수 있는 형태(부사)가 된다.

- この おもちゃは 丈夫に 出来て います。 이 장난감은 튼튼하게 만들어져 있습니다.
- 二人は 幸せに 暮しました。 두 사람은 행복하게 살았습니다.

おもちゃ 장난감
丈夫だ 튼튼하다
出来る 생기다, 완성되다
二人 두 명
暮す 살다, 지내다

❹ な형용사의 조건형

な형용사 어미「だ」를 없애고「ならば」를 붙이면 な형용사의 조건형이 된다. 주로「ならば」의「ば」를 생략하여「なら」만 쓰는 경우가 많다.

- いやなら、無理しないで ください。 싫으면 무리하지 마세요.
- この 本が 必要なら 貸して あげます。 이 책이 필요하면 빌려 주겠습니다.

いやだ 싫다
無理する 무리하다
必要だ 필요하다
貸す 빌려 주다
あげる 주다

な형용사의 명사화

な형용사의 어미「だ」를 없애고「さ」를 붙이면 な형용사를 명사로 바꿀 수 있다. い형용사와는 달리「み」를 붙여 명사로 만들어 쓰기 어렵다.

- 新鮮だ → 新鮮さ 신선함
- 親切だ → 親切さ 친절함

  きれいだ → きれいみ (×)

新鮮だ 신선하다

3 형용사 연결형(て형)의 의미

일본어 형용사의 연결형인 て형은 앞뒤 문장의 의미적 관계에 따라 다음과 같은 의미가 성립한다.

❶ 성질이나 상태를 나열한다.

- 鈴木さんは 優しくて 大人しいです。 |성질|
  스즈키 씨는 상냥하고 어른스럽습니다.
- この 町は きれいで、静かです。 |상태|
  이 마을은 깨끗하고 조용합니다.

大人しい 얌전하다
町 마을

❷ 앞 문장이 뒤 문장의 원인이나 이유를 나타낸다.

- 私の 家は 学校から 近くて 便利です。
  우리 집은 학교에서 가까워 편리합니다.
- この 辺りは 交通が 不便で、引っ越しました。
  이 주변은 교통이 불편해서 이사했습니다.

近い 가깝다
便利だ 편리하다
辺り 근처
交通 교통
不便だ 불편하다
引っ越す 이사하다

4 속성형용사와 감정형용사

일본어의 형용사는 의미적으로 사람이나 사물의 속성을 나타내는 '**속성형용사**'와 사람의 감정이나 감각을 나타내는 '**감정형용사**'로 나눌 수 있다.

〈속성형용사〉
- 大きい 크다
- 高い 높다/비싸다
- 安い 싸다
- 丸い 둥글다
- 広い 넓다
- きれいだ 예쁘다, 깨끗하다
- 静かだ 조용하다
- 便利だ 편리하다
- 丈夫だ 튼튼하다

〈감정형용사〉
- 嬉しい 기쁘다
- 悲しい 슬프다
- 寂しい 쓸쓸하다
- 怖い 무섭다
- 苦しい 괴롭다
- 楽だ 편하다
- 退屈だ 지루하다
- 好きだ 좋아하다
- 嫌いだ 싫어하다

이 중에서 감정형용사는 원칙적으로 1인칭 즉, 나를 주어로 한 문장에서만 쓸 수 있어서, 제3자가 주어인 문장에서는 감정형용사를 그대로 쓸 수 없다. 왜냐하면 감정이라는 것은 원래 자기 자신의 내면 상태를 나타내는 것이기 때문에 타인의 내면 상태를 직접적으로 표현할 수 없기 때문이다.

- (私は) 楽しいですよ。(○) (나는) 즐겁습니다.
- 弟は 楽しいですよ。(×) 동생은 즐겁습니다.

楽しい 즐겁다
弟 남동생

제3자의 감정을 나타낼 때에는 감정형용사 뒤에 「~ようだ(~인 것 같다), ~そうだ(~인 것 같다), ~らしい(~인 듯하다), ~といって いる(~라고 말한다)」 등을 써서 간접적으로 표현해야 한다. 단, 좋고 싫음을 나타내는 「好きだ, 嫌いだ」는 전형적인 감정

好きだ 좋아하다
嫌いだ 싫어하다

형용사이지만, 예외적으로 제3자가 주어인 문장에서도 쓸 수 있다.

- 山田さんは この頃、寂しそうです。 야마다 씨는 요즘 외로운 것 같습니다.
- 父は お酒が 好きです。 아버지는 술을 좋아합니다.

この頃 요즘
寂しい 외롭다
お酒 술

5 多い, 近い, 遠い의 연체형(명사수식형)

い형용사는 명사를 수식할 때에 형용사의 기본형을 명사 앞에 그대로 놓으면 된다. 그런데 다음의 い형용사들은 예외적으로 명사를 수식할 때 어미「い」를「くの」로 바꿔 수식한다.

- 多い   多い 人が 集まって います。(×)

  多くの 人が 集まって います。(○) 많은 사람들이 모여 있습니다.

- 近い   近い 食堂で 食事を しました。(×)

  近くの 食堂で 食事を しました。(○) 근처의 식당에서 식사를 했습니다.

- 遠い   遠い 本屋まで 本を 買いに 行きました。(×)

  遠くの 本屋まで 本を 買いに 行きました。(○)
  먼 책방까지 책을 사러 갔습니다.

多い 많다
集まる 모이다
食堂 식당
食事 식사
遠い 멀다
本屋 서점

단,「多い, 近い, 遠い」가 앞에 놓인 명사의 술어로 쓰이고, 그 전체가 뒤에 오는 명사를 수식할 때에는「多い, 近い, 遠い」를 그대로 쓸 수 있다.

- 中国は 人口が 多い 国です。 중국은 인구가 많은 나라입니다.

- 最近、小学校に 近い 所に 引っ越して きました。
  최근에 초등학교에 가까운 곳으로 이사 왔습니다.

中国 중국
人口 인구
国 나라
最近 최근
小学校 초등학교
所 장소, 곳

위 예를 보면「人口が 多い(인구가 많은)」전체가「国(나라)」를 수식하고 있고,「小学校に 近い(초등학교에 가까운)」전체가「所(곳)」를 수식하고 있다. 이와 같은 경우에는 い형용사의 형태로 명사를 수식할 수 있다.

6 好きだ, 嫌いだ, 上手だ, 下手だ

な형용사 중에서「好きだ, 嫌いだ, 上手だ, 下手だ」는 대상을「を」가 아닌「が」로 써야 한다. 사용빈도가 매우 높은 형용사이기 때문에 반드시 기억해 두도록 하자.

- 私は バナナを 好きです。(×)
  私は バナナが 好きです。(○) 나는 바나나를 좋아합니다.
- 景子さんは 歌が 上手です。 게이코 씨는 노래를 잘합니다.
- 私は 猫が 嫌いです。 나는 고양이를 싫어합니다.

上手だ 잘하다

バナナ 바나나
歌 노래
猫 고양이

7 な형용사와 한국어 형용사

우리말에서는 동사와 형용사 모두에 '~하다'를 쓰기 때문에 な형용사를 する동사로 오인하는 경우가 많다. 아래의 단어들은 な형용사에 속한 것으로「する」를 붙여 쓰지 않도록 주의한다.

- 저 가수는 유명하다. → あの 歌手は 有名する。(×)
  あの 歌手は 有名だ。(○)

· 重要だ 중요하다	· 便利だ 편리하다	· 安全だ 안전하다
· 完全だ 완전하다	· 複雑だ 복잡하다	· 困難だ 곤란하다
· 簡単だ 간단하다	· 必要だ 필요하다	· 充分だ 충분하다

8 형용사 비교 표현

2가지 이상의 사람이나 사물, 사건의 공통된 성질을 비교하는 비교문은 비교 대상이 2가지인 경우와 3가지 이상인 경우로 나누어 생각해야 한다.

(1) 2가지를 비교하는 경우

2가지를 비교하는 경우에는 「A と B と(では) どちらが ~(A와 B에서는 어느 쪽이 ~)」나 「A と B の どちらが ~(A와 B 어느 쪽이 ~)」의 형태로 질문하고, 대답은 「A より B の ほうが ~(A보다 B 쪽이 ~)」나 「A より」를 생략하고 「B の ほうが ~(B 쪽이 ~)」 형태로 답한다. 부정형으로 대답할 때에는 「A は B ほど ~ない(A는 B만큼 ~하지 않다)」로 한다.

- A : 野球と サッカーと どちらが 上手ですか。 야구와 축구 어느 쪽을 잘합니까?
  B : (野球より) サッカーの ほうが 上手です。 (야구보다) 축구 쪽을 잘합니다.
  C : 野球は サッカー ほど 上手では ありません。
  야구는 축구만큼 잘하지 않습니다.

- A : 大阪と 福岡の どちらが 暑いですか。 오사카와 후쿠오카 어느 쪽이 덥습니까?
  B : 大阪の ほうが 暑いです。 오사카 쪽이 덥습니다.
  C : 福岡は 大阪 ほど 暑く ありません。 후쿠오카는 오사카만큼 덥지 않습니다.

2가지를 비교할 경우 주의해야 할 점은 비교 대상이 사람이든 사물이든 장소든 간에 반드시 「どちら」로 물어야 한다는 점과, 대답을 할 때 「~の ほう」를 생략하면 안 된다는 점이다. 또한 우리말 '더'에 해당하는 「もっと」를 쓰지 않도록 주의한다.

- A : 地下鉄と バスと どちらが 速いですか。(○)
  지하철과 버스 중 어느 것이 빠릅니까?
  A : 地下鉄と バスと どれが 速いですか。(×)
  B : 地下鉄の ほうが 速いです。(○) 지하철 (쪽)이 빠릅니다.
  B : 地下鉄が もっと 速いです。(?)

野球 야구
サッカー 축구
福岡 후쿠오카(지명)

もっと 더욱, 더

地下鉄 지하철
バス 버스
速い (속도가) 빠르다

(2) 3가지 이상의 사물을 비교하는 경우

3가지 이상의 사물을 비교할 때에는 「A(の 中_{なか})で 의문사가 一番_{いちばん}~(A (중)에서 의문사가 가장 ~)」의 형태로 질문하고 대답은 「○が 一番_{いちばん}~(○가 가장 ~)」로 답한다.

- A : 飲み物の 中で 何が 一番 好きですか。 마실 것 중에서 무엇을 가장 좋아합니까?
  B : コーヒーが 一番 好きです。 커피를 가장 좋아합니다.

- A : 家族の 中で 誰が 一番 背が 高いですか。 가족 중에서 누가 가장 키가 큽니까?
  B : 兄が 一番 背が 高いです。 형이 제일 키가 큽니다.

3가지 이상을 비교하는 경우에서는 비교 대상에 따라 의문사 종류가 달라진다는 점에 유의해야 한다. 즉, 비교 대상이 사람인 경우는 「誰」, 사물인 경우는 「どれ」, 장소인 경우는 「どこ」, 시기인 경우는 「いつ」를 쓴다.

中 안, 속, 중
一番 가장

飲み物 마실 것
コーヒー 커피
家族 가족
背が高い 키가 크다

연습문제

1 빈칸에 알맞은 것을 고르시오.

(1) この お菓子は ＿＿＿＿＿＿、おいしいです。
　　① あまく　　　② あまいで　　③ あまい　　　④ あまくて

(2) 去年の 夏は とても ＿＿＿＿＿＿。
　　① 暑いかったです　　　　② 暑いでした
　　③ 暑かったです　　　　　④ 暑かったでした

(3) 田中部長は テニス＿＿＿＿＿ 上手です。
　　① に　　　　② が　　　　③ の　　　　④ を

(4) この アパートは あまり ＿＿＿＿＿＿＿ね。
　　① 静かです　　　　　　　② 静かでは なくです
　　③ 静かでした　　　　　　④ 静かでは ありません

2 다음 (　　) 안의 형용사를 알맞은 형태로 바꾸시오.

(1) A：日本の 地下鉄は どうですか。
　　B：＿＿＿＿＿＿＿＿、きれいです。(便利だ)

(2) A：あの かばんを 見せて ください。
　　B：どれですか。
　　A：あの ＿＿＿＿＿＿＿、かわいい かばんです。(小さい)

(3) A：先週、大阪へ 行きました。
　　B：そうですか。どうでしたか。
　　A：たいへん ＿＿＿＿＿＿＿＿。(にぎやかだ)

3 주어진 단어를 이용하여 일본어 문장을 완성하시오.

(1) 옛날 이 마을은 온천으로 유명했다. (有名だ)
→ 昔、この 町は 温泉で _____。

(2) 영어와 일본어 어느 쪽이 쉬웠습니까? (どちらが やさしい)
→ 英語と 日本語と _____。

(3) 과일 중에서 무엇을 가장 좋아합니까? (一番 好きだ)
→ 果物の 中で 何が _____。

(4) 여동생은 가까운 슈퍼에 우유를 사러 갔습니다. (近い)
→ 妹は _____ スーパーに 牛乳を 買いに 行きました。

4 다음 글을 읽고 ( ) 안의 형용사를 알맞은 형태로 바꾸시오.

> 星野さんは ダンスが 好きです。毎晩 ダンス 学校へ 行きます。ダンスの 先生は (きれいだ → _____) 人です。星野さんは ダンスが あまり 上手では ありませんが、(やさしい → _____) 先生に 習いますから、たのしいです。でも、仕事が (忙しい → _____)、今週は 休みました。

해석 호시노 씨는 댄스를 좋아합니다. 매일 밤 댄스 학교에 갑니다. 댄스 선생님은 예쁜 사람입니다. 호시노 씨는 댄스를 그다지 잘하지 않습니다만, 상냥한 선생님에게 배우기 때문에 즐겁습니다. 그렇지만 일이 바빠서 이번 주는 쉬었습니다.

정답은 P.274

03 동사의 분류 · 사전형 · ます형

동사는 사람이나 사물의 동작, 작용, 상태 등을 나타내는 말로 가장 복잡한 활용 체계를 가지고 있다. 동사는 형태적, 문법적 성질에 따라 다양한 분류가 가능한데, 본 과에서는 활용형의 차이에 따른 동사의 3분류와 사전형 및 ます형을 중심으로 주요 사항을 제시한다.

이 과에서는 동사의 종류와 사전형이 사용되는 문형(「~ことが できる, ~予定だ, ~前に, ~ために, ~のに」 등)과 ます형 만들기 및 ます형이 사용되는 문형(「~たい, ~に 行く, ~ながら」 등)에 대해 알아보도록 한다.

학습 포인트

- ▶ 1그룹 동사, 2그룹 동사, 3그룹 동사
- ▶ 사전형 관련 문형
- ▶ ます형 만들기 및 ます형 관련 문형

1 동사의 종류

일본어의 모든 동사는 어미가 う단으로 끝나는 형태적 특징을 지니고 있다. 또한, 어미의 종류에 따라 활용 형태가 다르기 때문에 동사는 **1그룹 동사**(5단 동사라고도 한다), **2그룹 동사**(1단 동사라고도 한다), **3그룹 동사**(불규칙 동사라고도 한다)로 나뉜다.

(1) 1그룹 동사(5단 동사)

❶ 어미가 「る」로 끝나지 않은 모든 동사 즉, 어미가 「う, く, ぐ, す, つ, ぬ, ぶ, む」로 끝난 동사는 1그룹에 속한다.

- 買う 사다
- 書く 쓰다
- 泳ぐ 수영하다
- 話す 이야기하다
- 待つ 기다리다
- 死ぬ 죽다
- 遊ぶ 놀다
- 飲む 마시다

❷ 어미가 「る」로 끝난 동사 중에서 「る」 앞의 음이 あ단이나 う단이나 お단으로 끝난 동사도 1그룹에 속한다.

- なる 되다
- 売る 팔다
- 乗る 타다

(2) 2그룹 동사(1단 동사)

어미가 「る」로 끝난 동사 중에서 「る」 앞의 음이 い단이나 え단으로 끝난 동사는 2그룹에 속한다.

- 見る 보다
- 着る 입다
- 起きる 일어나다
- 食べる 먹다
- 出る 나가다
- 教える 가르치다

(3) 3그룹 동사(불규칙 동사)

불규칙 활용을 하는 동사에는 「来る, する」 2종류가 있다. 단, 동사 「する」는 한자어에 붙어 「結婚する, 紹介する, 勉強する」 등과 같이 한자동사를 만들 수 있는데 이들도 3그룹 동사에 속한다.

する 하다
結婚する 결혼하다
紹介する 소개하다
勉強する 공부하다

- 来る 오다   ・する 하다   ・運転する 운전하다

동사의 종류	어미 형태
1그룹 동사	・어미가 う・く・ぐ・す・つ・ぬ・ぶ・む ・あ단+る / う단+る / お단+る
2그룹 동사	・い단+る / え단+る
3그룹 동사	・来る ・する

2 사전형

(1) 사전형

사전형은 「読む, 起きる, 来る」 등과 같이 사전에 실려 있는 동사의 형태를 말하며 기본형이라고도 한다.

読む 읽다
起きる 일어나다

(2) 사전형이 쓰이는 문형

❶ 〔사전형〕 ことが できる ~할 수 있다

가능 표현으로 우리말 '~할 수 있다'에 해당한다.

- 私は 中国語を 話す ことが できます。 나는 중국어를 말할 수 있습니다.
- 正月に この 旅館に 泊まる ことが できます。
  정초에 이 여관에 숙박할 수 있습니다.

中国語 중국어
話す 이야기하다
できる 할 수 있다
正月 정초
旅館 여관
泊まる 묵다, 머무르다

❷ 〔사전형〕 ことだ ~하는 것이다

「Aは Bする ことだ」의 형태로 A에 관한 내용을 B에서 설명하는 것으로 우리말 '~은 ~하는 것이다'에 해당한다.

- 私の 趣味は 料理を 作る ことです。 나의 취미는 요리를 만드는 것입니다.

趣味 취미
作る 만들다

- 叔父の 仕事は 郵便局に 手紙を 届ける ことです。
  숙부의 직업은 우체국으로 편지를 보내는 것입니다.

仕事 일
郵便局 우체국
手紙 편지
届ける 보내다, 전하다

❸ 사전형 つもりだ ~할 생각이다, ~할 작정이다

사전에 결심한 의지를 나타내는 표현으로 우리말 '~할 생각이다, ~작정이다'에 해당한다.

- 来年、ヨーロッパに 旅行する つもりです。 내년에 유럽에 여행 갈 생각입니다.
- 友だちが 来たら、ソウルを 案内する つもりです。
  친구가 오면 서울을 안내할 생각입니다.

来年 내년
ヨーロッパ 유럽
旅行する 여행하다
つもり 생각, 작정
ソウル 서울
案内する 안내하다

회화 포인트

「~つもりだ」는 의지를 나타내는 대표적인 표현이지만, 실제로 일상 회화에서 쓰일 때에는 「~つもりです」와 같이 단정적인 형태로 쓰기보다는 「~つもりで(~할 생각으로)」의 형태로 사용되는 경우가 많다. 또한 「~つもりですか」로 다른 사람의 의지를 묻는 것은 무례한 인상을 줄 수 있으므로 타인 특히 손윗사람에게는 사용하지 않는 편이 좋다.

- 会社を やめる つもりで、上司に 話を しました。
  회사를 그만둘 작정으로 상사에게 말했습니다.
- 社長、明日の 会議に 行く つもりですか。(?) 사장님, 내일 회의에 갈 생각입니까?
  社長、明日の 会議に いらっしゃいますか。(○) 사장님, 내일 회의에 가십니까?

やめる 그만두다
上司 상사
明日 내일

❹ 사전형 予定だ ~할 예정이다

자신의 행동이나 앞으로의 계획을 표현하는 것으로 우리말 '~할 예정이다'에 해당한다.

- 私は 来年 中学校に 入学する 予定です。 나는 내년에 중학교에 입학할 예정입니다.
- 来週から ピアノを 習う 予定です。 다음 주부터 피아노를 배울 예정입니다.

入学する 입학하다
予定 예정
来週 다음 주
ピアノ 피아노
習う 배우다

~つもりだ VS ~予定だ

두 표현 모두 앞으로의 예정이나 계획을 나타내지만 「~つもりだ」는 주로 개인적인 결심이나 작심을 나타내는 경우에 사용되며, 「~予定だ」는 공식적인 스케줄이나 타인과의 약속 등 공적인 결정 사항을 나타내는 경우에 사용되는 경향이 강하다.

- 私、たばこは もう やめる つもりです。 저, 담배는 이제 끊을 생각입니다.
- 来週、クラブ 全員で 温泉旅行に 行く 予定です。 다음 주 클럽 전원이 온천 여행을 갈 예정입니다.

たばこ 담배
もう 이제, 벌써, 더
クラブ 클럽
全員 전원
温泉旅行 온천 여행

❺ 사전형 前に ~하기 전에

어떤 행위나 동작을 하기에 앞서 하는 일을 나타내며 우리말 '~하기 전에'에 해당한다.

- 食事を する 前に 手を 洗います。 식사를 하기 전에 손을 씻습니다.
- 日本へ 行く 前に 日本語を 習います。 일본에 가기 전에 일본어를 배웁니다.

手 손
洗う 씻다

❻ 사전형 のは / のが / のを ~하는 것은 / ~하는 것이 / ~하는 것을

동사 사전형에 조사 「の」를 붙이면 그 동사를 사용한 문장을 명사화 할 수 있다. 「の」 뒤에는 조사 「は, が, を」 등을 붙여 쓴다.

- テニスを する のは おもしろいです。 테니스를 치는 것은 재미있습니다.
- 私は 漫画を 読む のが 好きです。 나는 만화를 보는 것을 좋아합니다.
- 玄関の 鍵を 締める のを 忘れました。 현관 열쇠를 잠그는 것을 잊어버렸습니다.

テニスをする 테니스를 치다
漫画 만화
玄関 현관
鍵 열쇠
締める 잠그다
忘れる 잊다

> 동사의 사전형 뒤에 「の」 대신 「こと」를 붙여도 그 문장을 명사화 할 수 있어, 위 예문의 「の」는 모두 「こと」로 바꿔 쓸 수 있다.
>
> - テニスを する ことは おもしろいです。 테니스를 치는 것은 재미있습니다.
>
> 이와 같이 「の」와 「こと」는 대부분의 경우 교체가 가능하지만, 반드시 「の」나 「こと」만을 써야 하는 경우도 있다. 이에 관해서는 부록 2의 명사절을 참조하기 바란다.

❼ 사전형 ため(に) ~하기 위해

목적을 나타내는 가장 대표적인 표현으로 우리말 '~하기 위해'에 해당한다.

- 就職する ために 日本語を 勉強します。
  취직하기 위해 일본어를 공부합니다.
- 家を 買う ために 朝から 晩まで 働きました。
  집을 사기 위해 아침부터 밤까지 일했습니다.

就職する 취직하다
朝 아침
晩 밤
働く 일하다

❽ 〔사전형〕のに ~하는 데

「~のに」도 목적을 나타내는 형태로 우리말 '~하는 데'에 해당한다. 「~のに」 뒤에 오는 술어는 「使う, 用いる, 役立つ, 必要だ, 便利だ, 有用だ」 등과 같은 동사나 형용사가 주로 쓰인다.

- この 道具は 肉を 焼くのに 使います。 이 도구는 고기를 굽는 데 사용합니다.
- この 駅は バスに 乗り換えるのに 便利です。
  이 역은 버스로 갈아타는 데 편리합니다.

使う 사용하다
用いる 이용하다
役立つ 도움이 되다
有用だ 유용하다
道具 도구
肉 고기
焼く 굽다
駅 역
乗り換える 갈아타다

3 ます형

동사가 「ます」와 접속하기 위해 변화한 형태를 **ます형**이라고 하며 동사에 「ます」가 붙으면 정중체가 된다. 우리말 '~습니다'에 해당한다.

(1) ます형 만들기

❶ 1그룹 동사

동사의 어미 う단을 い단으로 바꾸고, 「ます」를 붙인다.

1그룹 동사	접속 형태		예시
書く 쓰다	書き	+ ます	書きます 씁니다
泳ぐ 헤엄치다	泳ぎ		泳ぎます 헤엄칩니다
買う 사다	買い		買います 삽니다
待つ 기다리다	待ち		待ちます 기다립니다
乗る 타다	乗り		乗ります 탑니다
死ぬ 죽다	死に		死にます 죽습니다
遊ぶ 놀다	遊び		遊びます 놉니다
飲む 마시다	飲み		飲みます 마십니다

❷ 2그룹 동사

동사의 어미「る」를 없애고「ます」를 붙인다.

2그룹 동사	접속 형태		예시
見る 보다	見る̶		見ます 봅니다
起きる 일어나다	起き̶る̶	+ ます	起きます 일어납니다
食べる 먹다	食べ̶る̶		食べます 먹습니다
教える 가르치다	教え̶る̶		教えます 가르칩니다

❸ 3그룹 동사

불규칙 활용으로 다음과 같이 바뀐다.

3그룹 동사	접속 형태	예시
来る 오다	불규칙	きます 옵니다
する 하다		します 합니다

 동사의 ます형만 쓰면 그 동사의 명사형이 된다.
- 遊びます → 遊び 놀이
- 走ります → 走り 달리기
- 考えます → 考え 생각

遊ぶ 놀다
走る 달리다
考える 생각하다

※ 예외 1그룹 동사

동사 중에는 형태적으로는 2그룹 동사의 형태를 띄지만 실제 활용에서는 1그룹과 같은 활용을 하는 것이 있다. 예를 들어「帰る」는 어미「る」앞이「え」이기 때문에 2그룹 동사의 형태를 취하고 있으나 1그룹 동사와 같이 활용하여「帰ります」가 된다. 이와 같은 동사를 예외 1그룹 동사라 하며 ます형 활용시 주의가 필요하다.

帰る 돌아가다

・帰る 돌아가다	・限る 한정하다	・入る 들어가다	・散る 흩어지다
・交じる 섞이다	・知る 알다	・切る 자르다	・要る 필요하다
・走る 달리다	・滑る 미끄러지다	・減る 줄어들다	・握る 쥐다
・照る 비치다	・しゃべる 말하다	・蹴る 차다	・湿る 눅눅해지다

- 走る → はしります（○）はします（×） 달립니다
- 知る → しります（○）します（×） 압니다

특수 활용 1그룹 동사

1그룹 동사 중에서「いらっしゃる, おっしゃる, くださる, なさる, ござる」의 ます형은 어미「る」를 없애고「います」를 붙인다.

특수 활용 1그룹 동사	접속 형태	예시
いらっしゃる 계시다	+ます	いらっしゃいます 계십니다
おっしゃる 말씀하시다		おっしゃいます 말씀하십니다
くださる 주시다		くださいます 주십니다

- 社長は あそこに いらっしゃいます。 사장님은 저기에 계십니다.
- 先生が この 本を くださいました。 선생님이 이 책을 주셨습니다.

知る 알다

いらっしゃる
계시다, 오시다, 가시다
おっしゃる
말씀하시다
くださる 주시다
なさる 하시다
ござる 있다, 계시다

(2) 동사문

구분	긍정형	부정형
비과거형(현재/미래)	学校に 行きます 학교에 갑니다	学校に 行きません 학교에 가지 않습니다
과거형	学校に 行きました 학교에 갔습니다	学校に 行きませんでした 학교에 가지 않았습니다

❶ **동사의 ます형+ます(~습니다)**

동사의 ます형에「ます」를 붙이면 청자에 대한 화자의 정중한 태도를 나타낸다. 우리말 '~습니다'에 해당한다.

- 日曜日は 両親と 教会に 行きます。 일요일에는 부모님과 교회에 갑니다.
- 晩ご飯は 7時頃に 食べます。 저녁은 7시쯤에 먹습니다.

両親 부모(님)
教会 교회
晩ご飯 저녁밥
〜頃 ~쯤, ~경

❷ **동사의 ます형+ません(~하지 않습니다)**

「〜ません」은 동사의 정중체 부정형으로 우리말 '~하지 않습니다'에 해당한다.

- 明日は 学校へ 行きません。 내일은 학교에 가지 않습니다.
- 夜 9時 以後には 何も 食べません。 밤 9시 이후에는 아무것도 먹지 않습니다.

夜 밤
以後 이후

❸ **동사의 ます형+ました(~했습니다)**

「〜ました」는 동사의 정중체 과거형으로 우리말 '~이었습니다'에 해당한다.

- 運転免許の試験を 受けましたが、落ちました。
  운전면허 시험을 쳤습니다만, 떨어졌습니다.
- 友だちと かわいい 靴を 買いました。 친구와 귀여운 구두를 샀습니다.

運転免許の試験 운전면허 시험
受ける (시험을) 보다
落ちる 떨어지다
かわいい 귀엽다

❹ **동사의 ます형+ませんでした (~하지 않았습니다)**

「~ませんでした」는 동사의 정중체 과거부정형으로 우리말 '~하지 않았습니다'에 해당한다.

- 昨日は どこへも 行きませんでした。 어제는 아무 데도 가지 않았습니다.
- 今日は 授業が ありませんでした。 오늘은 수업이 없었습니다.

授業 수업

(3) ます형이 쓰이는 주요 문형

❶ **ます형 ませんか** ~하지 않겠습니까?

「~ませんか」는 청자에게 무언가를 권유하는 표현으로 우리말 '~하지 않겠습니까?'에 해당한다.

- 一緒に お茶を 飲みませんか。 함께 차를 마시지 않겠습니까?
- 今日は 一緒に 帰りませんか。 오늘은 함께 가지 않겠습니까?

一緒に 함께
お茶 차, 녹차

❷ **ます형 ましょう / ましょうか**
~합시다 / ~할까요?

상대방에게 무엇인가를 적극적으로 제안하거나 권유하는 표현으로, 적극적으로 응할 때에도 쓰인다. 우리말 '~합시다', '(함께) ~할까요'에 해당한다.

- ちょっと 休みましょう。 조금 쉽시다.
- A : そろそろ 帰りましょうか。 슬슬 돌아갈까요?
  B : ええ、帰りましょう。 네, 갑시다.

「~ましょう」는 자신의 의지를 나타낼 때에도 쓴다.

- A : 誰が 行きますか。 누가 갑니까?
  B : 私が 行きましょう。 제가 가겠습니다.

ちょっと 조금, 잠깐
休む 쉬다
そろそろ 슬슬
ええ 네

「ませんか/ましょう」 모두 권유 표현이지만 「ませんか」가 「ましょう」보다 상대방의 의향을 존중하고 있는 느낌을 주는 표현이다.

❸ ます형 たい ~하고 싶다

무엇인가를 하고 싶어 하는 마음을 나타내는 희망 표현으로 주로 자신의 희망을 나타낼 때 쓴다. 우리말 '~하고 싶다'에 해당하며 대상을 나타내는 조사 「を」는 원칙적으로 「が」로 바꿔 쓴다. 「を」 이외의 조사는 그대로 쓴다.

- 私は 靴を 買います。 나는 구두를 삽니다.
  → 私は 靴が 買いたいです。 나는 구두를 사고 싶습니다.
- 私は 沖縄へ 行きます。 나는 오키나와에 갑니다.
  → 私は 沖縄へ 行きたいです。 나는 오키나와에 가고 싶습니다.

沖縄 오키나와(지명)

동사에 「たい」가 붙어 「行きたい, 食べたい」가 되면 어미가 「い」로 끝나게 되어 い형용사와 같은 활용을 한다.

- 私は 外国で 働きたく ないです。 나는 외국에서 일하고 싶지 않습니다.
  私は 外国で 働きたかったです。 나는 외국에서 일하고 싶었습니다.

外国 외국

 감정형용사와 마찬가지로 희망 또한 자기 내부의 심리 상태이므로 제3자(타인)를 주어로 쓸 수 없다.

❹ ます형 に 行く ~하러 가다

「~に 行く/来る/帰る」 등의 형태로 이동하는 목적을 나타내며 우리말 '~하러 가다/오다/돌아오다'에 해당한다.

- 図書館へ 資料を 探しに 行きます。 도서관에 자료를 찾으러 갑니다.
- うちに 本を 取りに 帰ります。 집에 책을 가지러 갑니다.

資料 자료
探す 찾다
取る 집다, 취하다

❺ 〔ます형〕 **ながら** ~하면서

일정 시간 계속해서 두 가지 행위를 동시에 하는 것을 나타내며 우리말 '~하면서'에 해당한다.

- 写真を 見せながら 説明します。 사진을 보여주면서 설명합니다.
- 日本で 働きながら 勉強します。 일본에서 일하면서 공부합니다.

写真 사진
見せる 보여 주다
説明する 설명하다

❻ 〔ます형〕 **すぎる** 너무 ~하다

어떤 행위나 상태의 정도가 허용치를 넘은 것을 나타내며 우리말 '너무 ~하다'에 해당한다. 보통은 상태가 바람직하지 않은 경우에 많이 쓰인다.

- 昨日は ご飯を 食べすぎました。 어제는 밥을 너무 많이 먹었습니다.
- テレビの 見すぎで、目が 悪いです。
  TV를 너무 많이 봐서 눈이 나쁩니다.

「~すぎる」는 동사 술어로 쓰이기도 하지만, 「~すぎ」와 같이 명사로도 자주 쓰인다.

동사	예문		명사	예문
飲みすぎる	昨日は 飲みすぎました。 어제는 너무 마셨습니다.	→	飲みすぎ	昨日は 飲みすぎでした。 어제는 과음했습니다.
言いすぎる	この 間は 言いすぎました。 요전에는 너무 심하게 말했습니다.	→	言いすぎ	この 間は 言いすぎでした。 요전에는 과언을 했습니다.

テレビ 텔레비전
見る 보다
目 눈
悪い 나쁘다

言う 말하다
この 間 지난번, 요전

❼ 〔ます형〕 **やすい / にくい** ~하기 쉽다(편하다) / 어렵다

「~やすい / にくい」는 어떤 것을 하는 것이 '용이하다/용이하지 않다'를 의미하며 우리말 '~하기 쉽다(편하다)/어렵다'에 해당한다.

- この 野菜ジュースは 少し 甘くて 飲みやすい。
  이 야채주스는 약간 달아서 마시기 편하다.
- この 曲は 歌いやすいです。 이 곡은 부르기 쉽습니다.
- この 小説は 読みにくい。 이 소설은 읽기 어렵다.
- この 機械は 使いにくいです。 이 기계는 쓰기 어렵습니다.

野菜ジュース
야채 주스
少し 조금
曲 곡
歌う 노래하다
小説 소설
機械 기계

동사에 「やすい/にくい」가 붙으면 어미가 「い」로 끝나게 되어 い형용사와 같은 활용을 한다.

- この お酒は 飲みやすくて、のどごしが いいです。
  이 술은 마시기 쉬워서, 목 넘김이 좋습니다.

- 使いにくかった 台所を リフォームしました。
  쓰기 어려웠던(불편했던) 부엌을 다시 고쳤습니다.

「ます형+~方」

동사의 ます형에 「方」를 붙여 '방법'이나 '~하는 법' 등을 나타낸다. 「買い物する, 勉強する」와 같이 する동사는 「買い物の しかた, 勉強の しかた」로 쓴다.

- 電子辞書の 使い方   전자사전 사용법
- インド料理の 食べ方   인도 요리 먹는 법
- この 本の 活用の しかた   이 책의 활용 방법

のどごし 목 넘김
台所 부엌
リフォームする 리폼하다

買い物する 쇼핑하다

インド料理 인도 요리
活用 활용

연습문제

1 빈칸에 알맞은 것을 고르시오.

(1) 木村さんは テレビを ＿＿＿＿ながら、ご飯を 食べます。
　　① 見　　　② 見り　　　③ 見る　　　④ 見ます

(2) 私は 先生に ＿＿＿＿たいです。
　　① なら　　② なる　　　③ なり　　　④ なった

(3) ゆうべ ＿＿＿＿すぎて 頭が 痛いです。
　　① 飲み　　② 飲んで　　③ 飲む　　　④ 飲もう

(4) あなたは 日本語で 手紙を ＿＿＿＿ ことが できますか。
　　① 書き　　② 書く　　　③ 書ける　　④ 書いて

2 다음 대화문을 읽고 ( ) 안의 동사를 알맞은 형태로 바꾸시오.

(1) A：田中さんの 趣味は 何ですか。
　　B：古い 時計を ＿＿＿＿ ことです。(集める)

(2) A：すみません。この 漢字の ＿＿＿＿方を 教えて ください。(読む)
　　B：はい、いいですよ。

(3) A：今週の 週末、中華料理を ＿＿＿＿に 行きませんか。(食べる)
　　B：いいですね。行きましょう。

(4) A：この パソコンは どうですか。
　　B：画面が 大きくて ＿＿＿＿やすいですよ。(使う)

3 주어진 단어를 이용하여 일본어 문장을 완성하시오.

(1) 다카하시 씨는 미국에 유학을 하기 위해 영어를 배웁니다.
　　高橋さんは _____ ために、英語を 習います。
　　(アメリカに 留学する)

(2) 신용카드는 해외 출장을 가는 데 편리합니다.
　　クレジットカードは _____のに 便利です。
　　(海外出張に 行く)

(3) 슬슬 돌아갈까요?
　　そろそろ、_____ましょうか。(帰る)

(4) 여보세요? 사토 선생님은 계십니까?
　　もしもし、佐藤先生は _____ますか。(いらっしゃる)

4 보기와 같이 두 문장을 한 문장으로 바꾸시오.

> **보기**
> 友だちの うちへ 行きます。電話を かけます。
> → 友だちの うちへ 行く 前に、電話を かけます。

(1) 料理を 始めます。手を 洗います。
　　→ _____

(2) 夜、寝ます。日記を 書きます。
　　→ _____

(3) 買い物に 行きます。銀行で お金を 下ろします。
　　→ _____

(4) 仕事を 始めます。コーヒーを 飲みます。
　　→ _____

04 동사의 て형・た형・ない형

동사활용형 중에서 て형, た형, ない형에 관해 학습한다. 동사의 て형은 동사로 복수의 문장을 연결하는 형태이고, た형은 동사의 과거를 나타내는 형태이며, ない형은 동사의 부정을 나타내는 형태이다.

이 과에서는 각각의 활용형 만들기와 て형이 사용되는 문형(「~て ください, ~ても いい, ~てから」등)과 た형이 사용되는 문형(「~たり~たり, ~た ことが 있다, ~た ほうが いい」등), ない형이 사용되는 문형(「~なくても いい, ~ないで ください」등)에 대해 알아보도록 한다.

학습 포인트

- ▶ て형 만들기 및 관련 문형
- ▶ た형 만들기 및 관련 문형
- ▶ ない형 만들기 및 관련 문형

 1 て형

동사가 「て」와 접속하기 위해 변화한 형태를 **て형**이라고 한다. て형은 복수의 문장을 한 문장으로 연결하는 형태로 우리말 '~하고, ~해서'에 해당한다. て형 만들기는 ます형보다 조금 복잡하여 1그룹 동사가 어미에 따라 다시 4가지로 나뉜다.

(1) て형 만들기

❶ 1그룹 동사

ⓐ 어미가「く」로 끝난 동사는「く」를「いて」로,「ぐ」로 끝난 동사는「ぐ」를「いで」로 바꾼다.

1그룹 동사	접속 형태		예시
書く 쓰다	書く̸	+ いて	書いて 쓰고, 써서
泳ぐ 헤엄치다	泳ぐ̸	+ いで	泳いで 헤엄치고, 헤엄쳐서

ⓑ 어미가「う, つ, る」로 끝난 동사는「う, つ, る」를「って」로 바꾼다.

1그룹 동사	접속 형태		예시
買う 사다	買う̸		買って 사고, 사서
待つ 기다리다	待つ̸	+ って	待って 기다리고, 기다려서
乗る 타다	乗る̸		乗って 타고, 타서

ⓒ 어미가「ぬ, ぶ, む」로 끝난 동사는「ぬ, ぶ, む」를「んで」로 바꾼다.

1그룹 동사	접속 형태		예시
死ぬ 죽다	死ぬ̸		死んで 죽고, 죽어서
遊ぶ 놀다	遊ぶ̸	+ んで	遊んで 놀고, 놀아서
飲む 마시다	飲む̸		飲んで 마시고, 마셔서

ⓓ 어미가 「す」로 끝난 동사는 「す」를 「して」로 바꾼다.

1그룹 동사	접속 형태		예시
話す 말하다	話す	+ して	話して 말하고, 말해서
渡す 건네다	渡す		渡して 건네고, 건네서

渡す 건네다

1그룹 동사 중에서 「行く」는 て형으로 바뀔 때 「行いて」가 아니라 「行って」로 바뀌기 때문에 주의해야 한다.

❷ **2그룹 동사**

어미 「る」를 없애고 「て」를 붙인다.

2그룹 동사	접속 형태		예시
見る 보다	見る	+ て	見て 보고, 봐서
起きる 일어나다	起きる		起きて 일어나고, 일어나서
食べる 먹다	食べる		食べて 먹고, 먹어서
教える 가르치다	教える		教えて 가르치고, 가르쳐서

❸ **3그룹 동사**

불규칙 활용으로 다음과 같이 바뀐다.

3그룹 동사	접속 형태	예시
来る 오다	불규칙	きて 오고, 와서
する 하다		して 하고, 해서

(2) 동사 て형의 의미

て형은 동사의 활용형 중에서 사용빈도가 매우 높고, 의미용법이 다양하다. 둘 이상의 문장을 한 문장으로 연결하기 때문에 전후 문장이 어떤 의미 관계로 연결되었느냐에 따라 て형의 의미가 달라진다.

❶ **순차적인 동작** : 어떤 동작을 하고 난 후 그 다음 동작을 이어 하는 것을 나타낸다.
- 顔を 洗って、ご飯を 食べます。 얼굴을 씻고 밥을 먹습니다.

❷ **동시 동작** : 어떤 동작을 하고 있는 상태로 다른 동작을 함께 하는 것을 나타낸다.
- スイミングキャップを かぶって、プールに 入って ください。
  수영모를 쓰고, 수영장에 들어가 주세요.

❸ **수단** : 수단을 나타낸다.
- 紙を 使って 飛行機を 作ります。 종이를 사용해서 비행기를 만듭니다.

❹ **원인, 이유** : 원인이나 이유를 나타낸다.
- 昨日は 風邪を 引いて、学校を 休みました。
  어제는 감기에 걸려서 학교를 쉬었습니다.

❺ **나열** : 동작의 나열을 나타낸다.
- 母が 詩を 書いて、父が 作曲を します。
  어머니가 시를 쓰고 아버지가 작곡을 합니다.

(3) て형이 쓰이는 주요 문형

❶ **て형 てから** ~하고 (나서)

동사의 동작이 끝난 후에 다른 동작이 곧이어 일어나는 것을 나타낸다. 우리말 '~하고 (나서)'에 해당한다.
- 宿題を してから テレビを 見ます。 숙제를 하고 나서 TV를 봅니다.
- 食事を してから 帰りましょう。 식사를 하고 나서 돌아가죠.

❷ **て형 て ください** ~해 주세요

다른 사람에게 정중하게 의뢰를 하거나 무언가를 부탁할 때 쓰며, 우리말 '~해 주세요'에 해당한다.

スイミングキャップ 수영모
かぶる (모자 등을) 쓰다
プール 풀, 수영장
入る 들어가다

紙 종이
飛行機 비행기

風邪を 引く 감기에 걸리다

母 어머니
詩 시
作曲 작곡

宿題 숙제

- ゆっくり 話して ください。 천천히 이야기해 주세요.
- すみませんが、ちょっと 手伝って ください。 죄송하지만, 잠깐 도와 주세요.

회화 포인트

「～て ください」는 의뢰나 권유를 할 때 쓰는 표현이지만, 실제로「～て ください」로 잘라 말하면 명령조에 가까운 느낌을 주어 상대방에게 실례가 될 수 있다. 따라서「～て ください」를 쓸 때에는「どうぞ」를 함께 써서 어조를 부드럽게 하거나「～ませんか」등을 붙여 쓰는 것이 좋다.

- どうぞ ゆっくり して いて ください。 부디 편안히 있어 주세요.
- すみませんが、ちょっと 手伝って くださいませんか。
  죄송하지만, 잠깐 도와주시지 않겠습니까?

ゆっくり 천천히, 푹
手伝う 거들다, 돕다

どうぞ 부디, 아무쪼록

❸ [て형] て ほしい ~해 주었으면 한다, ~하기 바란다

화자가 바라는 것을 상대방에게 의뢰하는 표현으로, 우리말 '~해 주었으면 한다, ~하기 바란다'에 해당한다.

- すみませんが、少し ゆっくり 話して ほしいんですが……。
  죄송합니다만, 조금 천천히 말해주었으면 합니다만…….
- 優勝に 向かって、頑張って ほしいと 思います。
  우승을 향해 힘내 주었으면 합니다.

優勝 우승
向かう 향하다
頑張る 힘내다

 회화체에서는「～て ほしいです」로 잘라 말하기보다「～て ほしいんですが……」의 형태로「が」를 길게 말하거나「ほしい」뒤에「と 思う」등을 붙여 쓴다.

❹ [て형] ても いい ~해도 된다, ~해도 좋다

의문문으로 허가를 요구하거나 허가를 해 줄 경우 쓰는 형태로, 우리말 '~해도 된다, ~해도 좋다'에 해당한다.

- テスト中に 辞書を 見ても いいですか。 시험 중에 사전을 봐도 됩니까?
- ひらがなで 書いても いいです。 히라가나로 써도 됩니다.

テスト中 시험 중
ひらがな 히라가나

❺ **て형 ては いけない** ~해서는 안 된다

강한 금지를 나타낼 때 쓰며, 우리말 '~해서는 안 된다'에 해당한다. 금지의 느낌이 강하기 때문에 일반적으로는 사회적 규범이나 매너 등의 금지표현에 많이 쓰인다. 부모와 자식, 선생과 제자, 상사와 부하 등의 인간관계에서는 직접적으로 쓰기도 한다.

- 未成年者は たばこを 吸っては いけません。 미성년자는 담배를 피우면 안 됩니다.
- 動物を いじめては いけません。 동물을 괴롭히면 안 됩니다.

未成年者 미성년자
吸う 들이마시다
動物 동물
いじめる 괴롭히다

회화 포인트

금지표현을 실제로 쓸 때에는 상대방에게 실례가 되지 않도록 「~するのは ちょっと……(~하는 것은 좀……), それは ちょっと……(그것은 좀……) 등을 쓰는 것이 좋다.

- A : ここで たばこを 吸っても いいですか。 여기에서 담배를 피워도 됩니까?
  B : ここで たばこを 吸うのは ちょっと……。
  여기에서 담배를 피우는 것은 좀…….

  B : それは ちょっと……。 그것은 좀…….

2 た형

동사가 「た」와 접속하기 위해 어미 변화한 형태를 **た형**이라고 한다. 동사의 た형은 과거, 완료 등의 의미를 나타내며 우리말 '~었다'에 해당한다. た형을 만드는 방법은 て형과 동일하다.

(1) た형 만들기

❶ 1그룹 동사

ⓐ 어미가 「く」로 끝난 동사는 「く」를 「いた」로, 「ぐ」로 끝난 동사는 「ぐ」를 「いだ」로 바꾼다.

1그룹 동사	접속 형태		예시
書く 쓰다	書き	+ いた	書いた 썼다
泳ぐ 헤엄치다	泳ぎ	+ いだ	泳いだ 헤엄쳤다

ⓑ 어미가 「う, つ, る」로 끝난 동사는 「う, つ, る」를 「った」로 바꾼다.

1그룹 동사	접속 형태		예시
買う 사다	買		買った 샀다
待つ 기다리다	待	+ った	待った 기다렸다
乗る 타다	乗		乗った 탔다

ⓒ 어미가 「ぬ, ぶ, む」로 끝난 동사는 「ぬ, ぶ, む」를 「んだ」로 바꾼다.

1그룹 동사	접속 형태		예시
死ぬ 죽다	死		死んだ 죽었다
遊ぶ 놀다	遊	+ んだ	遊んだ 놀았다
飲む 마시다	飲		飲んだ 마셨다

ⓓ 어미가 「す」로 끝난 동사는 「す」를 「した」로 바꾼다.

1그룹 동사	접속 형태		예시
話す 말하다	話	+ した	話した 말했다
渡す 건네다	渡		渡した 건넸다

 1그룹 동사 중에서 「行く」는 た형으로 바뀔 때 「行いた」가 아니라 「行った」로 바뀌기 때문에 주의해야 한다.

❷ 2그룹 동사

어미 「る」를 없애고 「た」를 붙인다.

2그룹 동사	접속 형태		예시
見る 보다	見	+ た	見た 봤다
食べる 먹다	食べ		食べた 먹었다

❸ 3그룹 동사

불규칙 활용으로 다음과 같이 바뀐다.

3그룹 동사	접속 형태	예시
来る 오다	불규칙	きた 왔다
する 하다		した 했다

(2) た형의 의미

た형은 크게 과거와 완료의 의미를 나타낸다.

❶ 과거

어떤 동작이나 사건이 과거에 있었다는 것을 나타낸다.

- 先週、久しぶりに 彼女に 会った。 지난주 오랜만에 여자 친구를 만났다.
- 昨日は 授業が 終わってから、バイトに 行った。
  어제는 수업이 끝난 후, 아르바이트하러 갔다.

先週 지난주
久しぶりに 오랜만에
終わる 끝나다
バイト 아르바이트

❷ 완료

어떤 동작이나 사건이 과거에 완료되었는가를 나타내기도 한다.

- A : 昼ごはんは 食べた？ 점심밥, 먹었어?
  B : うん、もう 食べたよ。 응, 이미 먹었어.

た형에는 이외에도 다양한 의미용법이 있으며 이에 관해서는 9과에서 다루기로 한다.

昼ごはん 점심밥
うん 응

(3) た형이 쓰이는 주요 문형

❶ [た형] たり + [た형] たり ~하기도 하고 ~하기도 하고

「～たり ～たり」는 동작을 열거하거나 서로 반대되는 표현을 반복하고 있을 때 사용한다. 우리말 '～하기도 하고 ～하기도 하고'에 해당한다.

ⓐ 복수의 행위를 나타낼 때

- 先週は 友だちと 買い物に 行ったり、映画を 見たり しました。
  지난주는 친구와 쇼핑하러 가기도 하고 영화를 보기도 했습니다.

- 日曜日には テレビを 見たり、展覧会に 行ったり します。
  일요일에는 TV를 보기도 하고 전람회에 가기도 합니다.

ⓑ 반대되는 행위를 반복할 때

- この頃は 出張で、東京と 大阪を 行ったり 来たり して います。
  요즘에는 출장으로 도쿄와 오사카를 왔다 갔다 하고 있습니다.

- 今日は 雨が 降ったり やんだり して います。
  오늘은 비가 오락가락하고 있습니다.

「〜たり します」와 같이 동사 하나만을 쓰기도 한다.
- 分からない ときは、辞書で 調べたり します。 모를 때에는 사전으로 조사하거나 합니다.

展覧会 전람회

出張 출장
東京 도쿄(지명)
雨 비
降る (눈, 비가) 오다
やむ 그치다

分かる 알다
とき 때
調べる 조사하다

❷ [た형] た ことが ある ~한 적이 있다

과거의 경험이나 경력을 나타내며, 우리말 '〜한 적이 있다'에 해당한다. 반대 표현은 「〜た ことが ない」를 쓴다.

- 貿易会社に 勤めた ことが あります。 무역회사에서 근무한 적이 있습니다.
- この 食堂で ラーメンを 食べた ことが あります。
  이 식당에서 라면을 먹은 적이 있습니다.
- 私は 京都へ 行った ことが ありません。 나는 교토에 간 적이 없습니다.
- 中国語は 勉強した ことが ないです。 중국어는 공부한 적이 없습니다.

貿易会社 무역회사
勤める 근무하다
ラーメン 라면
京都 교토(지명)

사전형에「〜ことが ある」를 붙이면 그리 자주는 아니지만 '가끔 ~할 때도 있다'는 의미가 되므로 사전형과 た형을 잘 구분해서 써야 한다.
- クラシックは あまり 好きじゃ ないけれど、たまに 聞く ことが あります。
  클래식은 그다지 좋아하지 않지만 가끔 들을 때가 있습니다.
- 月 1回ぐらい 寿司を 食べる ことが あります。 한 달에 한 번 정도 초밥을 먹을 때가 있습니다.

クラシック 클래식
たまに 가끔
聞く 듣다, 묻다
月 달, 한 달
〜回 ~회, ~번(횟수)

❸ [た형] た まま ~한 채로

어떤 동작을 하고 있는 상태로 다음 동작을 하는 것을 나타내며, 우리말 '~한 채로'에 해당한다.

- 窓を 開けた まま 出かけました。 창문을 열어둔 채 나갔습니다.
- ネクタイを 締めた まま 寝て しまいました。 넥타이를 맨 채 자 버렸습니다.

수동형에 「~まま」를 붙이면 타인의 의지에 의해 일어난 동작을 나타낸다.
- 親に 言われる まま、大学に 進学した。 부모가 하라는 대로 대학에 진학했다.

出かける 외출하다
ネクタイ 넥타이
締める 매다
寝る 자다

親 부모
進学する 진학하다

❹ [た형] た 後で ~한 후에

어떤 동작의 종료 후 다음 동작이 뒤이어 일어나는 것을 나타내며 우리말 '~한 후에'에 해당한다.

- ご飯を 食べた 後で、塾に 行きます。 밥을 먹은 후에 학원에 갑니다.
- データを 集めた 後で、論文を 書きます。 데이터를 모은 후에 논문을 씁니다.

「~前に」는 조사 「に」가 사용되지만, 「~後で」는 조사 「で」가 사용되는 것에 주의한다.

ご飯 밥
塾 학원
データ 데이터
集める 모으다
論文 논문

❺ [た형] た ほうが いい ~하는 편이 좋다

다른 사람에게 조언을 하거나 충고를 할 때 쓰는 표현으로 우리말 '~하는 편이 좋다'에 해당한다.

- 顔色が 悪いですね。少し 休んだ ほうが いいですよ。
  얼굴색이 좋지 않네요. 잠깐 쉬는 편이 좋아요.
- 毎日 運動した ほうが いいです。 매일 운동하는 편이 좋습니다.

顔色 얼굴색
毎日 매일
運動する 운동하다

3 ない형

동사가 「ない」를 접속하기 위해 변화한 형태를 **ない형**이라고 한다. ない형은 부정형으로 우리말 '~하지 않다'에 해당한다.

(1) ない형 만들기

❶ 1그룹 동사

어미 う단을 あ단으로 바꾸고 「ない」를 붙인다.

1그룹 동사	접속 형태	예시
書く 쓰다	書か	書かない 쓰지 않다
飲む 마시다	飲ま	+ない	飲まない 마시지 않다

> 「会う, 買う, 言う」 등과 같이 어미가 「う」로 끝난 동사는 「う」를 「わ」로 바꾸고 「ない」를 붙인다.

1그룹 동사	접속 형태	예시
会う 만나다	会わ	会わない 만나지 않다
買う 사다	買わ	+ない	買わない 사지 않다

❷ 2그룹 동사

어미 「る」를 없애고 「ない」를 붙인다.

2그룹 동사	접속 형태	예시
見る 보다	見る	見ない 보지 않다
食べる 먹다	食べる	+ない	食べない 먹지 않다

❸ 3그룹 동사

불규칙 활용으로 다음과 같이 바뀐다.

3그룹 동사	접속 형태	예시
来る 오다	불규칙	こない 오지 않다
する 하다		しない 하지 않다

동사에 ない형이 접속하면 어미가 「い」로 끝나기 때문에 형용사와 같은 활용을 한다.

구분	보통체	정중체
비과거형 (현재/미래)	学校へ 行かない 학교에 가지 않는다	学校へ 行かないです 학교에 가지 않습니다
과거형	学校へ 行かなかった 학교에 가지 않았다	学校へ 行かなかったです 학교에 가지 않았습니다

(2) ない형이 쓰이는 주요 문형

❶ ない형 **なくても いい** ~하지 않아도 된다, ~하지 않아도 좋다

그 행위를 하지 않아도 되는 즉, 불필요함을 나타낸다. 우리말 '~하지 않아도 된다, ~하지 않아도 좋다'에 해당한다.

- 今日は 食事を 作らなくても いいです。 오늘은 식사를 만들지 않아도 됩니다.
- 今、答えなくても いいです。 지금 대답하지 않아도 됩니다.

答える 대답하다

❷ ない형 **ないで ください** ~하지 말아 주세요

상대방이 어떤 행동을 하지 않도록 의뢰할 때 쓰며 우리말 '~하지 말아 주세요'에 해당한다.

- ここで 写真を 撮らないで ください。 여기서 사진을 찍지 말아 주세요.
- 傘を 忘れないで ください。 우산을 잊지 말아 주세요.

撮る (사진을) 찍다
傘 우산

❸ ない형 **ないで ほしい** ~하지 않았으면 한다

「~て ほしい」의 부정표현으로 상대방에게 무엇인가를 하지 말 것을 의뢰하는 표현이다. 우리말 '~하지 않았으면 한다'에 해당한다.

- 今日は 出かけないで ほしいんですが……。
  오늘은 외출하지 않았으면 합니다만…….
- この 仕事は やらないで ほしいんですけど……。
  이 일은 하지 않았으면 합니다만…….

やる 하다

❹ [ない형] **ないほうがいい**　~하지 않는 편이 좋다

「~た ほうが いい」의 반대 표현으로, 우리말 '~하지 않는 편이 좋다'에 해당한다.

- たばこは 吸わ**ない ほうが いい**です。　담배는 피우지 않는 편이 좋습니다.
- あの 人とは あまり 付き合わ**ない ほうが いい**です。
  저 사람과는 그다지 사귀지 않는 편이 좋습니다.

付き合う 사귀다

❺ [ない형] **なくては(なければ) いけない(ならない)**
~하지 않으면 안 된다, ~해야 한다

어떤 행위가 의무인 것, 반드시 필요한 일임을 나타내며 우리말 '~하지 않으면 안 된다, ~해야 한다' 등에 해당한다. 「~なくては いけない」보다 「~なければ ならない」가 문장체적이다.

- この 本は 明日までに 返さ**なくては いけません**。
  이 책은 내일까지는 돌려 주지 않으면 안 됩니다.
- 自分の ことは 自分で し**なければ なりません**。
  자기 일은 자기가 하지 않으면 안 됩니다.

返す 돌려 주다
自分 자기, 자신

회화 포인트

회화체에서는 「~なくては」를 「~なくちゃ」로, 「~なければ」를 「~なきゃ, ~なけりゃ」로 줄여 쓰기도 하고 「なりません(いけません)」 부분을 생략하기도 한다.

- 今日は 早く 家へ 帰ら**なくちゃ**。　오늘은 빨리 집에 돌아가야 해.
- 明日、8時までに 学校へ 行か**なきゃ**。　내일 8시까지 학교에 가야 해.

早く 빨리

(3) 「ないで」와 「なくて」의 차이

동사를 연결할 때 て형을 사용하여 복수의 문장을 한 문장으로 연결하듯 동사의 부정형인 「~ない」에 「て」를 붙여 동사 부정형으로 문장을 연결할 수 있다. 그런데 「~ない」의 부정형은 「~ないで」와 「~なくて」 두 형태가 쓰이기 때문에 주의가 필요하다. 3장에서 살펴본 て형의 의미용법별로 다음과 같이 구분한다.

❶ 동시동작

- 窓を 閉めないで 寝ました。(○) 창문을 닫지 않고 잤습니다.

  窓を 閉めなくて 寝ました。(×)

❷ 수단

- 楽器を 使わないで 演奏を しました。(○) 악기를 사용하지 않고 연주를 했습니다.

  楽器を 使わなくて 演奏を しました。(×)

❸ 원인, 이유

- 彼が 来ないで 心配です。(×)

  彼が 来なくて 心配です。(○) 그가 오지 않아서 걱정입니다.

❹ 나열

- 木村さんは 来ないで、山田さんは 来た。(○)

  기무라 씨는 오지 않고 야마다 씨는 왔다.

  木村さんは 来なくて、山田さんは 来た。(○)

「て」의 의미용법 중에서 「～ないで」가 쓰이는 것은 앞뒤 문장이 '동시동작, 수단, 나열'의 의미로 연결된 경우이며, 「～なくて」는 '원인, 나열'의 의미로 연결된 경우에 쓰인다. 또한 문형에 제시한 바와 같이 「～ください、～ほしい」 등은 「～ないで ください、～ないで ほしい」의 형태로 접속한다.

- 芝生には 入らないで ください。 잔디에는 들어가지 마세요.
- この 部屋には 入らないで ほしいです。 이 방에는 들어가지 않으면 좋겠습니다.

 순차적 동작은 부정형으로 연결하지 않는다.
- 私は 朝、ご飯を 食べないで(食べなくて)、学校へ 行かなかった。(×)

  나는 아침에 밥을 먹지 않고 학교에 가지 않았다.

閉める 닫다

楽器 악기
演奏 연주

心配だ 걱정이다

芝生 잔디
入る 들어가다

연습문제

1 빈칸에 알맞은 것을 고르시오.

(1) 授業は 8時に ＿＿＿＿＿＿、12時に おわります。
　① 始まる　　② 始まって　　③ 始まりて　　④ 始まった

(2) 友だちに 本を ＿＿＿＿＿＿ まま、返すのを 忘れました。
　① 借りる　　② 借りて　　③ 借ります　　④ 借りた

(3) 室内では たばこを ＿＿＿＿＿＿ ほうが いいですよ。
　① 吸う　　② 吸わない　　③ 吸って　　④ 吸います

(4) 日本に ＿＿＿＿＿＿ ことが ありますか。
　① 行く　　② 行って　　③ 行った　　④ 行き

2 다음 ( ) 안의 동사를 알맞은 형태로 바꾸시오.

(1) A : すみません。
　　B : はい。
　　A : ちょっと ボールペンを ＿＿＿＿＿＿ ください。(貸す)
　　B : はい、どうぞ。

(2) A : もう すぐ 夏休みですね。
　　B : ええ。
　　A : 夏休みは 何を したいですか。
　　B : そうですね。絵を ＿＿＿＿＿＿、音楽を ＿＿＿＿＿＿ したいです。
　　　　(描く, 聞く)

(3) A : 一杯 飲みに 行きませんか。
　　B : すみません。今日は ちょっと……。
　　A : 何か 予定でも ありますか。
　　B : 実は これから 病院へ ＿＿＿＿＿＿ なければ なりませんので。(行く)

3 주어진 단어를 이용하여 일본어 문장을 완성하시오.

(1) 샤워를 하고 나서 잡니다. (シャワーを あびる)
→ _____ てから 寝ます。

(2) 여기에 차를 세워도 됩니까? (車を 止める)
→ ここに _____ ても いいですか。

(3) 시험이니까 친구와 이야기하지 말아 주세요. (友だちと 話す)
→ 試験ですから、_____ ください。

(4) 아침 집에서 커피를 마신 후에 회사에 갑니다. (コーヒーを 飲む)
→ 朝 うちで _____ あとで、会社へ 行きます。

4 다음 글을 읽고 ( ) 안의 동사를 알맞은 형태로 바꾸시오.

富士山を (見る → _____) ことが ありますか。富士山は 3776メートルで、日本で いちばん 高い 山です。静岡県と 山梨県の 間に あります。冬は 雪が (降る → _____) 白く なります。夏も 山の 上に 雪が あります。7月と 8月だけ 富士山に 登る ことが できます。山の 上に 郵便局が あって、手紙を (出す → _____)、電話を (かける → _____) する ことが できます。

> 해석 후지산을 본 적이 있습니까? 후지산은 3776m로 일본에서 가장 높은 산입니다. 시즈오카현과 야마나시현 사이에 있습니다. 겨울은 눈이 내려서 하얗게 됩니다. 여름도 산 위에 눈이 있습니다. 7월과 8월만 후지산에 올라갈 수 있습니다. 산 위에 우체국이 있어서 편지를 보내거나, 전화를 걸거나 할 수가 있습니다.

정답은 P.274

05 연체형·조건형·의지형·명령형

동사 활용형 중에서 연체형, 조건형, 의지형, 명령형에 관해 학습한다. 연체형은 명사를 수식할 때의 형태를 말하며, 조건형은 어떤 일이 성립하기 위한 조건을 나타내는 형태를 말한다. 의지형은 자신의 의지를 표현할 때의 형태이며, 명령형은 다른 사람에게 무언가를 명령할 때의 형태이다.

이 과에서는 각각의 활용형 만들기와 조건형이 사용되는 문형(「~ば ~ほど, ~も ~ば, ~も, ~に して みれば」 등), 의지형이 사용되는 문형(「~(よ)うと 思う, ~(よ)うとは 思わなかった」 등), 명령형이 사용되는 문형(「~と 言う」 등)에 대해 알아 보도록 한다.

학습 포인트

▶ 연체형 만들기
▶ 조건형 만들기 및 관련 문형
▶ 의지형 만들기 및 관련 문형
▶ 명령형 만들기 및 관련 문형

1 연체형

연체형이란 동사가 명사를 수식하는 형태를 말한다. 동사가 명사를 수식할 때에는 사전형을 명사 앞에 그대로 놓는다.

- もう 帰(かえ)る 時間(じかん)です。 이제 돌아갈 시간입니다.
- これは あそこに 貼(は)る 写真(しゃしん)です。 이것은 저기에 붙일 사진입니다.

貼る 붙이다

2 조건형

조건형이란 어떤 일이 성립하기 위해 필요한 조건을 나타낼 때 쓰는 형태로 우리말 '~하면, ~하니' 등에 해당한다. 일본어의 조건문에는 「～と, ～ば, ～たら, ～なら」의 형태가 쓰이는데 그 중 한 형태이다.

(1) 조건형 만들기

조건형은 동사의 종류에 따라 다음과 같은 어미 변화를 한다.

❶ 1그룹 동사

동사의 어미 う단을 え단으로 바꾸고, 「ば」를 붙인다.

1그룹 동사	접속 형태		예시
書(か)く 쓰다	書(か)け		書(か)けば 쓰면
飲(の)む 마시다	飲(の)め	+ ば	飲(の)めば 마시면
会(あ)う 만나다	会(あ)え		会(あ)えば 만나면

❷ 2그룹 동사

동사의 어미 「る」를 없애고 「れば」를 붙인다.

2그룹 동사	접속 형태		예시
見る 보다	見る	+ れば	見れば 보면
食べる 먹다	食べる		食べれば 먹으면

❸ 3그룹 동사

불규칙 활용으로 다음과 같이 바뀐다.

3그룹 동사	접속 형태	예시
来る 오다	불규칙	くれば 오면
する 하다		すれば 하면

(2) 조건형의 의미

조건형은 다음과 같은 의미를 나타낸다.

❶ 객관적이고 일반적 조건관계, 즉, 전건이 성립하면 반드시 후건이 성립한다는 것을 나타낸다.

- 春が 来れば 花が 咲きます。 봄이 오면 꽃이 핍니다.
- 年を とれば 体が 弱く なります。 나이를 먹으면 몸이 약해집니다.

春 봄
年 나이
とる (나이를) 먹다
体 몸
弱い 약하다

❷ 아직 성립하지 않은 사건의 가정조건을 나타낸다.

- もし 雨が 降れば、キャンプは 中止です。 만약 비가 오면 캠프는 중지합니다.
- この 薬を 飲めば 治るでしょう。 이 약을 먹으면 나을 겁니다.

もし 만약
キャンプ 캠프
中止 중지
薬を飲む 약을 먹다
治る 낫다

ば형을 포함한 조건표현 전반에 대해서는 16과에서 상세히 다룬다.

(3) 조건형이 쓰이는 주요 문형

여기에 제시한 조건형의 문형은 조건표현을 나타내는 형태 중 「～ば」만 쓸 수 있는 것이다.

❶ 　[조건형] ば ＋ [사전형] ほど　~하면 ~할수록

한 가지 일이 진행됨에 따라서 다른 일도 함께 진행되어 가는 것을 나타낼 때 쓴다. 우리말 '~하면 ~할수록'에 해당한다.

- 考えれば 考える ほど 分からなく なります。
  생각하면 생각할수록 모르겠습니다.
- 英語は 勉強すれば (勉強)する ほど 難しいです。
  영어는 공부하면 공부할수록 어렵습니다.

> 두 번째 예문과 같이 한자동사가 쓰인 경우에는 두 번째 한자를 생략해도 된다.

難しい 어렵다

❷ 　～も ＋ [조건형] ば、～も　~도 ~하거니와 ~도 한다

유사한 사물이나 사건을 나열하여 강조할 때 쓰며 우리말 '~도 ~하거니와 ~도 한다'의 의미에 해당한다.

- 彼は 心臓が 悪いのに お酒も 飲めば たばこも 吸います。
  그는 심장이 나쁜데도 술도 마시거니와 담배도 피웁니다.
- あの 湖は 泳ぐ ことも できれば、魚を 釣る ことも できる。
  저 호수는 헤엄칠 수도 있고 물고기를 잡을 수 있다.

心臓 심장
湖 호수
泳ぐ 헤엄치다
魚 물고기
釣る 낚시하다

❸ 　～に して みれば　(사람)~의 입장에서는

사람을 나타내는 명사에 「に して みれば」를 붙여서 '그 사람의 입장에서는'이라는 의미로 쓴다.

- 私は 軽い 気持ちで 話したが、あの 人に して みれば 大きな 問題だったようです。
  나는 가벼운 마음으로 말했지만 그 사람의 입장에서는 큰 문제였던 것 같습니다.
- 彼に して みれば、それほど 重要な ことでは ないかも しれない。
  그 사람의 입장에서 보면 그렇게 중요한 일이 아닐지도 모른다.

気持ち 기분
大きな 큰
問題 문제
それほど 그렇게, 그다지
重要だ 중요하다

3 의지형

의지형이란 화자의 의지나 예정 등을 나타낼 때 쓰는 형태로 우리말 '~하려고 하다, ~하자' 등에 해당한다.

(1) 의지형 만들기

❶ 1그룹 동사
동사의 어미 う단을 お단으로 바꾸고, 「う」를 붙인다.

1그룹 동사	접속 형태		예시
書^かく 쓰다	書^かこ		書^かこう 쓰자
飲^のむ 마시다	飲^のも	+ う	飲^のもう 마시자
会^あう 만나다	会^あお		会^あおう 만나자

❷ 2그룹 동사
동사의 어미「る」를 없애고「よう」를 붙인다.

2그룹 동사	접속 형태		예시
見^みる 보다	見^みる̸		見^みよう 보자
食^たべる 먹다	食^たべる̸	+ よう	食^たべよう 먹자

❸ 3그룹 동사
불규칙 활용으로 다음과 같이 바뀐다.

3그룹 동사	접속 형태	예시
来^くる 오다	불규칙	こよう 오자
する 하다		しよう 하자

(2) 의지형의 의미

의지형은 의미적으로 의지와 권유로 나뉜다.

❶ 화자의 의지를 나타낼 때 쓴다. 혼잣말을 할 때에는 의미형만 쓰지만, 다른 사람에게 자신의 의지를 표명할 때에는 의지형 뒤에 「～と 思う」를 붙여 쓴다.

- 明日は 早く 起きよう。 내일은 빨리 일어나자.
- これから 真面目に 勉強しようと 思います。 이제부터 성실하게 공부하려고 합니다.

これから 앞으로

❷ 손아랫사람이나 친한 사이에서 제안이나 권유를 할 때도 쓴다. 주로 종조사 「か」나 「よ」를 붙여 쓴다.

- 行こうよ。 가자.
- 食べようか。 먹을까?

(3) 의지형이 쓰이는 주요 문형

❶ [의지형] (よ)うと 思う / 思って いる ~하려고 한다

동사의 의지형은 독백인 경우를 제외하고는 「思う」나 「思って いる」를 붙여 쓰는 것이 자연스러우며, 일정 기간 계속 생각해 왔던 것이라면 「思う」보다 「思って いる」를 쓰는 것이 좋다.

- 今夜は 早く 寝ようと 思います。 오늘 밤은 빨리 자려고 합니다.
- 来年 自分の 会社を 作ろうと 思って います。 내년에 제 회사를 만들려고 합니다.

今夜 오늘 밤

 자신의 의지를 표명할 때에는 「～つもりだ」보다 「～(よ)うと 思う」를 쓰는 것이 더 자연스럽다.

❷ [의지형] (よ)うとは 思わなかった
~일 거라고는 생각하지 못했다

어떤 일이 그렇게 될 줄은 예측하지 못했다는 것을 나타내며, 우리말 '~일 거라고는 생각지 못했다'에 해당한다. 「思わなかった」 외에 「予想しなかった(예상하지 못했다)」나 「想像しなかった(상상하지 못했다)」 등을 쓰기도 한다.

予想する 예상하다
想像する 상상하다

- こんな ことに なろうとは 思わなかったです。
  이렇게 될 줄은 생각하지 못했습니다.

- 被害が これほどまで 広がろうとは まったく 予想しなかった。
  피해가 이렇게까지 확산될 줄은 전혀 예상하지 못했다.

> 被害 피해
> 広がる 퍼지다
> まったく 전혀

4 명령형

명령형이란 상대방에게 어떤 행동이나 행위를 지시하거나 강요할 때 쓰는 형태로 우리말 '~해(라)'에 해당한다.

(1) 명령형 만들기

명령형은 동사의 종류에 따라 다음과 같은 어미 변화를 한다.

❶ 1그룹 동사

동사의 어미 う단을 え단으로 바꾼다.

1그룹 동사	접속 형태	예시
書く 쓰다	書け	書け 써라
飲む 마시다	飲め	飲め 마셔라
会う 만나다	会え	会え 만나라

❷ 2그룹 동사

동사의 어미 「る」를 없애고 「ろ」나 「よ」를 붙인다. (よ는 문장체임)

2그룹 동사	접속 형태		예시
起きる 일어나다	起き~~る~~	+ ろ・よ	起きろ・起きよ 일어나라
食べる 먹다	食べ~~る~~		食べろ・食べよ 먹어라

❸ 3그룹 동사

불규칙 활용으로 다음과 같이 바뀐다.

3그룹 동사	접속 형태	예시
来る 오다	불규칙	こい 와라
する 하다		しろ・せよ 해라

(2) 명령형의 사용

명령형은 상대방에게 어떤 동작을 강요하는 것이기 때문에 그 사용이 매우 제한적이다. 명령형이 실제로 어떻게 쓰이는지를 살펴보면 다음과 같다.

❶ 지위나 연령이 위인 남성이 아랫사람에게 쓴다.

- 상사가 부하에게

  あそこを 見ろ。 저기를 봐.

❷ 남자 친구끼리 쓴다. 보통은 명령형 뒤에 종조사 「よ」를 함께 쓴다.
- 明日 家へ 来いよ。 내일 집에 와.

❸ 단체 훈련이나 스포츠 활동의 구령, 응원 등에서 쓴다.
- 休め。 쉬어.   - 頑張れ。 힘내라.

❹ 긴급 상황으로 상대에 대해 정중한 표현을 쓸 만큼의 여유가 없을 때 쓴다.
- あっ、燃えて いるぞ。早く 消せ。 아, 타고 있어. 빨리 꺼.

❺ 교통 표지판이나 표어 등에 쓴다.
- 止まれ。 멈춤

燃える (불)타다
消す 끄다, 지우다

止まる 멈추다

(3) 명령형이 쓰이는 주요 문형

명령형 と 言う ~라고 말하다

다른 사람에게 들은 내용을 인용하는 표현으로 우리말 '~라고 말하다'에 해당한다. 「~と 言って いる」의 형태로도 쓰인다.

- 祖母が 私に お湯を 沸かせと 言いました。
  할머니가 나에게 물을 끓이라고 말했습니다.
- 先生は いつも 勉強しろと 言って います。
  선생님은 항상 공부하라고 말하고 있습니다.

祖母 할머니
お湯 뜨거운 물
沸かす 끓이다
いつも 항상

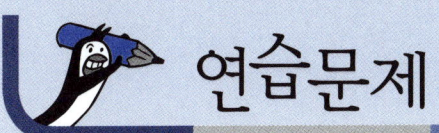

연습문제

1 빈칸에 알맞은 것을 고르시오.

(1) そろそろ、_____ 時間です。
① 帰り　　　② 帰る　　　③ 帰って　　　④ 帰ろう

(2) 日本語は _____ する ほど 難しいです。
① 勉強する　② 勉強しよう　③ 勉強すれば　④ 勉強して

(3) 今日は この 本を _____ と 思います。
① 読もう　　② 読むよう　　③ 読むろう　　④ 読みよう

(4) 彼に して _____、それほど 重要な ことでは ないかも しれない。
① みれば　　② います　　③ ください　　④ から

2 다음 대화문을 읽고 ( ) 안의 동사를 알맞은 형태로 바꾸시오.

(1) A：荷物、多いね。一つ (　　　　)か。(持つ)
B：うん、じゃ、これ お願い。
A：うん、いいよ。
B：ありがとう。

(2) A：どうしたの。その 髪。
B：ちょっと スタイルを 変えて みたくて。
　　でも、こんな スタイルに (　　　　)とは 思わなかったよ。(なる)

(3) A：来週の 土曜日、何か 予定 ある？
B：そうね。まだ、何も ないけど。
A：実は 海へ (　　　　)と 思ってるんだけど、いっしょに 行かない？
(行く)
B：いいね。いっしょに 行こう。

3 보기와 같이 (　　) 안의 동사를 바꾸시오.

> **보기**
> 来年、日本へ 留学しようと 思って います。(留学する)

(1) 週末は ゆっくり ＿＿＿＿＿＿＿＿＿と 思います。(休む)

(2) もう 遅いので、家に ＿＿＿＿＿＿＿＿＿と 思います。(帰る)

(3) ３０歳に なる 前に ＿＿＿＿＿＿＿＿＿と 思って います。(結婚する)

(4) 今月から ゴルフを ＿＿＿＿＿＿＿＿＿と 思います。(習う)

4 주어진 단어를 이용하여 일본어 문장을 완성하시오.

(1) 아버지는 항상 아침 일찍 일어나라고 말합니다. (朝早く 起きる)
　→ 父は いつも ＿＿＿＿＿＿＿＿＿と 言います。

(2) 다쿠미 군은 초등학생인데도 영어도 할 수 있고 중국어도 할 수 있습니다. (英語も できる)
　→ たくみ君は 小学生なのに、＿＿＿＿＿＿＿＿＿、中国語も できます。

(3) 내일 일본에 가는 사람은 누구입니까? (日本へ 行く)
　→ 明日、＿＿＿＿＿＿＿＿＿人は だれですか。

(4) 대학을 졸업하면 은행에 취직하려고 합니다. (銀行に 就職する)
　→ 大学を 卒業したら ＿＿＿＿＿＿＿＿＿と 思って います。

06 정중체와 보통체

일본어의 문체 에는 정중체와 보통체가 있다. 정중체는 누구에게 나 쓸 수 있는 정중한 표현으로 친하지 않은 사람들 간의 일상회화에서 가장 일반적으로 사용된다. 한편 보통체는 신문, 서적, 논문, 일기 등 주로 문장을 쓸 때 사용하며, 편지나 손윗사람에게 쓰는 메일 등에는 정중체가 사용된다.

이 과에서는 정중체와 보통체 사용, 보통체 회화, のだ문 사용 등에 대해 알아보도록 한다.

학습 포인트

▶ 정중체와 보통체
▶ 보통체 회화의 특징
▶ 보통체 관련 문형
▶ のだ문

1 정중체와 보통체

일본어의 **정중체**와 **보통체**는 다음과 같다.

구분			정중체	보통체
명사	비과거	긍정	学生です 학생입니다	学生だ 학생이다
		부정	学生では ありません 学生では ないです 학생이 아닙니다	学生では ない 학생이 아니다
	과거	긍정	学生でした 학생이었습니다	学生だった 학생이었다
		부정	学生では ありませんでした (なかったです) 학생이 아니었습니다	学生では なかった 학생이 아니었다
い형용사	비과거	긍정	おもしろいです 재미있습니다	おもしろい 재미있었다
		부정	おもしろく ありません おもしろく ないです 재미있지 않습니다	おもしろく ない 재미있지 않다
	과거	긍정	おもしろかったです 재미있었습니다	おもしろかった 재미있었다
		부정	おもしろく ありませんでした (なかったです) 재미있지 않았습니다	おもしろく なかった 재미있지 않았다
な형용사	비과거	긍정	好きです 좋아합니다	好きだ 좋아한다
		부정	好きでは ありません(ないです) 좋아하지 않습니다	好きでは ない 좋아하지 않는다
	과거	긍정	好きでした 좋아했습니다	好きだった 좋아했다
		부정	好きでは ありませんでした (なかったです) 좋아하지 않았습니다	好きでは なかった 좋아하지 않았다
동사	비과거	긍정	行きます 갑니다	行く 간다
		부정	行きません 가지 않습니다	行かない 가지 않는다
	과거	긍정	行きました 갔습니다	行った 갔다
		부정	行きませんでした 가지 않았습니다	行かなかった 가지 않았다

 동사「ある(있다)」의 부정은 형용사「ない(없다)」이며, 과거형은「あった(있었다)」, 과거부정형은「なかった(없었다)」이다.

- 메일

木曜日 2時間目の「日本語文法」を 受講して いる 木村ゆかです。先生の レポートを 書く ために 図書館で 本を 検索したら、先生の 研究室に ある ことが 分かりました。できれば 1週間 ほど お借りしたいのですが、よろしいでしょうか。

목요일 2교시의 '일본어 문법'을 수강하고 있는 기무라 유카입니다. 선생님의 리포트를 쓰기 위해 도서관에서 책을 검색했더니, 선생님 연구실에 있는 것을 알게 되었습니다. 가능하면 일주일 정도 빌리고 싶은데, 괜찮겠는지요?

- 일기

○年 ○月 ○日 ○曜日 晴れ
今日は とても いい 天気だった。友だちと 一緒に 遊園地に 行った。日曜日だから 人が 多くて、にぎやかだった。いろいろな ショーを 見たり、買い物を したり して 楽しかった。

○년 ○월 ○일 요일 맑음
오늘은 아주 좋은 날씨였다. 친구와 함께 유원지에 갔다. 일요일이었기 때문에 사람이 많아서 북적거렸다. 여러 쇼를 보기도 하고 쇼핑을 하기도 해서 즐거웠다.

木曜日 목요일
文法 문법
受講する 수강하다
レポート 리포트
検索する 검색하다
研究室 연구실
できれば 가능하면
～週間 ～주간
借りる 빌리다
よろしい 좋다, 괜찮다
晴れ 맑음
遊園地 유원지
にぎやかだ 번화하다
いろいろだ 여러 가지이다
ショー 쇼

2 보통체 회화

앞 표에서 제시한 보통체를 회화문에 그대로 사용하게 되면 매우 어색한 표현이 된다. 따라서 친한 사람이나 동료, 가족 등과 보통체(반말)로 대화를 할 때에는 다음과 같이 사용한다.

❶ 보통체 의문문에서는 일반적으로 의문조사 「か」가 생략되며, 문말을 상승조로 말한다. 대답은 긍정일 경우 「うん」, 부정일 경우 「ううん」이라 하며 문말을 하강조로 말한다.

- A : これ、食べる？(↗) 이거 먹어?
  B : うん、食べる。(↘) 응, 먹어.
  ううん、食べない。(↘) 아니, 안 먹어.

❷ 명사와 な형용사는 「だ」를 생략하고 말하는 경우가 많다. 대답을 할 때에도 「だ」를 생략하거나 종조사를 붙여 부드러운 느낌을 줄 수 있도록 한다.

- A：彼、学生？（↗）그 사람, 학생이야?

  B：うん、学生。（↘）응, 학생이야.

  ううん、学生じゃ ない。（↘）아니, 학생이 아니야.

  ううん、学生じゃ ないよ。（↘）아니, 학생이 아니야.

ううん 아니

 보통체 부정형으로 말할 때에서는「～じゃ ない/～じゃ なかった」와 같이 주로 생략된 형태가 쓰인다.

❸ 보통체 의뢰표현은 동사의 て형의「て」까지만 쓰고, 문말을 상승조로 말한다.
- 宿題、教えて。（↗）숙제 가르쳐 줘.

教える 가르치다

❹ 보통체 권유표현은 동사의 ない형의「ない」까지만 쓰고, 문말을 상승조로 말한다.
- 一緒に 行かない？（↗）같이 안 갈래?

회화 포인트

회화문에서 전후 관계로 의미를 알 수 있을 때에는 정중체·보통체를 막론하고 조사가 생략되는 경우가 많다. 단, 조사「で, に, と, から, まで」등은 의미가 불분명해지기 때문에 잘 생략되지 않는다.

- この ケーキ(を)、食べる？（↗）이 케이크(를), 먹을 거야?
- この ケーキ(は)、おいしいですね。이 케이크(는) 맛있네요.
- 東京から 来た？（↗）（○）도쿄에서 왔어?
  東京、来た？（↗）（×）

회화문에서는「～て いる」의「い」가 생략되는 경우가 많다.

- 待って(い)るから、明日 来てね。기다리고 있을 테니까 내일 와.
- 木村さんの 話、知って(い)る？（↗）기무라 씨의 얘기, 알고 있어?

ケーキ 케이크

待つ 기다리다

3 보통체형이 쓰이는 주요 문형

❶ 보통체형 と 思う ~라고 생각하다, ~(인) 것 같다

화자의 주관적인 추측이나 의견을 나타내며 우리말 '~라고 생각하다, ~(인) 것 같다'에 해당한다.

- 日本は 物価が 高いと 思います。 일본은 물가가 비싸다고 생각합니다.
- 明日は 雨が 降ると 思います。 내일은 비가 올 것 같습니다.

> い형용사에 だ를 붙여 쓰지 않도록 주의한다.
> - 韓国は 食べ物が おいしいだと 思います。(×) 한국은 먹을 것이 맛있다고 생각합니다.

物価 물가
高い 비싸다, 높다

韓国人 한국인
食べ物 먹을 것

회화 포인트

자신의 판단을 나타내는 것이기 때문에 부드럽게 전달하기 위해 일상회화에서는 「~と 思う」 앞에 「んじゃ ないか, かな」 등을 붙여 쓰는 경우가 많다.

- 日本は 物価が 高いんじゃ ないかと 思います。
  일본은 물가가 비싸지 않은가 라고 생각합니다.
- ちょっと 交通が 不便かなと 思います。
  교통이 좀 불편하지 않을까 라고 생각합니다.

❷ 보통체형 と 言う ~라고 말하다

직접인용과 간접인용문 모두에 사용할 수 있으며, 직접인용일 경우에는 「 」 안에 인용 말을 그대로 넣어 쓴다.

- 山田さんは 「明日、韓国へ 行って きます」と 言いました。 |직접인용|
  야마다 씨는 '내일 한국에 다녀오겠습니다'라고 말했습니다.
- 山田さんは 明日 韓国へ 行って くると 言いました。 |간접인용|
  야마다 씨는 내일 한국에 다녀온다고 말했습니다.

❸ 【보통체형】 し ~하고

두 가지 동작이나 상태를 하나하나 추가적으로 연결하는 것으로 우리말 '~하고'에 해당한다. 「～も ～し、～も (~도 ~하고, ~도)」의 형태로 자주 쓰인다.

- みかんは おいしいし、栄養も あるし、体に いい 果物です。
  귤은 맛있고 영양도 있고, 몸에 좋은 과일입니다.
- 彼は 真面目だし、頭も いいし、性格も いいです。
  그는 성실하고 머리도 좋고 성격도 좋습니다.

「～し」는 사건을 시간적 순서에 따라 연결할 때는 쓸 수 없다. 이때는 て형이나 접속사 「そして」로 연결한다.

- 昨日、学校へ 行ったし、友だちに 会った。(×)
  昨日、学校へ 行って、友だちに 会った。 어제 학교에 가서 친구를 만났다.
  昨日、学校へ 行った。そして 友だちに 会った。 어제 학교에 갔다. 그리고 친구를 만났다.

みかん 귤
栄養 영양
果物 과일
頭 머리

そして 그리고

❹ 【의문사】 + 【보통체형】 か ~은지(단, 명사·な형용사 : だ+か)

이 문형은 의문사가 있는 의문문을 문장 안에 넣어 쓸 때 사용하는데, 우리말 '~은지'에 해당한다.

- 誕生日の プレゼントは 何が いいか 考えて ください。
  생일 선물은 뭐가 좋을지 생각해 주세요.
- この 店が どうして 有名か わかりません。
  이 가게가 왜 유명한지 모르겠습니다.
- 今、どこに いるか 電話で 聞いて みましょう。
  지금 어디 있는지 전화로 물어 봅시다.

プレゼント 선물
どうして 어째서, 왜
電話 전화
聞く 묻다, 듣다

❺ 【보통체형】 か どうか ~할지 어떤지(단, 명사·な형용사 : だ+かどうか)

이 문형은 의문사가 없는 의문문을 문장 안에 넣어 쓸 경우 사용하며 우리말 '~할지 어떤(떨)지'에 해당한다.

- おいしいかどうか 食べて みて ください。 맛있을지 어떨지 먹어 봐 주세요.
- 母が 元気かどうか 心配です。 어머니가 건강할지 어떨지 걱정입니다.
- 田中さんが 来るかどうか 知って いますか。
  다나카 씨가 올지 어떨지 알고 있습니까?

❻ **보통체형** **とき** ~을 때(단, 명사: の+とき / な형용사: な+とき)

「〜とき」는 뒤에 오는 문장의 상태, 동작 등이 성립하는 때를 나타내며 우리말 '~을 때'에 해당한다.

- 子供の とき、この 公園で よく 遊びました。
  어렸을 때 이 공원에서 자주 놀았습니다.
- 頭が 痛い とき、この 薬を 飲んで ください。
  머리가 아플 때 이 약을 먹으세요.
- 暇な とき、ドラマや ニュースを 見ます。 한가할 때 드라마나 뉴스를 봅니다.
- 日本へ 行く とき、お土産を 買いました。 일본에 갈 때 선물을 샀습니다.

公園 공원
痛い 아프다
暇だ 한가하다
ドラマ 드라마
ニュース 뉴스
お土産 선물, 토산품

4 の(ん)だ문

보통체형에 접속하는 문형 중에 「〜のだ」가 있다. 회화체에서는 「〜んだ」 혹은 「〜んです」의 형태가, 문장체에서는 「〜のである」의 형태가 쓰이는데, 사용빈도가 매우 높으나 습득이 어려운 대표적인 문법 항목 중 하나이다.

(1) のだ(んです)의 접속 형태

품사	접속 방법	예시
동사	보통체형+のだ	行くのだ / んです
い형용사	보통체형+のだ	恥ずかしいのだ / んです
な형용사	보통체형+のだ (단, 비과거 긍정 な+のだ)	無駄なのだ / んです
명사	보통체형+のだ (단, 비과거 긍정 な+のだ)	休みなのだ / んです

恥ずかしい 부끄럽다
無駄だ 쓸데없다

(2) ～のだ의 의미

「～の(ん)だ」는 앞 문장 혹은 전제되는 어떠한 상황과 관련되어 있을 때 쓸 수 있는 표현이다. 다음의 예로 알아보자.

(a) 昨日は 友だちの 結婚式が ありました。 어제 친구의 결혼식이 있었습니다.
(b) 昨日は 友だちの 結婚式が あったんです。 어제 친구의 결혼식이 있었습니다.

結婚式 결혼식

위 두 문장을 비교해 보면, (a)는 단순히 어제 친구의 결혼식이 있었다는 사실을 말하고 있는 것에 지나지 않지만, (b)는 이 문장 앞에 다른 문장이 존재하고 있는 듯한 느낌을 받는다. 즉, (b)는 '어제 외출하셨어요?', '어제 어디 가시는 것 같던데……' 등의 질문에 대답하는 경우로 선행 문장을 전제로 하여 쓰게 된다. 때문에 다음과 같이 전제된 문장이 있을 때 「～んです」를 쓰지 않으면 오히려 어색한 문장이 된다.

- A: 昨日、おでかけでしたね。 어제 외출하시던데요?
  B: ええ、昨日は 友だちの 結婚式が ありました。(?)
  B: ええ、昨日は 友だちの 結婚式が あったんです。
  네, 어제는 친구 결혼식이 있었습니다.

문장뿐만 아니라 상황과 관련되어 있는 경우도 있다.

(a) ゆうべ、雨が 降った。 어제 비가 왔다.
(b) ゆうべ、雨が 降ったんだ。 어제 비가 왔다.

ゆうべ 어젯밤

(a)와 (b)를 비교해 보면, (a)는 단순히 어젯밤에 비가 왔다는 사실을 말하고 있지만, (b)는 땅이 젖어 있다거나 물웅덩이가 생겼다든가 하여 어젯밤 비가 왔다고 판단할 수 있는 상황이 있는 경우에 쓰는 표현이다.

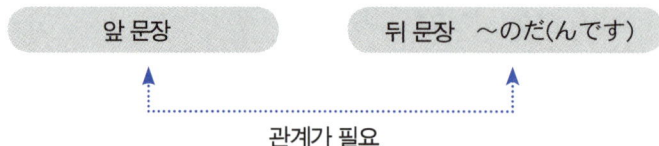

(3) のだ의 용법

이와 같이 「～の(ん)だ」는 앞 문장이나 전제되는 상황과의 관계를 나타내는 것으로 앞 문장과의 관계에 따라 다음과 같은 경우에 사용하게 된다.

❶ (원인이나 상황의) 설명을 요구하거나 설명을 할 때 쓴다.

- A : どうしたんですか。 |설명 요구|
  왜 그러세요?

  B : ええ、朝から 喉が 痛くて、寒気が するんです。 |상황 설명|
  네, 아침부터 목이 아프고 한기가 들어요.

- 昨日は 学校を 休みました。風邪を ひいたんです。 |원인 설명|
  어제는 학교를 쉬었습니다. 감기에 걸려서입니다.

喉 목
寒気がする 오한이 들다

❷ 자기 주장을 강하게 말할 때 쓴다.

- A : あの 地域は 治安が 良く ないと 思いますが。
  그 지역은 치안이 좋지 않은 것 같습니다만.

  B : それでも 行きたいんです。 그래도 가고 싶습니다.

- やはり ここは 交通が 不便なんです。 역시 여기는 교통이 불편합니다.

地域 지역
治安 치안
やはり 역시

❸ 납득을 했을 때 쓴다.

- A : 王さんは 中国人です。 왕 씨는 중국인입니다.

  B : そうなんですか。それで 中国語が 上手なんですね。
  그래요. 그래서 중국어를 잘하는군요.

- A : 今日 花火大会が ありますよ。 오늘 불꽃놀이 대회가 있어요.

  B : ああ、そうなんですか。それで 人が 多いんですね。
  아, 그래요. 그래서 사람이 많군요.

花火大会 불꽃놀이 대회

> 위 예문에서는 A가 말하고 있는 내용에 대해 B가「そうなんですか」를 씀으로써, 자신도 그 내용을 납득했다는 신호를 보내고 있다. 이와 같은 것을 '맞장구표현'이라고 한다. 이야기 상대와 원활하게 의사소통을 하기 위해서는 시기적절한 맞장구표현을 쓸 필요가 있다. 이와 같은 '맞장구표현'에 관해서는 부록 3을 참조하기 바란다.

❹ 환언 즉, '다시 말해서'의 의미를 나타낼 때 쓴다.

- 昨日 大学を 卒業した。(つまり) 明日からは 学生では ないのだ。
  어제 대학을 졸업했다. (즉) 내일부터는 학생이 아닌 것이다.

- 彼は １６歳から １８歳まで カナダに いた。(つまり) カナダの 高校で 勉強したのだ。
  그는 16살부터 18살까지 캐나다에 있었다. (즉) 캐나다의 고등학교에서 공부했다.

❺ 발견의 의미를 나타낼 때 쓴다.

- なるほど、この ボタンを 押せば いいんだ。
  그렇구나. 이 버튼을 누르면 되는구나.

- 明日、会議が あるんだ。 내일, 회의가 있구나.

の(ん)だ문은 설명한 바와 같이 앞 문장이나 전제되는 상황을 필요로 한다. 따라서 자기소개 등을 할 때「の(ん)だ」를 쓰게 되면 상대방이 이미 자신을 알고 있다는 것을 전제로 하기 때문에 첫 대면이라는 상황과 맞지 않을 뿐 아니라 자신을 강하게 표현하려는 느낌이 들어 좋지 못한 인상을 주게 된다.

- はじめまして。私の 名前は 金英秀で、韓国人です。(○)
  처음 뵙겠습니다. 제 이름은 김영수이고, 한국사람입니다.
- はじめまして。私の 名前は 金英秀で、韓国人なんです。(×)

또한, 이유를 설명하는「～のだから, ～んですから」를 쓸 때에도 주의가 필요하다.

(a) 約束が ありますから、早く 帰らせて ください。(○)
   약속이 있으니 빨리 가게 해 주세요.
(b) 約束が あるんですから、早く 帰らせて ください。(×)

위 예문에서 (b)와 같이「～んです(だ)から」로 이유를 설명하게 되면 화자가 약속이 있다는 것을 청자가 당연히 알고 있다는 것을 전제로 하기 때문에 결과적으로 자신의 주장을 강하게 강요하거나 상대방을 납득시키려는 인상을 주게 된다. 따라서 개인적인 이유를 설명할 때에는「～のだから」나「～んですから」는 쓰지 않는 편이 좋다.

卒業する 졸업하다
つまり 즉, 다시 말해서
カナダ 캐나다
高校 고등학교

なるほど 과연, 정말
ボタン 버튼
押す 누르다, 밀다

名前 이름

約束 약속

연습문제

1 빈칸에 알맞은 것을 고르시오.

(1) みかんは ドイツ語で 何_____ 言いますか。
　① が　　　② を　　　③ と　　　④ で

(2) 彼は 真面目_____、性格も いいです。
　① だし　　② し　　③ ないし　　④ なし

(3) _____ とき、この 公園で 遊びました。
　① 子供　　② 子供だ　　③ 子供な　　④ 子供の

(4) 本当に あの 人が _____ のですか。
　① 社長　　② 社長な　　③ 社長と　　④ 社長だ

2 보기와 같이 「～と 思います」를 사용하여 문장을 바꾸시오.

> **보기**
> 英語の 勉強は おもしろいです。
> → 英語の 勉強は おもしろいと 思います。

(1) ダイエットは むだです。
　→ _____

(2) 鈴木さんは 本当に よく 働きます。
　→ _____

(3) パワー電気の 製品は デザインが いいです。
　→ _____

(4) 田中部長は 来ません。
　→ _____

3 다음 대화문을 읽고 ( ) 안의 표현을 알맞은 형태로 바꾸시오.

(1) A：日本の 生活は どうでしたか。
    B：そうですね。楽しい ときも あれば、＿＿＿＿＿＿＿＿＿ ときも ありました。(寂しい)

(2) A：その 時計、どうしたんですか。
    B：父から もらいました。昨日 ＿＿＿＿＿＿＿＿＿んです。(誕生日だ)
    A：そうですか。

(3) A：パクさん、帰国しましたか。
    B：最近 会って いないので、もう ＿＿＿＿＿＿＿＿＿かどうか 分かりません。(帰国する)

4 주어진 단어를 이용하여 일본어 문장을 완성하시오.

(1) 회의가 몇 시부터 시작되는지 가르쳐 주십시오. (何時から 始まる)
    → 会議が ＿＿＿＿＿＿＿＿＿か 教えて ください。

(2) 수상은 다음 달 미국에 가지 않겠다고 말했습니다. (アメリカへ 行く)
    → 首相は 来月 ＿＿＿＿＿＿＿＿＿と 言いました。

(3) 딸의 생일 선물로 뭐가 좋을지 모르겠습니다. (何が いい)
    → 娘の 誕生日の プレゼントに ＿＿＿＿＿＿＿＿＿ 分かりません。

(4) 제 아파트는 역에서 가깝고 물건을 사기에도 편리한 곳에 있습니다. (駅から 近い)
    → 私の アパートは ＿＿＿＿＿＿＿＿＿し、買い物にも 便利な ところに あります。

정답은 P.274

다 이 나 믹   일 본 어   문 법

07 자동사와 타동사

동사는 기준에 따라 여러 가지로 분류할 수 있는데, 기본적인 분류 방법 중 하나가 자동사와 타동사로 분류하는 것이다. 자동사란 「電気が つく, 窓が 閉まる, 予定が 変わる」와 같이 「목적어+を」를 취하지 않는 동사를 말하며, 타동사는 「電気を つける, 窓を 閉める, 予定を 変える」와 같이 「목적어+を」를 취하는 동사를 말한다. 문법의 여러 분야에서 자·타동사의 구별은 매우 중요하기 때문에 각각의 특징을 잘 파악해 두어야 한다.

이 과에서는 자동사문 사용, 타동사문 사용에 대해 알아보도록 한다.

학습 포인트

▶ 자·타동사문
▶ 자·타동사의 종류
▶ 자동사적 표현 및 쓰임
▶ 대응하는 형태를 가진 자·타동사

1 자동사문과 타동사문

(1) 자동사문과 타동사문의 차이

자동사란 형태적으로 「목적어+を」를 취하지 않는 동사를, **타동사**는 「목적어+を」를 취하는 동사를 말하며 의미적으로 다음과 같은 차이가 있다.

(a) ドアが 開きます。 문이 열립니다.
(b) 先生が ドアを 開けます。 선생님이 문을 엽니다.

사람이 문을 열 때 동작의 영향을 받은 대상인 문에 주목을 하면 (a)와 같이 「ドアが 開きます」로 말하고, 그 사람의 동작에 주목을 하면 (b)와 같이 「先生が ドアを 開けます」로 말한다. 즉, 자동사와 타동사는 화자의 초점이 동작주(동작을 하는 사람)에 있느냐, 동작의 영향을 받은 대상에 있느냐의 차이라고 할 수 있다.

ドア 문
開く 열리다

(2) 자동사문

자동사문은 의미적으로 자연적인 힘의 영향 등으로 사건이 일어난 것을 나타내며 영향을 받은 대상을 주어로 하는 표현이다. 「すぐ, なかなか, よく」등의 부사와 함께 쓰이는 경우가 많다.

- この頃、毎日 雨が 降ります。 요즘 매일 비가 내립니다.
- ドアが なかなか 開きません。 문이 좀처럼 열리지 않습니다.
- うちの 子供は よく 泣きます。 우리 아이는 잘 웁니다.

すぐ 곧, 바로
よく 자주, 잘

한편, 조사 「を」를 취하는 동사 중에서 이동의 의미를 나타내는 동사는 조사 「を」가 쓰였더라도 자동사로 취급한다. 이동의 의미를 나타내는 동사와 함께 쓰이는 조사 「を」는 대상을 나타내는 목적어로 쓰인 것이 아니라 주로 출발점이나 통과점을 나타내기 때문이다.

なかなか 꽤, 좀처럼
泣く 울다

〈이동의 의미를 나타내는 동사〉

出る 나가(오)다 歩く 걷다 飛ぶ 날다 過ぎる 지나가다
越える 넘다 走る 달리다 登る 오르다 渡る 건너다
通る 지나다 離れる 떨어지다 卒業する 졸업하다

- 小鳥が 空を 飛びます。 작은 새가 하늘을 납니다.
- 横断歩道を 渡ります。 횡단보도를 건넙니다.
- 息子が 家を 出ます。 아들이 집을 나갑니다.

小鳥 작은 새
飛ぶ 날다
横断歩道 횡단보도
渡る 건너다
息子 아들
出る 나가다, 나오다

(3) 타동사문

타동사문은 의미적으로 사람의 의지나 의도에 의해 사건이 일어난 것을 나타내며 동작을 하는 사람을 주어로 하는 표현이다.

- 先生が 教室の 電気を つけました。 선생님이 교실 불을 켰습니다.
- 私が 手袋を 買いました。 내가 장갑을 샀습니다.
- 飛行機の 切符を 予約します。 비행기 티켓을 예약합니다.

電気 전기
つける 켜다
手袋 장갑
切符 표
予約する 예약하다

2 자동사와 타동사의 종류

자동사와 타동사는 형태적으로 「会議が 始まる – 会議を 始める」와 같이 공통된 어근(실질적 의미를 가지고 있는 부분)을 가지고 있는 경우(이를 상대자·타동사라고 한다), 「人を 殺す」와 같이 타동사만 있는 경우(이를 절대타동사라고 한다), 「建物が ある」와 같이 자동사만 있는 경우(이를 절대자동사라고 한다), 「扉を/扉が 開く」와 같이 타동사로도 자동사로도 쓰이는 경우(양용동사)가 있다.

始まる 시작되다
始める 시작하다
殺す 죽이다
扉 문
開く 열다, 열리다

구분	자동사		타동사	
자동사만 있는 경우 (절대자동사)	ある 있다 死ぬ 죽다 降る 내리다	いる 있다 走る 달리다 腐る 썩다		
대응하는 자·타동사의 형태가 있는 경우 (상대자·타동사)	集まる 모이다 開く 열리다 上がる 올라가다	決まる 정해지다 かかる 걸리다 倒れる 쓰러지다	集める 모으다 開ける 열다 上げる 올리다	決める 정하다 かける 걸다 倒す 쓰러뜨리다

타동사만 있는 경우 (절대타동사)		置く 두다　食べる 먹다 飲む 마시다　考える 생각하다 言う 말하다　思う 생각하다
자·타동사 모두로 쓰이는 경우 (양용동사)	開く 열리다/열다 閉じる 닫히다/닫다	終わる 끝나다/끝내다 増す 늘다/늘리다

 위 표에서와 같이 자동사와 타동사는 항상 대응하는 형태를 가지고 있는 것이 아니라 자동사만 있는 경우나 타동사만 있는 경우도 있다. 따라서 대응하는 형태가 없는 동사들은 다른 형태의 동사로 자·타동사를 대신하게 된다.

❶ 자동사만 있는 경우, 타동사 표현은 자동사를 사역형으로 만들어 쓴다.

- 雨が 降る。 비가 온다.
  → (人工的に) 雨を 降らせる。 (인공적으로) 비를 오게 하다.
- 生ごみが 腐る。 음식물 쓰레기가 썩는다.
  → 生ごみを 腐らせる。 음식물 쓰레기를 썩게 하다.

❷ 타동사만 있는 경우, 자동사 표현은 타동사를 수동형으로 만들어 쓴다.

- 私が 荷物を 置く。 내가 짐을 두다.
  → 荷物が 置かれる。 짐이 두어지다(놓이다).

人工的に 인공적으로
生ごみ 음식물 쓰레기
腐る 썩다

荷物 짐
置く 두다, 놓다

3 자·타동사의 사용상의 주의점

이상에서 살펴본 자동사와 타동사의 의미적 차이를 정리하면 다음과 같다.

차이	자동사문	타동사문
예시	電気が 消えた。	母が 電気を 消した。
1	화자가 동작의 영향을 받은 대상에 주목	화자가 동작을 하는 사람(동작주)에 주목
2	사건을 사람의 의지나 의도가 포함되지 않은 것으로 묘사	사건을 사람 등에 의한 의지적, 의도적인 행위로 묘사
3	행위보다 그 행위가 이루어진 후의 결과나 변화한 상태에 주목한 표현	행위 자체에 주목한 표현
4	적극적인 느낌이 없음	적극적이라는 느낌을 줌

消える 사라지다,
　　　꺼지다
消す 끄다, 지우다

그러나 일본 사람들이 실제로 쓰는 자동사와 타동사의 사용 실태를 보면, 타동사보다는 자동사를 선호하는 경향이 뚜렷하다. 즉, 일본 사람들은 동작주가 있는 적극적인 느낌의 표현보다 변화한 결과나 상태에 주목한 표현을 좋아한다. 예를 들어 자신의 결혼을 직장 상사에게 알릴 경우, 다음의 두 표현 중 자동사인「なる」를 쓰는 사람이 더 많다.

- 来月、結婚する ことに しました。 다음 달 결혼하기로 했습니다.
- 来月、結婚する ことに なりました。 다음 달 결혼하게 되었습니다.

来月 다음 달

결혼은 본인이 정한 일이지만,「結婚する ことに なりました」를 써서 완곡한 느낌으로 전달하기 위해서이다.

이와 같이 일본 사람들이 타동사보다 자동사 표현을 선호하는 현상은 한국인 학습자에게 자·타동사 오용의 한 원인이 되기도 한다.

(a) 景子さん、ご出産、おめでとうございます。男の子を 生んだんですってね。(?)
게이코 씨, 출산 축하드립니다. 아들을 낳으셨다면서요.

(b) 景子さん、ご出産、おめでとうございます。男の子が 生まれたんですってね。(○)
게이코 씨, 출산 축하드립니다. 아들이 태어났다면서요.

出産 출산
男の子 남자아이
生む 낳다
生まれる 태어나다

위 예문은 출산을 축하하는 표현을 하고자 한 것으로 보이나, (a)와 같이「男の子を 生んだんですってね」라고 하면 출산의 행위를 적극적으로 표현하게 되어 상대방에게 실례가 된다. 따라서 이 때에는 (b)와 같이 자동사「生まれる」를 써서 '아들이 태어났다면서요'라고 하는 것이 자연스럽다. 또한 다음의 예들도 자동사로 써야 하는 경우들이다.

- 잘 열리지 않는 병뚜껑을 땄을 때

開いた。(○) 열렸다.

開けた。(×) 열었다.

- 전화를 바꿔 받았을 때

はい、お電話 代わりました。(○) 네, 전화 바뀌었습니다.

はい、お電話 代えました。(×) 네, 전화 바꿨습니다.

はい 네
代わる 바뀌다
代える 바꾸다

4 대응하는 형태를 가진 자·타동사의 유형

공통 어근을 가진 자·타동사는 형태적 특징에 따라 다음과 같이 분류할 수 있다.

자·타 유형	자동사	타동사	자·타 유형	자동사	타동사
ARU - U	ふさがる 막히다 からまる 얽히다 くるまる 푹 싸다 つかまる 잡히다	ふさぐ 막다 からむ 얽다 くるむ 감싸다 つかむ 잡다	ERU - U	切れる 잘리다 焼ける 타다 割れる 깨지다 折れる 접히다	切る 자르다 焼く 태우다 割る 깨다 折る 접다
ARU - ERU	上がる 오르다 下がる 내려가다 閉まる 닫히다 始まる 시작되다 終わる 끝나다 変わる 바뀌다 止まる 서다	上げる 올리다 下げる 내리다 閉める 닫다 始める 시작하다 終える 끝내다 変える 바꾸다 止める 세우다	U - ERU	付く 붙다 育つ 자라다 立つ 서다 並ぶ 늘어서다 進む 나아가다 やむ 멎다 続く 계속되다	付ける 붙이다 育てる 키우다 立てる 세우다 並べる 나열하다 進める 진행시키다 やめる 그만두다 続ける 계속하다
ERU - ASU	出る 나가(오)다 増える 늘어나다 覚める 잠이 깨다 冷える 식다 燃える 타다	出す 내다 増やす 늘리다 覚ます 잠을 깨우다 冷やす 식히다 燃やす 태우다	RERU - SU	壊れる 망가지다 崩れる 무너지다 流れる 흐르다 隠れる 숨다 離れる 떨어지다	壊す 망가뜨리다 崩す 무너뜨리다 流す 흐르게 하다 隠す 숨기다 離す 떼다
U - ASU	減る 줄다 動く 움직이다 乾く 마르다	減らす 줄이다 動かす 움직이다 乾かす 말리다	IRU - ASU	伸びる 늘다 満ちる 가득하다 生きる 살다	伸ばす 늘이다 満たす 채우다 生かす 살리다
IRU - OSU	起きる 일어나다 落ちる 떨어지다 降りる 내리다	起こす 일으키다 落とす 떨어뜨리다 降ろす 내리다	RU - SU	残る 남다 移る 변하다, 옮기다 起こる 일어나다 治る 낫다 回る 돌다	残す 남기다 移す 옮기다 起こす 일으키다 治す 낫게 하다 回す 돌리다
RU - SERU	着る 입다 乗る 타다	着せる 입히다 乗せる 싣다			
기타	消える 꺼지다 入る 들어가다	消す 끄다 入れる 넣다		生まれる 태어나다	生む 낳다

연습문제

1 빈칸에 알맞은 것을 고르시오.

(1) 鳥が 空＿＿＿＿＿ 飛びます。
① を　　　　② が　　　　③ に　　　　④ で

(2) 昨日 ＿＿＿＿＿ 店は とても にぎやかでした。
① 入った　　② 入る　　③ 入れた　　④ 入れる

(3) 主人は 玄関の ドア＿＿＿＿＿。
① が 開いた　② が 開けた　③ を 開いた　④ を 開けた

(4) 渡辺さんが 窓に カーテン＿＿＿＿＿。
① が かけます　　　　② を かけます
③ が かかります　　　④ を かかります

2 다음 문장을 읽고 (　　) 안에 알맞은 말을 넣으시오.

(1) 나는 집에 들어서면 전기를 켭니다.
→ 私は 家に 入ると 電気を (　　　　　　)。

(2) 모든 사물에는 이름이 붙어 있습니다.
→ すべての 物には 名前が (　　　　　　)。

(3) 그는 사거리에서 차를 세웠습니다.
→ 彼は 交差点で 車を (　　　　　　)。

(4) 태풍으로 나무가 쓰러졌습니다.
→ 台風で 木が (　　　　　　)。

3 다음 문장을 읽고 둘 중에 알맞은 조사를 고르시오.

(1) 薬を 飲んで 風邪(が / を) 治りました。

(2) 先生と 相談して 発表の テーマ(が / を) 決めました。

(3) ドライヤーで 髪(が / を) 乾かしました。

(4) 地震で 建物(が / を) 壊れました。

4 다음 대화문을 읽고 ( ) 안에 알맞은 동사를 고르시오.

警察： すみませんが、部屋の 状態を 詳しく 教えて ください。
あ、窓ガラスが (割れて / 割って) いますね。
被害者： 窓の かぎは きちんと (閉めて / 閉まって) おいたので、泥棒は 窓ガラスを (割れて / 割って) 入ったんだと 思います。
警察： それから 玄関の ドアは (開いて / 開けて) いたんですね。
被害者： はい。あ、結婚指輪が なくなって いました。
警察： ほかに なくなった ものは ありませんか。

해석 경찰 : 죄송하지만, 방의 상태를 자세하게 가르쳐 주십시오.
아, 창문 유리가 깨져 있네요.
피해자 : 창문 열쇠는 확실하게 잠궈 놓았기 때문에,
도둑은 창문 유리를 깨고 들어왔다고 생각합니다.
경찰 : 그리고 현관문은 열려 있었군요.
피해자 : 예. 아, 결혼반지가 없어졌습니다.
경찰 : 그 외에 없어진 물건은 없습니까?

정답은 P.275

08 격조사 · 병렬조사

조사란 자립할 수 없으며 활용을 하지 않는 어군을 말한다. 조사는 기능에 따라 여러 가지로 분류되는데, 본 과에서는 격조사와 병렬조사에 대해 다룬다. 격조사란 문장에 쓰인 명사와 술어와의 관계를 나타내는 조사로서, 술어와의 관계에 따라 문장 안에서 주어, 목적어 등 다양한 역할을 한다. 병렬조사란 단어와 단어, 문장과 문장 등을 열거하는데 쓰이는 조사를 말한다.

이 과에서는 문장 내의 격조사(が, を, で, に, と, へ, から, まで, より)의 역할, 조사의 사용에 따른 의미적 변화, 병렬조사(と, や, か, とか)의 사용 등에 대해 알아보도록 한다.

학습 포인트

▶ 격조사의 종류와 쓰임
▶ 병렬조사의 종류와 쓰임

1 격조사

격조사는 문장에 쓰인 명사의 역할(주어, 목적어 등)을 나타내는 말로, 「が, を, に, から, と, で, へ, まで, より」가 있다.

(1) が ~이/가

❶ 움직임이나 상태의 주체 즉, 주어를 나타낸다.
- 学生が 池の 周りを 走ります。 학생이 연못 주변을 달립니다.

池 연못
周り 주변

❷ 상태의 대상을 나타낸다. 술어가 「~たい, ~ほしい」의 희망표현, 「好きだ, 嫌いだ, 上手だ, 下手だ」 등의 형용사, 「わかる, できる」 등의 가능동사 등이 쓰인 경우에 한한다. 이때 우리말로는 '~을/를' 로 해석한다.
- 妹は フランス語が できます。 여동생은 프랑스어를 할 수 있습니다.
- 私は 日本の 着物が 好きです。 나는 일본의 기모노를 좋아합니다.

妹 여동생
フランス語 프랑스어
着物 기모노

(2) を ~을/를

❶ 움직임이나 감정 등이 향하는 대상을 나타낸다.
- これから 会議を 始めます。 이제부터 회의를 시작하겠습니다.
- 母は 病気の お祖母さんを 心配して いる。
  어머니는 병에 걸린 할머니를 걱정하고 있다.

病気 병
お祖母さん 할머니
心配する 걱정하다

❷ 이동하는 장소를 나타낸다.
- 鳥が 海を 渡ります。 새가 바다를 건넙니다.
- 飛行機が 空を 飛びます。 비행기가 하늘을 납니다.

鳥 새

❸ 출발점을 나타낸다.
- 私たちは 10時に 学校を 出発しました。
  우리들은 10시에 학교를 출발했습니다.
- 学校から 帰る 途中、急に 彼に 会いたくて 電車を 降りました。
  학교에서 돌아오는 중 갑자기 그를 보고 싶어서 전철에서 내렸습니다.

出発する 출발하다
途中 도중
電車 전철
降りる 내리다

(3) に ~에, ~에게, ~(하)러, ~으로

❶ 사람이나 사물이 존재하는 장소를 나타낸다.
- 砂場に 子供たちが います。 모래밭에 아이들이 있습니다.

砂場 모래밭

❷ 동작이 이루어지는 시간을 나타낸다.
- 毎日、7時に 起きます。 매일 7시에 일어납니다.

毎日 매일

시간을 나타내는「に」는 명사의 성격에 따라「に」를 반드시 붙여야 하는 경우와 그렇지 않은 경우로 나뉜다. 원칙적으로「明日, 今, 来週」등과 같이 말하는 시점을 기준으로 하는 명사(상대명사)는「に」를 동반하지 않고,「7時, 土曜日」등과 같이 말하는 시점과 관계없는 명사(절대명사)는「に」를 동반한다. 단 양쪽 모두 가능한 경우도 있다.

「に」를 동반하지 않는 시간 명사	今日 오늘	明日 내일	あさって 모레	昨日 어제
	おととい 그저께	今朝 오늘 아침	今晩 오늘 밤	今 지금
	さっき 아까	いつ 언제	今週 이번 주	来週 다음 주
	先週 지난주	今年 올해	去年 작년	
「に」를 동반하는 시간 명사	9時 9시	日曜日 일요일	休日 휴일	休み 휴일
	朝鮮時代 조선시대	20世紀 20세기		
양쪽 모두 가능한 시간 명사	正月 정월	暮れ 해질 무렵	春 봄	昼 낮
	午後 오후	夜 밤	~ごろ ~경, ~쯤	~とき ~때
	~前 ~전	~後 ~후		

❸ 도착점을 나타낸다.
- やっと 空港に 着きました。 겨우 공항에 도착했습니다.

やっと 겨우
空港 공항

❹ 동작이나 행동의 상대를 나타낸다.
- 将来の ことで、先生に 相談しました。 장래에 관한 문제로 선생님께 상담했습니다.

将来 장래
相談する 상담하다

❺ 동작의 목적을 나타낸다. 이 용법의「に」는 동사의 ます형이나 동작성 명사(「買い物, 案内」등 する가 붙어 동작을 나타내는 명사)에 접속한다.
- 木村さんは 映画を 見に 出かけました。 기무라 씨는 영화를 보러 외출했습니다.

案内 안내

- 母と 買い物に デパートへ 行きました。 어머니와 쇼핑하러 백화점에 갔습니다.

❻ 소유자를 나타낸다.
- みきさんには 兄弟が いますか。 미키 씨에게는 형제가 있습니까?

❼ 사물이나 상태의 변화를 나타낸다.
- 色が 緑に 変わった。 색이 녹색으로 바뀌었다.

❽ 「会う, 乗る, 似る」등은 우리말과 달리「に」와 함께 쓰인다. 이때 우리말로는 '~을/를'로 해석한다.
- 昨日、久しぶりに 友だちに 会いました。 어제 오랜만에 친구를 만났습니다.
- 電車に 乗って、学校へ 来ます。 전철을 타고 학교에 옵니다.
- 私は 母に 似て います。 저는 엄마를 닮았습니다.

(4) から ~에서, ~(로)부터

❶ 장소의 출발점을 나타낸다.
- 私は 駅から タクシーで 行きました。 나는 역에서 택시로 갔습니다.

❷ 시간의 시작점을 나타낸다.
- この 部屋は 来月から 空きます。 이 방은 다음 달부터 빕니다.

❸ 수수동사에서 동작의 상대를 나타낸다.
- 昨日、叔父から 誕生日の プレゼントを もらいました。
  어제 큰아버지께 생일 선물을 받았습니다.

❹ 원료를 나타낸다. (원 재료가 모를 정도로 변화한 경우)
- 牛乳から バターを 作ります。 우유로 버터를 만듭니다.

❺ 사건의 발단이 된 원인을 나타낸다.
- あの 小さな 失敗から 計画が だめに なりました。
  저 작은 실패 때문에 계획이 엉망이 되었습니다.

デパート 백화점

兄弟 형제

色 색
緑 초록
変わる 변하다

乗る 타다
似る 닮다

空く 비다

もらう 받다

牛乳 우유
バター 버터

小さな 작은
失敗 실패
計画 계획
だめになる
엉망이 되다

(5) と ~와/과

❶ 공동행위를 하는 상대를 나타낸다.
- 昨日、彼と 会う 約束を しました。 어제 그와 만날 약속을 했습니다.

❷ 대칭적인 관계에서의 상대를 나타낸다.
- この 事件は あの 時の 事件と 同じだ。 이 사건은 그때 사건과 같다.

事件 사건

(6) で ~에서, ~(으)로, ~때문에, ~이(가)

❶ 사건이나 동작이 행해지는 장소를 나타낸다.
- ホテルで 結婚式が あります。 호텔에서 결혼식이 있습니다.

ホテル 호텔

❷ 도구나 수단을 나타낸다.
- 飛行機で 北海道へ 行きます。 비행기로 홋카이도에 갑니다.

❸ 재료를 나타낸다. (원 재료를 봐서 알 수 있는 경우)
- 木で 鉛筆を 作ります。 나무로 연필을 만듭니다.

鉛筆 연필

❹ 원인을 나타낸다.
- 昨日は 出張で 会議を 欠席しました。 어제는 출장으로 회의를 결석했습니다.

欠席する 결석하다

❺ 범위를 나타낸다.
- テレビ番組の 中で 何が 一番 おもしろいですか。
  TV 프로그램 중에서 뭐가 가장 재미있습니까?

番組 프로그램

❻ 숫자에 붙어 한도를 나타내거나 기준을 나타낸다.
- 100人で 駅前に 花を 植えました。 100명이서 역 앞에 꽃을 심었습니다.
- 五つで いくらですか。 5개 해서 얼마입니까?

駅前 역 앞
植える 심다

❼ 동작의 주체를 나타낸다. 이 용법은 「で」가 붙은 명사가 집단이나 단체의 성격을 가진 것이어야 한다.
- 後は 私たちで やります。 나머지는 우리들이 하겠습니다.

後 다음, 후

(7) へ ~에, ~(으)로

방향이나 목적지를 나타낸다.

- 私は 学校へ 行きます。 나는 학교에 갑니다.

「へ」는 「に」와 바꿔 쓸 수 있는 경우가 많다. 단 도착점에 중점을 두는 「着く, 住む, 入る」등의 동사는 「に」를 쓴다.

- 公園[へ/に] 行きます。 공원[으로/에] 갑니다.
- 今、空港に 着きました。 지금 공항에 도착했습니다.

住む 살다

(8) まで ~까지

❶ 이동이 끝나는 장소를 나타낸다.

- この 電車に 乗って、上野駅まで 行きます。
  이 전철을 타고 우에노 역까지 갑니다.

上野駅 우에노역

❷ 이동이 끝나는 시간을 나타낸다.

- 5時まで 待ちましょう。 5시까지 기다립시다.

「まで」와 구분해야 하는 것에 「までに」가 있다. 「までに」는 시간을 나타내는 명사나 동사 등에 붙어서 동작의 기간이나 마감을 나타낸다. 이 경우 「まで」는 쓸 수 없다. 때문에 「までに」를 「まで」의 강조 정도로 생각해서는 안 된다.

- 来週までに レポートを 出して ください。(○) 다음 주까지 리포트를 제출해 주세요.
  来週まで レポートを 出して ください。(×)
- 夏休みが 終わるまでに この 本を 読んで しまいたい。
  여름방학이 끝날 때까지 이 책을 전부 읽고 싶다.

出す 내다, 제출하다

「まで」는 동작이나 상태가 정한 시점까지 계속되는 것을 나타내지만, 「までに」는 1회적 동작이나 사건을 끝내야 하는 기간을 나타낸다. 위 예문에서 리포트 제출은 일회적 동작이기 때문에 「までに」를 반드시 써야 한다. 반대로 동작의 계속을 나타내는 표현에서는 「までに」를 쓸 수 없다.

- 5時まで ここで 待って います。(○) 5시까지 여기서 기다리고 있겠습니다.
  5時までに ここで 待って います。(×)

(9) より ~보다, ~부터

❶ 비교 상대를 나타낸다.

- 今年の 夏は 去年の 夏より 暑いです。 올해 여름은 작년 여름보다 덥습니다.

去年 작년

❷ 시간의 시작점을 나타낸다.

- これより 研究会を 始めます。 지금부터 연구회를 시작하겠습니다.

研究会 연구회

110

※ の ～의, ～의 것, ～이/가

「の」는 명사가 명사를 수식할 때 쓰는 조사로 술어와는 무관하기 때문에 엄밀한 의미에서 격조사에 포함되지 않는다. 때문에 연체조사라는 용어를 쓰기도 한다.

❶ 명사를 수식할 때 쓴다.
- これは 私の 上着です。 이것은 제 상의입니다.
- 日本語の 先生は きれいです。 일본어 선생님은 예쁩니다.

上着 상의, 웃옷

명사 간의 의미관계에 따라 소유, 소속, 인간관계, 종류, 내용 등 다양한 의미 분류가 가능하다. 또한 우리말에서는 '의'가 자주 생략되는 반면 일본어에서는 「の」는 대부분 생략되지 않는다는 점에 유의해야 한다.

❷ '～의 것'이라는 소유격의 의미로 쓴다.
- この 黄色い オーバーは 娘のです。 이 노란 외투는 딸의 것입니다.
- これは 誰のですか。 이것은 누구의 것입니까?

黄色い 노랗다
オーバー 오버 코트

❸ 「が」를 대신하여 「の」를 쓰기도 한다.
- 彼の 住んで いた 町は おいしい しょうゆが できる ことで 有名です。
  그가 살던 마을은 맛있는 간장이 생산되는 것으로 유명합니다.
- 世界で 一番 人口の 多い 国は 中国です。
  세계에서 가장 인구가 많은 나라는 중국입니다.

しょうゆ 간장
世界 세계

2 병렬조사

병렬조사는 단어나 문장 등을 열거할 때 사용하는 것으로 명사만을 나열하는 「と, や, か」와 명사 이외의 요소도 나열하는 「とか」가 있다.

(1) と ～와/과

해당하는 모든 요소를 나열할 때 사용한다.
- 昼に コーヒーと ケーキを 食べました。
  점심시간에 커피와 케이크를 먹었습니다. (커피와 케이크가 점심에 먹은 것 전부임)

昼 점심, 낮

(2) や ~이랑, ~이나

해당하는 요소 중에서 부분 나열을 할 경우 사용한다.

- 昼に コーヒーや ケーキを 食べました。
  점심시간에 커피랑 케이크를 먹었습니다. (점심에 먹은 것 중 커피와 케이크만을 열거함)

「と」와 「や」는 명사를 나열한다는 점에서는 동일하지만 전체를 나열할 때에는 「と」를, 부분을 나열할 때에는 「や」를 쓴다. 때문에 그 외의 것이 존재한다는 것을 나타내는 「など」는 「や」와만 함께 쓸 수 있다.

- 昼に コーヒーや ケーキなどを 食べました。(○) 점심시간에 커피와 케이크 등을 먹었습니다.
  昼に コーヒーと ケーキなどを 食べました。(×)

(3) か ~이나

「か」는 열거된 것 중에 어느 한쪽을 선택하는 경우에 사용한다.

- コーヒーか 紅茶が いいと 思います。 커피나 홍차가 좋습니다.

紅茶 홍차

(4) とか ~이나, ~이거나

사물이나 사건을 열거할 때 사용하며 회화체에서 많이 쓰인다.

- 私は、ケーキとか 和菓子とかは あまり 好きでは ありません。
  저는 케이크나 과자자 등은 그다지 좋아하지 않습니다.
- 休日は テレビを 見るとか、買い物を するとか して 過ごす ことが 多いです。 휴일은 TV를 보거나 물건을 사거나 하면서 보내는 일이 많습니다.

和菓子 일본식 과자
休日 휴일
過ごす 보내다, 지내다

3 조사 비교

(1) 山を 登る(산을 오르다) VS 山に 登る(산에 오르다)

(a) 雪嶽山を 頂上まで 登る。(○) 설악산을 정상까지 오른다.
(b) 雪嶽山に 頂上まで 登る。(×) 설악산에 정상까지 오른다.

雪嶽山 설악산
頂上 정상
登る 오르다

「雪嶽山に 登る」는「学校に 行く, 駅に 行く」와 같이 이른바 목적지를 나타내지만,「雪嶽山を 登る」는 동작이 행해지는 장소를 나타낸다. 따라서 (a)와 같이 산의 어딘가를 목적지로 하여 오르는 행위를 하는 것은 가능하다. 그러나 (b)는「雪嶽山に」가 이미 목적지를 나타내기 때문에 또 다른 목적지「頂上」를 쓰게 되면 목적지를 2개 제시한 것이 되어 어색한 문장이 된다.

(2) 友だちに 話す (친구에게 말하다) VS 友だちと 話す (친구와 말하다)

「友だちに 話す」는 화자가 친구에게 일방적으로 이야기하는 것을 나타내지만,「友だちと 話す」는 서로 함께 이야기하는 것을 나타낸다. 동사 중에서는 이와 같이 일방적인 행위를 나타내는 동사(話しかける, 惚れる, あげる, 教える)와 항상 누군가 함께하는 행위를 나타내는 동사(結婚する, 離婚する, けんかする)와, 양쪽 모두의 행위를 나타내는 동사(話す, ぶつかる, 会う)가 있다. 일방적인 행위를 나타내는 동사는 상대방을「に」로만 써야 하며, 공동 행위를 나타내는 동사는 상대방을「と」로만 써야 한다. 양쪽 모두의 행위를 나타내는 동사는 의미적 차이에 따라 구분하여 사용한다.

- 新入生に 話しかけた。(○) 신입생에게 말을 걸었다.
  新入生と 話しかけた。(×) 신입생과 말을 걸었다.
- 弟と けんかした。(○) 동생과 싸웠다.
  弟に けんかした。(×) 동생에게 싸웠다.
- 車に ぶつかりました。(○) 차에 부딪혔습니다.
  車と ぶつかりました。(○) 차와 부딪혔습니다.

(3) 部屋を 出る (방을 나오다) VS 部屋から 出る (방에서 나오다)

이 두 표현은 이동하기 전의 장소를 나타낸다는 점에서는 공통되지만 이동하는 기점을 강조하여 말할 때에는「から」를 쓰는 것이 더 적절하다.

- 何番線から、列車が 発車するんですか。(○)
  몇 번 선에서 열차가 발차합니까?
  何番線を、列車が 発車するんですか。(×)
  몇 번 선을 열차가 발차합니까?

話しかける 말 걸다
惚れる 반하다
あげる 주다
離婚する 이혼하다
けんかする 싸우다
ぶつかる 부딪히다

新入生 신입생
車 차

何番線 몇 번 선
列車 열차
発車する 발차하다

이외에도 다음과 같은 차이점이 있다.

ⓐ 주체가 의지적으로 행할 수 없는 동작은 「から」만 쓴다.

- 母が 部屋から/を 出た。(○) 어머니가 방에서/을 나왔다.
- 煙突から 煙が 出た。(○) 굴뚝에서 연기가 나왔다.
  煙突を 煙が 出る。(×)

ⓑ 이동하기 전까지를 포함하여 말할 때에는 「から」만 쓴다.

- 教室から 廊下に 出た。(○) 교실에서 복도로 나왔다.
  教室を 廊下に 出た。(×)

ⓒ 물리적인 이동이 아닌 경우에는 「を」만을 쓴다.

- 大学を 出た。 대학 건물에서 나왔다. (○) / 대학을 졸업했다. (○)
  大学から 出た。 대학 건물에서 나왔다. (○) / 대학을 졸업했다. (×)

煙突 굴뚝
煙 연기

廊下 복도

(4) 3時に 終わる (3시에 끝난다) VS 3時で 終わる (3시로 끝난다)

시간 명사에 붙는 「に」는 어떤 시점만을 나타내지만, 「で」는 그 시점보다 전부터 「で」로 제시한 시점까지를 나타낸다. 「に」는 일시적인 시점만을 나타내기 때문에 개시나 종료를 나타내는 동사와 모두 사용할 수 있으나, 「で」는 그 시점 이전의 의미도 포함하고 있기 때문에 개시를 나타내는 동사와는 함께 쓸 수 없다.

- 当店は 10時に 開店します。(○) 저희 가게는 10시에 개점합니다.
  当店は 10時で 開店します。(×)

当店 저희 가게, 당점
開店する 개점하다

(5) 公園に 捨てる (공원에 버리다) VS 公園で 捨てる (공원에서 버리다)

장소 명사에 붙는 「に」는 동작의 목적지를 나타내지만, 「で」는 동작이 이루어지는 장소를 나타낸다. 따라서 「公園に」는 무엇인가를 버리는 목적지를 나타내는 반면 「公園で」는 무엇인가를 버리는 행동을 하는 장소를 나타낸다. 따라서 다음과 같이 목적지를 나타내는 경우에는 「に」밖에 쓸 수 없다.

- テレビは、ここに 置いて ください。(○) TV는 여기에 놓아 주세요.
  テレビは、ここで 置いて ください。(×)

연습문제

1 빈칸에 알맞은 것을 고르시오.

(1) 一週間＿＿＿＿＿ 2回ぐらい 映画を 見ます。
　　① に　　　　② が　　　　③ で　　　　④ と

(2) 「すみません」は 英語＿＿＿＿＿ 何と 言いますか。
　　① を　　　　② で　　　　③ に　　　　④ の

(3) 毎朝 7時＿＿＿＿＿ 教室に 入ります。
　　① まで　　　② までに　　③ までで　　④ にまで

(4) 郵便局の 前＿＿＿＿＿ 自転車が 何台も 置いて ありました。
　　① では　　　② とは　　　③ には　　　④ へは

2 (　　) 안에 들어갈 알맞은 조사를 보기에서 고르시오.

> **보기**
> の　に　で　を　へ　が　と

(1) 学校は その 橋(　　) わたると、左に あります。

(2) この お酒は 米(　　) 作ります。

(3) 夏休みに 友だち(　　) 中国語の 勉強を しました。

(4) コーヒーと ジュースとでは どちら(　　) 好きですか。

(5) 今朝、ソウル(　　) 着きました。

3 ( ) 안에 알맞은 조사를 넣으시오.

(1) 매일 지하철을 타고 학교에 갑니다.
→ 毎日、地下鉄( )乗って、学校へ 行きます。

(2) 이 좁은 교실에 학생이 100명이나 있었습니다.
→ この 狭い 教室( ) 生徒が 100人も いました。

(3) 오늘이나 내일 와 주세요.
→ 今日( ) 明日 来て ください。

(4) 나는 멋진 시계를 갖고 싶습니다.
→ 私は すてきな 時計( ) ほしいです。

4 다음 글을 읽고 ( ) 안에 알맞은 조사를 넣으시오.

本の 借り方
・受付( )カードを 作って ください。
・受付へ 本を 持って 来て、カード( ) 見せて ください。
・本( ) 1週間 借りる ことが できます。
・新聞( ) 雑誌は 借りる ことが できません。

해석 책 빌리는 방법
・접수처에서 카드를 만들어 주세요.
・접수처로 책을 가지고 와서, 카드를 보여 주세요.
・책은 1주일간 빌릴 수 있습니다.
・신문과 잡지는 빌릴 수 없습니다.

정답은 P.275

다 이 나 믹 일 본 어 문 법

09 시제

시제란 말하는 시점을 기준으로 한 사건의 시간적 전후관계를 말한다. 즉 동작이나 사건이 현시점에서 보았을 때 미래에 일어날 일인가, 현재 일어나고 있는 일인가, 과거에 있었던 일인가를 나타내는 문법 영역이다. 일본어는 미래와 현재를 나타내는 형태가 동일하여 비과거와 과거의 형태로 나뉜다. 이를 각각 る형과 た형이라 부른다.

이 과에서는 일본어의 시간표현과 관련된 형태, る형과 た형의 의미용법 등에 대해 알아보도록 한다.

학습 포인트

- ▶ る형과 た형의 형태
- ▶ 동작술어와 상태술어
- ▶ る형의 의미
- ▶ た형의 의미

1 る형과 た형

일본어의 시제를 알기 위해서는 형태적인 대립관계에 대한 이해가 필요하다. 일본어의 시제는 미래와 현재를 나타내는 형태가 동일하여, 비과거형과 과거형으로 나뉜다. 이를 각각 る형과 た형이란 명칭으로 부르고 있다. 즉, **る형**이란 과거를 나타내는 형태를 제외한 모든 형태를 말하며 **た형**이란 과거를 나타내는 모든 형태를 말한다.

아래의 표는 る형과 た형에 속하는 형태를 품사별로 정리한 것이다. 왼쪽에 속한 형태들이 시제상 비과거 즉, 미래나 현재를 나타내는 것들이고, 오른쪽에 속한 형태들이 과거를 나타내는 것들이다.

품사	る형(비과거형)	た형(과거형)
명사	～です ~입니다 ～では ありません ~이 아닙니다 ～だ(である) ~이다 ～では ない ~이 아니다	～でした ~이었습니다 ～では ありませんでした ~이 아니었습니다 ～だった ~이었다 ～では なかった ~이 아니었다
な형용사	～です ~합니다 ～では ありません ~하지 않습니다 ～だ ~하다 ～では ない ~하지 않다	～でした ~했습니다 ～では ありませんでした ~하지 않았습니다 ～だった ~했다 ～では なかった ~하지 않았다
い형용사	～です ~합니다 ～く ありません(ないです) ~하지 않습니다 ～い ~하다 ～く ない ~하지 않다	～かったです ~했습니다 ～く なかったです ~하지 않았습니다 ～かった ~했다 ～く なかった ~하지 않았다
동사	～ます ~합니다 ～ません ~하지 않습니다 ～る (사전형) ~하다 ～ない ~하지 않다	～ました ~했습니다 ～ませんでした ~하지 않았습니다 ～た ~했다 ～なかった ~하지 않았다

 る형과 た형을 동사의 사전형이나 동사에 「た」가 붙은 형태만을 일컫는 것으로 잘못 이해하는 일이 없도록 유의한다.

2 る형(비과거형)

일본어의 る형(비과거형)이 미래나 현재를 나타낼 수 있다고 해서 모든 る형이 미래와 현재 모두를 나타내는 것은 아니다. 술어의 종류에 따라 미래를 나타내기도 하고 현재를 나타내기도 한다

(a) 今日、私は レストランで 夕食を 食べます。
　　오늘, 나는 레스토랑에서 저녁 식사를 먹을 겁니다.

(b) 教室に 学生が います。　교실에 학생이 있습니다.

夕食 저녁밥

위 두 문장을 보면 (a)는 오늘 저녁에 레스토랑에서 저녁 식사를 먹는다는 미래의 사실을 나타내고 있으며, (b)는 교실에 지금 학생이 있다는 현재의 사실을 나타내고 있다. 즉, 각 문장에 쓰인 동사「食べる」와「いる」는 모두 る형이 쓰였으나 각각 다른 시제를 나타내고 있는 것이다. 이와 같은 차이는 술어의 성격에 따라 달라지는데,「食べる」와 같이 동적(動的)인 움직임을 나타내는 술어는 る형이 미래에 일어날 일을 나타내고,「いる」와 같이 정적(靜的)인 것을 나타내는 술어는 る형이 현재에 일어나고 있는 일을 나타낸다. 즉, る형이 미래를 나타내는 것은 '동작술어'일 때이며, 현재를 나타내는 것은 '상태술어'일 때이다.

> **동작술어(움직임을 느낄 수 있는 술어)**
> 「食べる, 読む, 走る, 降る」등의 동적 동사
>
> **상태술어(움직임을 느낄 수 없는 술어)**
> 「いる, ある, できる」등의 정적 동사, い형용사, な형용사, 명사 술어

 동작술어의 경우, 현재 시제는「〜て いる」로 나타낸다.

이상에서 설명한 る형의 시제를 정리하면 다음과 같다.

❶ 동작술어는 미래의 사건을 나타낸다.

- 明日 木村さんと 有名な 喫茶店で 紅茶を 飲みます。
  내일 기무라 씨와 유명한 찻집에서 홍차를 마십니다.
- 友だちと 図書館へ 行きます。
  친구와 도서관에 갑니다.

喫茶店 찻집

❷ 상태술어는 현재의 상태나 현재까지의 상태를 나타낸다.

- あそこに 誰か います。 저기에 누군가 있습니다.
- この お菓子は おいしいです。 이 과자는 맛있습니다.
- 彼は 学生だ。 그는 학생이다.

단, 실현될 것이 확실한 경우에는 상태술어가 미래를 나타낼 수도 있다.

- 私は 明日、一日中 忙しい。 나는 내일 하루 종일 바쁘다.
- 明日は 水曜日です。 내일은 수요일입니다.

> 불변의 진리나 습관 등도 る형이 쓰이는데, 이와 같은 예들은 구체적인 시제를 따질 수가 없다. 이를 항상성(恒常性)이라고 하는데, 이 항상성이 있으면 시제는 불분명해진다.
> - 地球は 太陽を 回る。 지구는 태양을 돈다.
> - 父は 毎日 ひげを そります。 아버지는 매일 수염을 깎습니다.

お菓子 과자

一日中 하루 종일
忙しい 바쁘다

地球 지구
太陽 태양
回る 돌다
ひげ 수염
そる 깎다

3 た형(과거형)

た형이라고 하면 과거형만을 생각하기 쉬우나, 시제상 た형은 과거뿐만 아니라 완료, 발견, 재인식, 명령 등 다양한 의미를 나타낸다.

(a) 昨日、友だちと ショッピングを しました。 어제 친구와 쇼핑을 했습니다.
(b) 昨日、話した 書類、もう できた？ (↗) 어제 말한 서류, 이제 다 됐어?

위 두 문장을 비교해 보면, (a)는 어제 친구와 쇼핑을 했다는 과거의 사실을 기술한 것으로, 술어「しました」는 단순한 과거를 나타내고 있다. 그러나 (b)는 어제 말했던 서류가 현 시점에서 완성되었는가를 묻는 것으로, 사건이 이미 끝났는지 그렇지 않은지에 주목한 표현이다. 이와 같은 의미로 쓰인 술어는 완료를 나타낸다.

과거와 완료의 의미적 차이는 특히 부정형에서 명확히 나타난다.

(a) A : 昨日、友だちと ショッピングを しましたか。
　　 어제 친구와 쇼핑을 했습니까?

　　 B : はい、しました。 네, 했습니다.

　　　　 いいえ、しませんでした。 아니요, 안 했습니다.

ショッピング
쇼핑
書類 서류

いいえ 아니요

(b) A : 昨日、話した 書類、もう できた？（↗） 어제 말한 서류, 이제 다 됐어?

　　B : はい、できました。 네, 다 되었습니다.

　　　　いいえ、まだ できて いません。 아니요, 아직 되지 않았습니다.

まだ 아직

(a)는 과거의 사실을 묻는 문장이기 때문에 긍정이든 부정이든 과거로 대답하면 된다. 그러나 (b)는 어떠한 사건이 완료되었는가를 묻고 있기 때문에 완료되었다면 た형으로 대답하지만, 아직 완료되지 않았다면「(まだ) ～て いません(いない)(아직 ～하지 않았다)」의 형태를 써서, 아직 그 일이 완료되지 않았음을 나타내야 한다.

또한, た형에는 이외에도 발견, 재인식, 명령 등의 의미가 있다.

(c) あ、探して いた 傘、こんな ところに あった。
　　 앗, 찾고 있던 우산, 이런 곳에 있네.

(d) 明日は 会議だった。 내일은 회의였지.

(e) ほら、危ないよ。どいた、どいた。 거기, 위험해. 비켜 비켜.

ほら 이봐, 자
危ない 위험하다
どく 비키다

(c)는 눈앞에 우산이 있기 때문에 ある를 써야 할 것 같지만「あった」가 쓰인다. 이와 같은 た형은 인식한 시점을 나타내는 것으로 '우산이 예전부터 이런 곳에 있었다'는 것을 '발견했다'라는 의미로 쓰인 것이다. 또한 (d)는 내일 일임에도 불구하고 た형인「だった」가 쓰이고 있는데, 이는 '내일 회의가 있다는 것을 들은 기억은 있으나 잊어버렸다가 지금 그 사실을 인식했다'라는 의미로 쓰인 것이다. (e)는 명령의 의미로 た형을 씀으로써 화자의 긴박한 심리 상태를 나타낸다.

이상에서 설명한 た형의 의미를 정리하면 다음과 같다.

❶ 과거를 나타낸다.
- 先週、久しぶりに 先生に 会って 話を しました。
  지난주 오랜만에 선생님을 만나 이야기를 했습니다.
- 去年まで 彼は 大学生だった。 작년까지 그는 대학생이었다.

❷ 완료를 나타낸다.
- もう レポートを 出しましたか。 벌써 리포트를 냈습니까?
- この 間 お願いした コンサートの チケット、買って くれた？
  요전에 부탁했던 콘서트 티켓, 사 왔어?

お願いする 부탁하다
コンサート 콘서트

❸ 발견을 나타낸다.

- 전철이 오고 있는 것을 보고

  あっ、電車が 来た。 아, 전철이 온다.

- あ、こんな ところに 財布が あった。 아, 여기에 지갑이 있네.

財布 지갑

❹ 한 번 들은 것을 잊어버렸다가 다시 알아차렸을 때 즉, 재인식을 나타낸다.

- すみません。お名前は 何と おっしゃいましたか。
  죄송합니다. 이름이 뭐라고 하셨지요?

- 今日は 休みだった。 오늘은 휴일이었다.

❺ 명령을 나타낸다.

- 어머니가 아이에게 빨리 먹을 것을 재촉할 때

  さあ、食べた、食べた！
  자, 먹어, 먹어!

さあ 자, 자아

- 다른 사람에게 길을 비켜줄 것을 재촉할 때

  さあ、行った、行った。
  자, 가자, 가자!

연습문제

1 빈칸에 알맞은 것을 고르시오.

(1) 昨日の 映画は ＿＿＿＿＿＿＿＿＿＿。
　① おもしろくでした　　　　② おもしろいでしょう
　③ おもしろく なかったです　④ おもしろく なかったでした

(2) 朝は 忙しくて ご飯は ＿＿＿＿＿＿＿＿＿＿。
　① 食べない　② 食べた　③ 食べる　④ 食べました

(3) 地球は 太陽を ＿＿＿＿＿＿＿＿＿＿。
　① 回った　② 回る　③ 回りました　④ 回らない

(4) あの とき、妹は 大学生＿＿＿＿＿＿＿＿＿＿。
　① だ　② だった　③ です　④ では ない

2 ( ) 안의 표현을 알맞은 형태로 바꾸시오.

(1) 昨日の テストは ＿＿＿＿＿＿＿＿＿＿。(簡単では ない)

(2) 今度の 夏休み、友だちと＿＿＿＿＿＿＿＿＿＿。(海外旅行を する)

(3) 先週は ＿＿＿＿＿＿＿＿＿＿が、今週は とても 忙しい。(暇)

(4) よく ＿＿＿＿＿＿＿＿＿＿ 人は 元気だ。(寝る)

(5) 去年まで 兄は ＿＿＿＿＿＿＿＿＿＿。(高校生だ)

3 다음 대화문을 읽고 ( ) 안의 동사를 알맞은 형태로 바꾸시오.

(1) A：料理は よく 作りますか。
　　B：いいえ。毎日は ＿＿＿＿＿ね。（作る）

(2) A：週末、どこか 行ったの？
　　B：疲れて、どこへも ＿＿＿＿＿けど。Aさんは？（行く）
　　A：ディズニーランドに 行ったけど、楽しかったよ。

(3) A：ちょっと、財布が ないんだけど。
　　B：え？たいへん。
　　A：あ、こんな ところに ＿＿＿＿＿。（ある）

4 주어진 단어를 이용하여 일본어 문장을 완성하시오.

(1) 좀 이야기할 것이 있는데, 내일 집에 있어? （うちに いる）
　　→ ちょっと、話したい ことが あるけど、明日 ＿＿＿＿＿。

(2) 죄송합니다. 성함이 뭐라고 하셨지요? （何と おっしゃる）
　　→ すみませんが、お名前は ＿＿＿＿＿。

(3) 벌써 수업이 끝났습니까? （授業が 終わる）
　　→ もう ＿＿＿＿＿。

(4) 여동생은 매일 아침 1시간 조깅을 합니다. （ジョギングを する）
　　→ 妹は 毎朝 1時間 ＿＿＿＿＿。

정답은 P.275

다 이 나 믹   일 본 어   문 법

10 상

상이란 어떤 동작이 개시 단계에 있는가, 계속 단계에 있는가 종료 단계에 있는가 등을 나타내는 문법 영역을 말한다. 상은 동사에만 나타나는 문법 영역으로 의미적으로 계속, 개시, 종료 등으로 나눌 수 있다.

이 과에서는「~て いる, ~て ある, ~て おく, ~て みる, ~て いく, ~て くる, ~て しまう」등의 사용,「~はじまる, ~だす, ~つづける, ~おわる, ~おえる」등의 사용에 대해 알아보도록 한다.

- ▶ 상의 개념 및 종류
- ▶ て형에 접속하는 상의 형태 및 의미
- ▶ ます형에 접속하는 상의 형태 및 의미
- ▶ 기타 상적 표현

1 상의 개념 및 종류

상이란 시제와 함께 사건의 시간과 관련된 문법 영역이다. 시작과 끝이 있는 동작의 과정 중에서 어느 단계에 주목하여 표현하는가를 나타내는 것으로, 의미적으로 '개시', '계속', '종료' 등으로 나눌 수 있다. 형태적으로는 て형에 접속하는 것과 ます형에 접속하는 것, 기타 등이 있다. 본 교재에서는 접속 형태를 기준으로 상적 표현을 기술한다.

접속 형태	예시			
て형에 접속	~て いる ~て しまう	~て ある ~て いく	~て おく ~て くる	~て みる
ます형에 접속	~はじめる ~おわる	~だす ~おえる	~つづける ~やむ	~つづく
기타	~として いる	~ところだ	~ばかりだ	

2 て형에 접속하는 상적 표현

(1) ~て いる ~고 있다, ~어 있다

계속을 나타내는 가장 전형적인 형태에 「~て いる」가 있다. 「~て いる」는 우리말 '~고 있다, ~어 있다'에 해당하는 것으로 동사에 따라 진행, 결과 상태, 습관·반복, 단순 상태, 경험 등의 의미를 나타낸다.

❶ 동작의 진행을 나타내는 경우

「동사+て いる」가 동작의 진행을 나타내는 것은 동사가 계속동사인 경우에 한한다.

동사는 움직임을 지속할 수 있느냐 없느냐에 따라 '계속동사'와 '순간동사'로 나뉜다.

> **〈계속동사〉**: 동작이 일정한 시간 동안 지속적으로 이루어지는 동사
> 話す(이야기하다), 読む(읽다), 降る((눈, 비가) 오다), 走る(달리다) 등
>
> **〈순간동사〉**: 동작이 순간적으로 성립하는 동사
> 死ぬ(죽다), 開く(열리다), 折れる(부러지다), 落ちる(떨어지다) 등

계속동사에「て いる」가 접속하면 동작의 진행을 나타내게 되고, 우리말 '~고 있다'가 된다.

- 私たちは 今、音楽を 聞いて います。 우리들은 지금 음악을 듣고 있습니다.
- 夕方から 雨が 降って います。 저녁 무렵부터 비가 내리고 있습니다.

音楽 음악
夕方 저녁때

❷ 결과 상태를 나타내는 경우

「동사+て いる」가 결과 상태를 나타내는 것은 동사가 순간동사인 경우이다.

- 人が 死んで います。 사람이 죽어 있습니다.

死ぬ 죽다

위 예문에서「死ぬ」는 순간적으로 동작이 끝나는 동사로, 이 동사에「て いる」가 접속하면「死ぬ」라는 동작이 완료되고 그 결과인 죽은 상태(死んで いる)가 지금까지 이어지고 있는 것을 나타낸다.

- ドアが 開いて います。 문이 열려 있습니다.
- 木の 枝が 折れて います。 나뭇가지가 부러져 있습니다.

枝 가지, 나뭇가지

이와 같이 순간동사에「て いる」가 붙으면 의미적으로 결과 상태를 나타내며, 우리말 '~어 있다'가 된다.

❸ 습관 · 반복을 나타내는 경우

주로 부사「いつも, 毎日, 毎朝」등과 함께 쓰이며 규칙적으로 반복되는 일이나 습관을 나타낸다.

- 私は 毎朝 6時に 起きて います。 나는 매일 아침 6시에 일어나고 있습니다.
- 母は 毎日 勉強しろと 何度も 言って いる。
  어머니는 매일 공부하라고 몇 번이나 말하고 있다.

毎朝 매일 아침
何度も 몇 번이나

❹ 단순 상태를 나타내는 경우

단순 상태란 ❷의 결과 상태와는 달리 원래부터 그런 상태였던 것을 나타내며, 항상「て いる」를 붙여 쓴다. 이에 속하는 동사로는 다음 예문에 쓰인 동사 이

외에도「すぐれる, とがる, ばかげる」등이 있다.

- 山が そびえて いる。 산이 솟아 있다.
- 私は 父に 似て いる。 나는 아버지와 닮았다.

❺ 경험을 나타내는 경우

「동사+て いる」가 과거의 경험을 나타내는 경우도 있다. 우리말로는 과거로 해석되는 경우가 많다.

- 彼女は カナダを 3度も 訪れて いる。 그녀는 캐나다를 3번이나 방문했다.
- 彼は 2年前に 大学を 卒業して います。 그는 2년 전에 대학을 졸업했습니다.

ている 형과 관련하여 다음과 같은 점에 주의해야 한다.

❶ 동사 중에서「ある, いる」와 같이 상태를 나타내는 동사나 동사의 가능형에는 「て いる」를 붙여 쓸 수 없다.

- 机の 上に 本が あって います。(×)
- 木村さんは 漢字が 読めて います。(×)

❷ 동사 중에서「結婚する, 知る, 住む」등은 항상「て いる」를 함께 써야 한다.

- A: 彼女は 結婚して いますか。 그녀는 결혼했습니까?

  B: はい、結婚して います。 네, 결혼했습니다.

  いいえ、まだ、結婚して いません。 아니요, 아직 결혼하지 않았습니다.

- A: あの 事故に ついて 知って いますか。 그 사고에 대해 알고 있습니까?

  B: はい、知って います。 네, 알고 있습니다.

  いいえ、知りません。 | 부정형은 ている형으로 쓰지 않음 |
  아니요, 모르겠습니다.

- A: どちらに 住んで いますか。 어디에 살고 있습니까?

  B: ソウルに 住んで います。 서울에 살고 있습니다.

위 예문에서와 같이 이들 동사들은 대부분 동사에「て いる」를 붙여 쓰는데 만약「て いる」를 쓰지 않으면 다른 의미가 되기도 한다. 예를 들어「彼女は 結婚しましたか」라고 하면 과거의 경험을 묻는 것이 되어 기혼인지 아닌지를 묻는 본래의 의미와는 다른 의미가 된다.

すぐれる 뛰어나다
とがる 뾰족해지다
ばかげる 바보스럽게 느껴지다
山 산
そびえる 높이 솟다

〜度 ~번(횟수)
訪れる 방문하다

上 위
漢字 한자

事故 사고
ソウル 서울

이 외에도 착용을 나타내는 동사「帽子を かぶる, 上着を 着る, 靴を 履く, 眼鏡を かける」등도 대부분「て いる」를 붙여 쓴다.

- 私の 父は 眼鏡を かけて います。 저희 아버지는 안경을 쓰고 있습니다.
- 青い シャツを 着て います。 파란 셔츠를 입고 있습니다.

帽子 모자
着る 입다
履く 신다
眼鏡 안경
かける (안경을) 쓰다
青い 푸르다
シャツ 셔츠

(2) ～て ある ～어 있다, ~해 두다

동작의 결과 상태를 나타내는 형태에「～て いる」이외에「～て ある」가 있다.「～て ある」는 항상 타동사와 접속하며 크게 두 가지 의미로 쓰인다.

❶ 결과 상태를 나타내는 경우

타동사에 붙어 어떠한 동작이 일어난 후, 결과 상태가 지속되고 있음을 나타낸다. 이때 타동사의 목적어「を」는「が」로 바뀐다.

- 窓を 閉めます。 문을 닫습니다.
  → 窓が 閉めて あります。 문이 닫혀 있습니다.
- 花を 飾ります。 꽃을 장식합니다.
  → 花が 飾って あります。 꽃이 장식되어 있습니다.

飾る 장식하다

이와 같이 의미적으로 결과 상태를 나타내는 형식에는「타동사+て ある」와「자동사+て いる」가 있으며 이 두 형식의 차이는 '의도성'에 있다.

(a) 窓が 開いて います。 문이 열려 있습니다.
(b) 窓が 開けて あります。 문이 열려 있습니다.

자동사에「て いる」가 붙은 (a)는 단순히 문이 열려 있다는 사실을 나타내는 문장이지만, 타동사에「て ある」가 붙은 (b)는 누군가가 의도적인 목적을 가지고 문을 열었고 그 결과로 문이 열려 있다는 것을 나타낸다. 이는 타동사가 동작주를 포함하고 있어서 타동사가 쓰인 (b)에서 행위를 한 사람의 존재가 느껴지기 때문이다.

❷ 준비를 나타내는 경우

타동사에「て ある」가 붙어 준비의 의미를 나타내기도 한다. 우리말 '~해 두다'로 해석되며「て おく」와 바꿔 쓸 수 있고, 목적격 조사「を」를「が」로도「を」로도 쓸 수 있다.

- ホテルの 予約を して あるから、心配 ありません。
  호텔 예약을 해 두었으니까 걱정없어요.
- 料理は たくさん 準備して あるから、いっぱい 食べて ください。
  요리는 많이 준비해 두었으니까 많이 드세요.

たくさん 많이
準備する 준비하다
いっぱい 가득, 많이

(3) ~て おく　~해 두다

「~て おく」는 목적을 위해 어떤 행위를 미리 해 둔다는 것을 나타내며 우리말 '~해 두다'에 해당한다. 문맥에 따라 일시적인 처치를 나타내기도 하고, 미래를 위한 준비의 의미를 나타내기도 한다.

- 飲み物は 冷蔵庫に 入れて おきました。
  마실 것은 냉장고에 넣어 두었습니다.
- 明日 面接に 行く 会社の 場所を 調べて おきます。
  내일 면접하러 갈 회사의 장소를 조사해 둡니다.

飲み物 마실 것
冷蔵庫 냉장고
入れる 넣다
面接 면접
場所 장소
調べる 조사하다

회화 포인트

회화체에서는「~て おく」대신에「~とく」가 많이 쓰인다.

- ここに おいて おくよ(=おいとくよ)。 여기에 놔둘게.
- お茶、冷やして おくね(=冷やしとくね)。 녹차, 차게 해 둘게.

冷やす 차게 하다

(4) ~て いく, ~て くる　~고/어 가다, ~고/어 오다

「~て いく」와「~て くる」는 이동을 나타내는 표현으로 우리말 '~고/어 가다', '고/어 오다'에 해당하며 다양한 의미로 쓰인다.

❶ 이동시 어떤 수단을 이용해서 간(온)다거나 어떤 동작을 하면서 간(온)다는 것을 나타낸다.

- 疲れて いるから、タクシーに 乗って 行きましょう。
  피곤하니까 택시를 타고 갑시다.

疲れる 지치다

- バスは 時間が かかるから、地下鉄に 乗って いこう。
  버스는 시간이 걸리니까 지하철을 타고 가자.
- 坂道を ゆっくり 歩いて きました。 언덕길을 천천히 걸어왔습니다.
- ここまで 走って きました。
  여기까지 뛰어 왔습니다.

かかる 걸리다
坂道 비탈길
歩く 걷다

❷ 순차적 동작을 나타낸다. 이 의미용법에서 행위의 중심은「いく」나「くる」앞에 오는 동사에 있다.
- 子供の 誕生日だから、プレゼントを 買って 行きます。
  아이의 생일이라서 선물을 사 갑니다.
- うちへ 帰る 途中、本屋に 寄って きました。
  집으로 오는 도중, 책방에 들렀다 왔습니다.

寄る 들르다

❸ 변화나 행위가 계속되는 것을 나타낸다.
- 結婚してからも、仕事を 続けて いく つもりです。
  결혼하고 나서도 일을 계속해 나갈 생각입니다.
- 見て いる 間にも 雪が どんどん 積もって いきます。
  보고 있는 동안에도 눈이 점점 쌓여 갑니다.
- この 伝統は 6百年も 続いて きました。
  이 전통은 6백 년이나 계속되어 왔습니다.
- 大学を 卒業してから、ずっと この 会社で 働いて きました。
  대학을 졸업하고 줄곧 이 회사에서 일해 왔습니다.

続ける 계속하다
間 사이, 동안
雪 눈
どんどん 자꾸자꾸, 척척
積もる 쌓이다
伝統 전통
続く 계속되다
ずっと 계속, 줄곧

❹「~て いく」는 소멸,「~て くる」는 출현의 의미를 나타낸다.
- 毎年、多くの 人が 交通事故で 死んで いく。
  매년, 많은 사람들이 교통사고로 죽어 간다.
- 鳥の むれが 消えて いく。 새 무리가 사라져 간다.
- ふと、当時の 記憶が よみがえって きた。 문득 당시의 기억이 되살아났다.
- 人間は みな 泣きながら 生まれて くる。 인간은 모두 울면서 태어난다.

毎年 매년
交通事故 교통사고
むれ 떼, 무리
ふと 문득
当時 당시
記憶 기억
よみがえる 되살아나다
人間 인간
みな 모두

이상이「~て いく」와「~て くる」의 의미로 ❶, ❷는「いく/くる」가 가진 이동의 의미가 비교적 명확한 반면, ❸, ❹에서는 이동의 의미를 거의 느낄 수 없다. 본래의「いく/くる」의 의미가 살아있는 ❶, ❷는 본동사로 쓰인 경우이고, 본래의 의미가 없는 ❸, ❹는 보조동사로 쓰인 경우이다.

「~て くる」는 동작의 개시를 나타내는 의미로도 쓰이는데, 이 또한 보조동사로 쓰인 경우이다.

- 昨日まで 秋晴れの 良い お天気でしたが、雨が 降って きました。
  어제까지 청명한 가을 날씨였는데, 비가 내리기 시작했습니다.

이와 같은 의미로 자주 쓰이는 동사에는 「降って くる, 聞こえて くる, 見えて くる, わかって くる」 등이 있다.

秋晴れ 맑은 가을 날씨
聞こえる 들리다
見える 보이다

(5) ~て しまう ~해 버리다

「~て しまう」는 기본적으로는 완료의 의미를 나타내는데 문맥에 따라 후회나 유감으로 해석되기도 한다.

- この 本は もう 読んで しまったから、友だちに あげた。 |완료|
  이 책은 이미 읽어 버려서 친구에게 주었다.
- 新しい カメラを 水の 中に 落として しまった。 |유감|
  새 카메라를 물 속에 떨어뜨려 버렸다.

あげる 주다
新しい 새롭다
カメラ 카메라
水 물
落とす 떨어뜨리다

회화 포인트

회화체에서는 「~てしまう, ~でしまう」가 축약형인 「ちゃう(ちゃった), じゃう(じゃった)」가 자주 쓰인다.
- つい ひどい ことを 言っちゃった。 무심코 심한 말을 해 버렸다.

つい 무심코, 어느덧
ひどい 심하다

(6) ~て みる ~해 보다

'어떤 행위를 시도해 보다'라는 의미를 나타내며, 우리말 '~해 보다'에 해당한다.

- この ケーキ、おいしいか 食べて みて ください。
  이 케이크 맛있는지 먹어 봐 주세요.
- もう 一度 考えて みます。 한 번 더 생각해 보겠습니다.

3 ます형에 접속하는 상적 표현

(1) ~はじめる, ~だす ~하기 시작하다

「ます형+はじめる」, 「ます형+だす」의 형태로 움직임이 개시 단계에 있음을 나타낸다.

「～はじめる」는 시작 단계를 나타내는 가장 전형적인 형태로 「いる, ある, できる」 등 상태를 나타내는 동사에는 접속할 수 없다.

- 景子さんは 1時間前から 料理を 作りはじめました。
  게이코 씨는 1시간 전부터 요리를 만들기 시작했습니다.
- 今月から 中国語を 習いはじめた。 이번 달부터 중국어를 배우기 시작했다.
- 一時間前から ある 男が 事務室に いはじめました。(×)
  1시간 전부터 한 남자가 사무실에 있기 시작했습니다.

今月 이번 달
ある 어떤
男 남자

한편, 「～だす」는 무의지적, 돌발적인 상황에 쓰이는 경우가 많기 때문에 부사 「突然, 急に」 등과 자주 쓰인다.

突然 돌연, 갑자기

- 急に、雨が 降りだしました。 갑자기 비가 내리기 시작했습니다.
- 地震で 道が 揺れだした。 지진으로 길이 흔들리기 시작했다.

地震 지진
道 길
揺れる 흔들리다

(2) ～つづける, ～つづく 계속 ～하다

「ます형+つづける」, 「ます형+つづく」의 형태로 움직임이 계속되고 있음을 나타내는데, 「つづく」는 보통 「降る」와만 쓰인다.

- 彼女は ずっと 泣きつづけました。 그녀는 계속 울었습니다.
- この頃、雨が 降りつづく。 요즘 비가 계속 내린다.

(3) ～おわる, ～おえる, ～やむ 다 ～하다

「ます형+おわる」, 「ます형+おえる」, 「ます형+やむ」는 종료 단계를 나타낸다. 「～おわる」는 일반적으로 널리 쓰이며, 「～おえる」는 주로 의지동사의 종료 단계를, 「～やむ」는 주로 무의지적인 일이 종료된 것을 나타낸다.

- 昨日、友だちに 借りた 本を やっと 読みおわった。
  어제 친구에게 빌린 책을 겨우 다 봤다.
- 彼は 時間内に 答案を 書き終えた。 그는 시간 내에 답안을 다 썼다.
- 赤ちゃんが なかなか 泣きやまない。 아기가 좀처럼 울음을 그치지 않는다.

借りる 빌리다
やっと 겨우
時間内に 시간 내에
答案 답안
赤ちゃん 아기

4 기타

(1) ~(よ)うと する/と して いる ~하려 하다

「의지형+と する/と して いる」는 움직임이 시작 직전에 있음을 나타낸다.

- お父さんは 出かけようと して います。 아버지는 외출하려 합니다.
- 長かった 夏休みが 終わろうと して いる。 길었던 여름방학이 끝나려고 한다.

お父さん 아버지
長い 길다

(2) ~ところだ ~하려고 하다, ~하고 있는 중이다, 막 ~하다

「사전형+ところだ」는 움직임이 시작 직전에 있음을 나타내고, 「~て いる ところだ」는 움직임이 진행 중에 있음을 나타낸다. 또한, 「た형+ところだ」는 움직임이 종료 단계에 있음을 나타낸다.

- ちょうど 出かける ところです。 지금 막 나가려고 합니다.
- 私は その 絵を 今 見て いる ところです。
  나는 그 그림을 지금 보고 있는 중입니다.
- 今、会議が 終わった ところです。 지금 회의가 막 끝났습니다.

ちょうど 마침, 딱

(3) ~ばかりだ 막 ~하다, ~한 지 얼마 되지 않다

「た형+ばかりだ」는 「た형+ところだ」와 마찬가지로 움직임의 종료 단계를 나타낸다.

- 今、授業が 終わった ばかりです。 지금 수업이 막 끝났습니다.

「た형+ばかりだ」와 「た형+ところだ」는 어떤 동작이 끝난 직후를 나타낸다는 점에서는 동일하지만, 「~た ばかりだ」가 「~た ところだ」에 비해 시간의 폭이 넓어 동작이 끝난 후에 심리적으로 그 동작이 끝난 지 얼마 되지 않았다고 느끼는 경우에도 쓸 수 있다.

- 日本に 来た ばかりですから、日本語が まだまだです。(○)
  일본에 온 지 얼마 안 돼서 일본어가 아직(부족)입니다.
- 日本に 来た ところですから、日本語が まだまだです。(×)

まだまだ 아직

연습문제

1 빈칸에 알맞은 것을 고르시오.

(1) その ニュースは もう ＿＿＿＿＿＿＿＿＿＿＿＿。
① 知って います　② 知ります　③ 知りません　④ 知って いません

(2) 長い 時間 本を ＿＿＿＿＿＿＿＿＿＿続けると、目が 痛く なる。
① 読む　　　② 読んで　　　③ 読み　　　④ 読んだ

(3) スカートを 買う ときは、買う 前に 一度 はいて ＿＿＿＿＿＿＿＿＿＿＿。
① あります　　② はじめます　③ します　　④ みます

(4) このごろ たばこを すわない 人が 増えて ＿＿＿＿＿＿＿＿＿＿。
① きます　　② いきます　　③ きました　　④ いきました

2 보기와 같이「もう ～ました」또는「まだ ～て いません」을 이용하여 질문에 답하시오.

> **보기**
> 昼ごはんを 食べましたか。(はい / いいえ)
> → はい、もう 食べました。 / いいえ、まだ 食べて いません。

(1) 山口課長は 来ましたか。(はい)
→ ＿＿＿＿＿＿＿＿＿＿＿＿＿＿＿＿＿＿＿＿＿＿＿＿＿

(2) 試験は 終わりましたか。(いいえ)
→ ＿＿＿＿＿＿＿＿＿＿＿＿＿＿＿＿＿＿＿＿＿＿＿＿＿

(3) 京都の さくらは 咲きましたか。(はい)
→ ＿＿＿＿＿＿＿＿＿＿＿＿＿＿＿＿＿＿＿＿＿＿＿＿＿

(4) レポートは 出しましたか。(いいえ)
→ ＿＿＿＿＿＿＿＿＿＿＿＿＿＿＿＿＿＿＿＿＿＿＿＿＿

3 다음 ( ) 안의 동사를 알맞은 형태로 바꾸시오.

(1) A：あの、田中さんは ＿＿＿＿＿＿＿＿＿＿ますか。(結婚する)
　　B：いいえ、まだ 独身ですよ。
　　A：そうですか。

(2) A：趣味は 何ですか。
　　B：切手を 集める ことです。
　　A：そうですか。おもしろそうですね。
　　B：これからも 切手を たくさん＿＿＿＿＿＿＿＿＿＿ いこうと
　　　 思って います。(集める)

(3) A：ちょっと お聞きしたいんですが。
　　B：ええ、何でしょう。
　　A：あの、白い シャツを ＿＿＿＿＿＿＿＿＿＿人は 誰ですか。(着る)
　　B：佐藤さんですが。

4 주어진 단어를 이용하여 일본어 문장을 완성하시오.

(1) 오늘 오후 갑자기 눈이 내리기 시작했다. (雪が 降る)
　　→ 今日の 午後 急に ＿＿＿＿＿＿＿＿＿＿＿＿＿＿＿＿＿。

(2) 전철 안에 지갑을 잃어버렸다. (忘れる)
　　→ 電車の 中に 財布を ＿＿＿＿＿＿＿＿＿＿＿＿＿＿＿＿＿。

(3) 파티를 위해서 여러 가지 준비를 해 두었습니다. (準備を する)
　　→ パーティーの ために いろいろ ＿＿＿＿＿＿＿＿＿＿＿＿＿＿。

(4) 교실에는 꽃이 장식되어 있었다. (飾る)
　　→ 教室には 花が ＿＿＿＿＿＿＿＿＿＿＿＿＿＿＿＿＿。

정답은 P.275

다 이 나 믹 　 일 본 어 　 문 법

 수수표현

수수표현 이란 물건이나 이익이 되는 행동을 주고받는 것에 관련된 표현으로, 「あげる(さしあげる), くれる(くださる), もらう(いただく)」 등의 수수동사가 쓰인다. 일본어의 수수표현은 물건을 주고받는 '물건의 수수'와 이익이 되는 행동(은혜)을 주고받는 '은혜의 수수'로 나눌 수 있다. 수수표현은 주는 사람과 받는 사람의 관계, 화자와 청자의 관계, 화자의 시점 등을 고려하여 적절한 동사를 사용해야 하기 때문에 우리말과 비교해 보면 어려운 문법 항목이라 할 수 있다.

이 과에서는 물건의 수수와 관련된 표현(あげる, くれる, もらう)과 은혜의 수수와 관련된 표현(～て あげる, ～て くれる, ～て もらう)에 대해 알아보도록 한다.

 학습 포인트

▶ 물건의 수수
▶ 은혜의 수수
▶ 수수표현 사용상의 주의점

1 물건의 수수

물건을 주고받는 것과 관련된 표현을 **물건의 수수**라 하며 수수동사가 단독으로 쓰인다. 누가 누구에게 물건을 주는가에 따라 동사를 구분하여 사용한다.

(1) あげる　주다 [나/가족 → 타인]

> [주는 사람] が/は　[받는 사람] に　[물건] を　あげる
> (나/가족)　　　　　(타인)

기본적으로 나 혹은 나와 가까운 사람이 다른 사람에게 물건을 줄 때 쓰며 우리말 '주다'에 해당한다. 나 혹은 가족 등과 같이 나와 가까운 사람을 주어로 쓴다.

- 私は 母に ハンドバッグを あげました。
  나는 어머니에게 핸드백을 주었습니다.
- 私は 友だちに 名古屋の お土産を あげました。
  나는 친구에게 나고야의 토산품을 주었습니다.
- 弟は 木村さんに 演奏会の チケットを あげました。
  남동생은 기무라 씨에게 연주회 티켓을 주었습니다.

「あげる」와 같은 '주다'의 의미에 「やる」와 「さしあげる」가 있다. 「やる」는 동식물에게, 혹은 손윗사람이 아랫사람에게 물건을 줄 때 쓰는데 요즘에는 잘 쓰이지 않는 편이다. 특히 여성들을 중심으로 「やる」 대신 「あげる」를 쓰는 경향이 강하다.

- 私は 弟に カードを やりました。　나는 동생에게 카드를 주었습니다.
- 私は 毎日 花に 水を あげます。　나는 매일 꽃에 물을 줍니다.

「さしあげる」는 손아랫사람이 손윗사람에게 물건을 드린 것을 나타낼 때 쓴다. 손윗사람에게 직접적으로는 쓰지 않는다.

- 타인에게 말할 때

  先生に 韓国の カレンダーを さしあげました。
  선생님께 한국 달력을 드렸습니다.

  先生、韓国の カレンダーを さしあげます。(×)
  선생님, 한국 달력을 드리겠습니다.

- 本日 訪れる お客さんに カップを さしあげます。
  오늘 방문하는 손님께 컵을 드립니다.

ハンドバッグ 핸드백
名古屋 나고야(지명)
演奏会 연주회

やる 주다
さしあげる 드리다

カード 카드

カレンダー 달력
本日 오늘
お客さん 손님
カップ 컵

(2) くれる 주다 〔타인 → 나/가족〕

> [주는 사람] が/は [받는 사람] に [물건] を くれる
> 　(타인)　　　　　(나/가족)

기본적으로 다른 사람이 나 혹은 나와 가까운 사람에게 물건을 줄 때 쓰며, 우리말로는 「あげる」와 마찬가지로 '주다'에 해당한다. 타인을 주어로 쓰고 나 혹은 나와 가까운 사람을 목적어로 쓴다.

- 母が 私に ハンドバッグを くれました。
  어머니가 나에게 핸드백을 주었습니다.
- 友だちが 私に 名古屋の お土産を くれました。
  친구가 나에게 나고야의 토산품을 주었습니다.
- 木村さんは 弟に コンサートの チケットを くれました。
  기무라 씨는 남동생에게 콘서트 티켓을 주었습니다.

한편 손윗사람이 나 혹은 나와 가까운 사람에게 물건을 줄 때에는 「くださる」를 쓴다.

- 先生が 私に 大阪の 記念品を くださいました。
  선생님이 나에게 오사카의 기념품을 주셨습니다.
- 課長は 私に 美術館の 入場券を くださいました。
  과장님은 나에게 미술관 입장권을 주셨습니다.

(3) もらう 받다 〔나/가족 ← 타인〕

> [받는 사람] が/は [주는 사람] に/から [물건] を もらう
> 　(나/가족)　　　　(타인)

기본적으로 나 혹은 나와 가까운 사람이 다른 사람에게 물건을 받을 때 쓰며 우리말 '받다'에 해당한다. 나 혹은 가족 등과 같이 나와 가까운 사람을 주어로 쓴다.

- 私は 母に ハンドバッグを もらいました。
  나는 어머니에게 핸드백을 받았습니다.
- 私は 友だちに 名古屋の お土産を もらいました。
  나는 친구에게 나고야의 토산품을 받았습니다.
- 弟は 木村さんに 映画の チケットを もらいました。
  남동생은 기무라 씨에게 영화 티켓을 받았습니다.

記念品 기념품
美術館 미술관
入場券 입장권

나 혹은 나와 가까운 사람이 손윗사람에게 물건을 받을 때에는 「もらう」대신「いただく」를 쓴다.

いただく 받다

- 私は 校長先生に 外国の 記念品を いただきました。
  나는 교장 선생님에게 외국의 기념품을 받았습니다.

校長 교장

제3자 간의 수수를 객관적으로 말할 때에는 「あげる」나 「もらう」를 써야 한다.
- 景子さんが みきさんに 本を あげた そうです。
  게이코 씨가 미키 씨에게 책을 주었다고 합니다.
- みきさんが 景子さんに 本を もらった そうです。
  미키 씨가 게이코 씨에게 책을 받았다고 합니다.

만일 다음 문장과 같이 제3자 간의 수수에서 「くれる」를 쓰게 되면 대상(に)에 놓인 사람을 더 가깝게 느끼고 있다는 것을 나타내게 된다.
- 景子さんが みきさんに 本を くれた そうです。
  게이코 씨가 미키 씨에게 책을 주었다고 합니다. [게이코 씨보다 미키 씨와 더 친함]

따라서 친소관계의 의미가 없을 때에는 「あげる」나 「もらう」를 사용한다.

이상에서 설명한 일본어의 수수표현을 정리하면 다음과 같다.

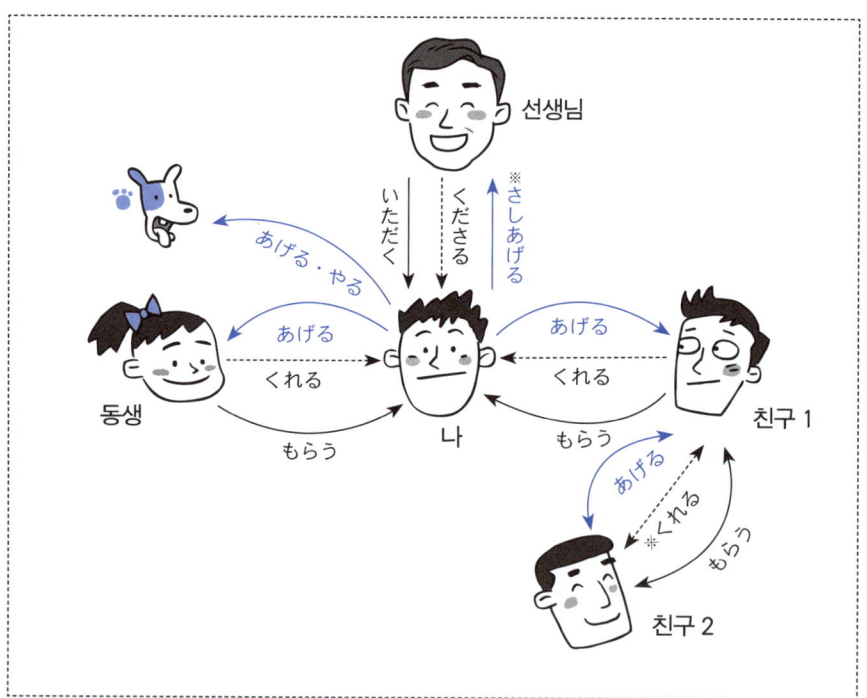

※「さしあげる」는 상대방에게 무엇인가를 직접 줄 때에는 잘 쓰지 않으며, 제3자 간에 쓰이는 「くれる」는 화자와의 친소관계에 따라 대상이 정해진다는 점에 유의한다.

2 은혜의 수수

이익이 되는 행동을 주고받는 것과 관련된 표현을 **은혜의 수수**라 하며 은혜의 수수는 수수동사가 보조동사, 즉 「～て あげる, ～て くれる, ～て もらう」의 형태로 쓰인다. 주어(인칭)나 수수의 방향 등은 물건의 수수와 동일하다.

(1) ～て あげる ～해 주다 [나/가족 → 타인]

> [주는 사람] が/は [받는 사람] に [이익이 되는 행위] を ～て あげる
> (나/가족)   (타인)

기본적으로 나 혹은 나와 가까운 사람이 다른 사람에게 무엇인가를 해 주는 경우 쓰며 우리말 '～해 주다'에 해당한다.

- 私は 友だちに 本を 貸して あげました。
  나는 친구에게 책을 빌려 주었습니다.

- 母は 木村さんに セーターを 編んで あげました。
  어머니는 기무라 씨에게 스웨터를 떠 주었습니다.

セーター 스웨터
編む 엮다, 뜨다

위와 같이 「～て あげる」는 내가 상대방에게 이익이 되는 일을 해 줄 때 사용하기 때문에 자신이 다른 사람을 위해 은혜를 베푼다는 느낌이 강하다. 따라서 손윗사람에게 직접 「～て さしあげる」를 쓰는 것은 실례가 된다. 손윗사람에게 '～해 드리다'라고 말하고 싶을 때에는 「お+ます형+する」의 형태(19장의 겸양어 참조)로 쓰는 것이 좋다.

- 先生、手伝って さしあげます。(×)
  先生、お手伝いします。(○) 선생님, 일을 도와 드리겠습니다.

- 社長、空港まで 送って さしあげます。(×)
  社長、空港まで お送りします。(○) 사장님, 공항까지 배웅해 드리겠습니다.

送る 보내다

단, 손윗사람에게 직접적으로 말하지 않는 경우에는 「～て さしあげる」를 써도 무방하다.

■ **친구 간의 대화에서**

昨日、日本の 先生に 本を 送って さしあげたよ。
어제 일본 선생님께 책을 보내 드렸어.

(2) ～て くれる　～해 주다 [타인 → 나/가족]

> [주는 사람] が/は　[받는 사람] に　[이익이 되는 행위] を　～て くれる
> 　(타인)　　　　　(나/가족)

다른 사람이 나 혹은 나와 가까운 사람에게 은혜가 되는 일을 해 줄 때 쓴다.

- 田中さんが 娘に 日本語を 教えて くれました。
  다나카 씨가 딸에게 일본어를 가르쳐 주었습니다.
- 看護師さんが その 注射に ついて 説明して くれました。
  간호사가 그 주사에 대해 설명해 주셨습니다.

看護師 간호사
注射 주사

손윗사람이 무엇인가를 해 주는 경우에는 「～て くださる」를 쓴다.
- 先生が 私に 本を 紹介して くださいました。
  선생님이 나에게 책을 소개해 주셨습니다.

(3) ～て もらう　～해 받다 [나/가족 ← 타인]

> [받는 사람] が/は　[주는 사람] に/から　[이익이 되는 행위] を　～て もらう
> 　(나/가족)　　　　(타인)

나 혹은 나와 가까운 사람이 다른 사람에게 은혜나 이익이 되는 일을 해 받을 때 사용한다.

- 私は 田中さんに 日本語を 教えて もらいました。
  다나카 씨가 나에게 일본어를 가르쳐 주었습니다.
- 私たちは 乗務員に 道を 案内して もらいました。
  승무원이 나에게 길을 안내해 주었습니다.
- 私は 先生に(から) 英語を 教えて もらいました。
  선생님은 영어를 가르쳐 주었습니다.

乗務員 승무원

「～て もらう」는 우리말 '～해 받다'로 해석할 수 있으나 우리말에서 '받다'라는 동사는 보조동사로 잘 쓰이지 않기 때문에 직역을 하면 어색한 경우가 많다. 따라

142

서 「〜て もらう」는 「〜て くれる」와 같이 해석하는 것이 자연스럽다.

- 私は 木村さんに 本を 貸して もらいました。
  나는 기무라 씨에게 책을 빌려 받았습니다. [한국어가 어색함]
  기무라 씨가 나에게 책을 빌려 주었습니다.

「送る, 届ける, 教える, ほめる, 話しかける」 등 대상의 이동을 나타내는 동사는 주는 사람을 「から」로도 쓸 수 있다.

- 私は 母から セーターを 送って もらいました。
  나는 어머니에게 스웨터를 보내 받았습니다(어머니가 나에게 스웨터를 보내 주었습니다).

ほめる 칭찬하다

손윗사람에게 무엇인가를 받을 때에는 「〜て いただく」를 쓴다.

- 私は 先生に 論文の 資料を 紹介して いただきました。
  선생님은 나에게 논문 자료를 소개해 주셨습니다.

3 수수표현 사용상의 주의점

❶ 일본어의 수수표현이 중요한 것은 화자의 태도가 수수표현 안에 자동적으로 포함되어 청자에게 전달되기 때문이다. 화자(나)가 은혜를 받았을 경우 「〜て くれる」나 「〜て もらう」를 붙여 쓰지 않으면 은혜를 베푼 사람에 대해 실례가 되고, 그것을 듣고 있는 청자에게도 좋은 인상을 주지 않는다.

(a) 韓国人の 友だちは 私を ロッテワールドに 連れて 行って くれた。
한국인 친구는 나를 롯데월드에 데려가 주었다.

(b) 韓国人の 友だちは 私を ロッテワールドに 連れて 行った。
한국인 친구는 나를 롯데월드에 데려갔다.

ロッテワールド 롯데월드
連れる 데리다, 데리고 가다

위 문장은 한국인 친구가 나를 롯데월드에 데리고 간 사실을 나타내는 것으로, (a)와 같이 「〜て くれる」를 써서 친구의 행위가 자신에게 은혜(이익)가 된 것을 나타내 주어야 한다. 만약, (b)와 같이 말하게 되면, 은혜의 느낌이 없을 뿐 아니라 자신의 의지에 반해 친구가 억지로 데리고 갔다는 뉘앙스로도 해석될 수 있다. 따라서 누군가가 자신에게 이익이 되는 행위를 해 주었을 때에는 「〜て くれる」나 「〜て もらう」를 써 주어야 한다.

❷ 일본어는 가족 간에 경어를 사용하지 않기 때문에 가족을 대상으로 「さしあげる, くださる, いただく」를 쓸 수 없다.

- 母に ブラウスを さしあげました。（×） 어머니에게 블라우스를 드렸습니다.
- 父が 時計を くださいました。（×） 아버지가 시계를 주셨습니다.
- 祖父に 花束を いただきました。（×） 할아버지에게 꽃다발을 받았습니다.

ブラウス 블라우스
時計 시계
花束 꽃다발

❸ 수수표현은 기본적으로 상대방이나 자신에게 이익이 되는 것, 좋은 것을 해 준다는 것을 나타낸다. 따라서 은혜의 느낌이 없는 경우에는 수수동사를 쓸 수 없다.

- 上司に 書類を さしあげました。（×） 상사에게 서류를 드렸습니다.
  → 上司に 書類を 渡しました。（○） 상사에게 서류를 건넸습니다.
- 友だちに メールを あげた。（×） 친구에게 메일을 주었다.
  → 友だちに メールを 送った。（○） 친구에게 메일을 보냈다.
- 悪い 影響を あげました/もらいました。（×） 나쁜 영향을 주었습니다/받았습니다.
  → 悪い 影響を 与えました/受けました。（○） 나쁜 영향을 주었습니다/받았습니다.

渡す 건네다
メール 메일
影響 영향
与える 주다
受ける 받다

연습문제

1 빈칸에 알맞은 것을 고르시오.

(1) 山田さん＿＿＿＿＿ くださった カメラを 使いました。
　　① か　　　　② で　　　　③ が　　　　④ に

(2) この 山の 写真は、木村先生＿＿＿＿＿ さしあげる つもりで とりました。
　　① か　　　　② で　　　　③ が　　　　④ に

(3) この 時計は 買ったんじゃ なくて、父が 誕生日に ＿＿＿＿＿んです。
　　① あげた　　② やった　　③ もらった　　④ くれた

(4) 昨日、吉田さんに 韓国料理の 本を ＿＿＿＿＿ あげたよ。
　　① 送ろう　　② 送った　　③ 送って　　④ 送ると

2 (　　) 안에 알맞은 것을 보기에서 고르시오.

> **보기**
> あげた　くれた　もらった

(1) 私は マリちゃんに 花を (　　　　　　)。

(2) 佐藤さんは 私に 英語の 辞書を (　　　　　　)。

(3) 近くの 交番で 警察官に 道を 教えて (　　　　　　)。

(4) おばあちゃんは 僕に 昔話を して (　　　　　　)。

(5) 田中さんは 私の 妹に ぬいぐるみを (　　　　　　)。

3 다음 ( ) 안의 동사를 알맞은 형태로 바꾸시오.

(1) A : すてきな かばんですね。
　　B : ありがとうございます。
　　　　大学に 入った とき、姉が ＿＿＿＿＿＿＿＿＿＿＿＿。(買う)

(2) A : 一人で 来ましたか。
　　B : いいえ、古川さんに ＿＿＿＿＿＿＿＿＿＿＿＿。(連れて くる)
　　A : そうですか。

(3) A : 母の 日に お母さんに 何を して あげますか。
　　B : ピアノを ＿＿＿＿＿＿＿＿＿＿＿＿。Aさんは？(ひく)
　　A : お花を 買って あげます。

4 주어진 단어를 이용하여 일본어 문장을 완성하시오.

(1) 사토 씨는 내 여동생에게 크리스마스 카드를 주었습니다. (クリスマスカード)
　　→ 佐藤さんは 私の 妹に ＿＿＿＿＿＿＿＿＿＿＿＿。

(2) 사장님께서 서류를 보내 주셨습니다. (送る)
　　→ 社長に 書類を ＿＿＿＿＿＿＿＿＿＿＿＿。

(3) 가오루 씨는 나에게 우산을 빌려 주었다. (傘を 貸す)
　　→ 私は かおるさんに ＿＿＿＿＿＿＿＿＿＿＿＿。

(4) 오자키 선생님께서는 알기 쉽게 설명해 주셨다. (説明する)
　　→ 尾崎先生は 分かりやすく ＿＿＿＿＿＿＿＿＿＿＿＿。

정답은 P.275

12 가능표현

가능표현 이란 주어의 능력이나 행위의 가능성 등을 나타내는 것으로 일본어에서는 동사를 가능형으로 만들어 쓰거나 「동사의 사전형＋ことが できる」의 형태를 쓴다. 이 중 가능형 동사는 조사의 변화 및 「ら抜きことば(가능형 중에서 ら를 빼고 말하는 말)」의 사용에 유의해야 한다.

이 과에서는 가능/불가능표현, 가능형 동사의 실제 사용(ら抜きことば), 가능표현의 의미, 자발동사와 가능동사의 차이 등에 대해 알아보도록 한다.

학습 포인트

- ▶ 동사의 가능형 만들기
- ▶ 가능형 동사와 조사
- ▶ 「동사의 사전형＋ことが できる」
- ▶ 見える/聞こえる

1 동사의 가능형

(1) 가능형 만들기

가능형은 동사의 종류에 따라 다음과 같이 어미가 변화한다.

❶ 1그룹 동사

동사의 어미 う단을 え단으로 바꾸고 「る」를 붙인다.

1그룹 동사	접속 형태		예시
書<ruby>か</ruby>く 쓰다	書<ruby>か</ruby>け	+ る	書<ruby>か</ruby>ける 쓸 수 있다
読<ruby>よ</ruby>む 읽다	読<ruby>よ</ruby>め		読<ruby>よ</ruby>める 읽을 수 있다
会<ruby>あ</ruby>う 만나다	会<ruby>あ</ruby>え		会<ruby>あ</ruby>える 만날 수 있다

❷ 2그룹 동사

동사의 어미 「る」를 없애고 「られる」를 붙인다.

2그룹 동사	접속 형태		예시
見<ruby>み</ruby>る 보다	見<ruby>み</ruby>る	+ られる	見<ruby>み</ruby>られる 볼 수 있다
食<ruby>た</ruby>べる 먹다	食<ruby>た</ruby>べる		食<ruby>た</ruby>べられる 먹을 수 있다

 2그룹 동사의 가능형은 13장에 나오는 수동형과 형태적으로 동일하며 의미적 차이는 문맥에 따라 구별한다.

❸ 3그룹 동사

불규칙 활용으로 다음과 같이 바뀐다.

3그룹 동사	접속 형태	예시
来<ruby>く</ruby>る 오다	불규칙	こられる 올 수 있다
する 하다		できる 할 수 있다

148

(2) 가능형 문장

(a) 私は 中国語を 話します。 나는 중국어를 합니다.
(b) 私は 中国語が 話せます。 나는 중국어를 할 수 있습니다.

(a)는 내가 중국어를 말한다는 사실을 기술하는 문장이며 (b)는 내가 중국어를 말할 수 있다는 능력을 기술하는 문장이다. 동사의 가능형은 기본적으로 이와 같이 어떤 동작이나 상태를 실현할 수 있는 능력을 나타낸다.

(3) 동사의 가능형에 쓰이는 조사

가능형 동사를 쓰게 되면 원 문장의 목적어 「を」를 기본적으로 「が」로 바꾸어야 한다.

- 英語の 新聞を 読む。 영어 신문을 읽는다.
    → 英語の 新聞が 読める。 영어 신문을 읽을 수 있다.

新聞 신문

동사의 가능형은 위 예문과 같이 조사 「を」를 「が」로 바꿔 써야 하는데, 요즘에는 「を」를 그대로 쓰는 경우도 많다.

한편, 목적어 「を」 이외의 조사는 동사가 가능형이라도 그대로 쓴다.

- 友だちに 会います。 친구를 만납니다.
    → 友だちに 会えます。 친구를 만날 수 있습니다.
- 池で 遊びます。 연못에서 놉니다.
    → 池で 遊べます。 연못에서 놀 수 있습니다.

목적어를 「を」로 쓸 것인가, 「が」로 쓸 것인가에 관해 정해진 규칙은 없으나 다음과 같은 경우에는 「を」를 그대로 쓰는 것이 자연스럽다.

❶ 대상을 「が」로 쓰면 대상이 누군지 혼돈될 경우

彼は 妻を 引き止めなかった。 그는 아내를 붙잡지 않았다.
→ 彼は 妻を 引き止められなかった。 그는 아내를 붙잡을 수 없었다.
→ 彼は 妻が 引き止められなかった。(?) 그는 아내가 붙잡을 수 없었다.

妻 아내
引き止める 말리다, 붙잡다

위 예문에서 「妻を」를 「妻が」로 하면 '그가 아내를 붙잡을 수 없었던 것'인지, '아내가 그를 붙잡을 수 없었던 것'인지가 불분명해진다. 때문에 이럴 때에는 「を」를 그대로 쓰는 것이 좋다.

❷ 목적어와 동사 사이에 다른 요소가 있는 경우

　　パソコンを、小学校の 一年生から 上手に 打てる ように、指導
　　して います。
　　컴퓨터를 초등학교 1학년부터 잘 칠 수 있도록 지도하고 있습니다.

　　パソコンが、小学校の 一年生から 上手に 打てる ように、指導
　　して います。(?)

예문에서와 같이 목적어(パソコン)와 동사(打てる) 사이에 다른 요소(小学校の 一年生から 上手に)가 들어가 목적어와 동사의 거리가 멀어지면 목적어와 술어와의 관계가 불분명해지기 때문에 목적어 「を」를 그대로 쓰는 것이 좋다.

~年生 ~학년
打つ 치다
指導する 지도하다

(4) 가능형으로 쓸 수 없는 동사

모든 동사를 가능형으로 만들 수 있는 것은 아니다. 가능형을 만들 수 있는 동사는 「食べる, 行く, 勉強する」와 같이 자신의 의지로 동작을 할 수 있는 동사에 국한된다. 본인의 의지로 할 수 없는 동작을 가능형으로 쓸 수는 없기 때문이다. 따라서 「降る, できる, 生まれる」 등과 같이 자신의 의지로 컨트롤 할 수 없는 동작을 나타내는 동사는 가능형을 쓸 수 없다.

> **- 상태나 자연현상을 나타내는 동사**
> - ある 있다　　・要る 필요하다　・できる 생기다　・わかる 알다
> - 生まれる 태어나다　・晴れる 맑다　・(雨が) 降る (비가) 오다
> - (風が) 吹く (바람이) 불다　・枯れる 마르다, 시들다
>
> **- 자·타동사의 대립형을 가지고 있는 동사 중 자동사**
> - 決まる(決める-決まる) 정해지다　・開く(開ける-開く) 열리다
> - 切れる(切る-切れる) 베이다, 끊어지다　・釣れる(釣る-釣れる) 낚이다

- ある 있다　　→　あれる(×)
- 分かる 알다　→　分かれる(×)
- 決まる 정해지다　→　決まれる(×)

(5) ら抜きことば(ら가 빠진 말)

「ら抜きことば」란 2그룹 동사 「見る, 着る, 食べる」 등의 가능형인 「見られる, 着られる, 食べられる」를 「見れる, 着れる, 食べれる」와 같이 「ら」를 빼고 말하는 것을 말한다. 주로 회화체에서 쓰며, 3그룹 동사 「来る」도 「来れる」로 쓰기도 한다.

- 私、刺身は 食べれない。 나, 회는 못 먹어.
- 明日、来れる? 내일 올 수 있어?

刺身 회

2 ～ことが できる

일본어의 가능표현은 동사를 가능형으로 만들어 쓰는 방법 외에 동사의 사전형에 「～ことが できる」를 붙여 쓰는 방법이 있다.

- 山田さんは 5か国語を 話す ことが できます。
  야마다 씨는 5개 국어를 말할 수 있습니다.
- この 教室では パソコンを 使う ことが できます。
  이 교실에서는 컴퓨터를 사용할 수 있습니다.

～か国語 ～개 국어

동사의 가능형과 이 형태의 의미적 차이는 거의 없으나 일상회화에서는 가능형이 더 많이 쓰인다. 단, 동사의 수동형의 가능표현은 반드시 「～ことが できる」로 써야 한다.

- 彼女は 彼に 愛される ことが できなかった。(○)
  그녀는 그에게 사랑받을 수 없었다.

  彼女は 彼に 愛されられなかった。(×)

12 · 가능표현 **151**

3 가능표현의 의미

가능표현은 구체적으로 다음과 같은 의미로 쓰인다.

❶ 주어가 그 일을 할 수 있는 능력이 있음을 나타낸다.
- 私は 日本語が 話せます。 나는 일본어를 말할 수 있습니다.
- 木村さんは 1000メートルを 泳げます。 기무라 씨는 1000m를 헤엄칠 수 있습니다.

メートル 미터

❷ 상태나 성질에 따라 어떤 행위가 가능한가를 나타낸다.
- この カメラでは テレビが 見られます。 이 카메라로는 TV를 볼 수 있습니다.
- この 水は 汚くて 飲めません。 이 물은 더러워서 마실 수 없습니다.

汚い 더럽다

❸ 어떤 상황이 실현될 수 있는가를 나타낸다.
- 会議中は 中に 入れません。 회의 중에는 안에 들어갈 수 없습니다.
- 今日は 雨だから、外に 服が 干せません。
  오늘은 비가 와서 밖에 옷을 널 수 없습니다.

会議中 회의 중
外 밖
服 옷
干す 널다

4 見える/見られる, 聞ける/聞こえる

「見える」와「聞こえる」를 동사의 가능형으로 생각하는 경우가 있으나 이들 동사는 의도하지 않아도 무엇인가가 자연히 보인다. 들린다는 의미로서 주어가 의지적으로 하는 행동이 아니라 자발(자연히 그렇게 됨)의 의미를 나타낸다. 따라서 자연히 시각적으로 보이거나 청각적으로 들리는 것을 그대로 말할 때에는「見える/聞こえる」를 쓴다.

- あ、星が 見える。(○) 앗, 별이 보인다.
  → あ、星が 見られる。(×) 앗, 별을 볼 수 있다.
- 遠くから ギターの 音が 聞こえる。(○) 먼 곳에서 기타 소리가 들린다.
  → 遠くから ギターの 音が 聞ける。(×) 먼 곳에서 기타 소리를 들을 수 있다.

星 별
遠く 먼 곳
ギター 기타

연습문제

1 빈칸에 알맞은 것을 고르시오.

(1) 今日は 忙しくて 病院に ＿＿＿＿＿＿＿＿＿。
　① 行きます　　② 行きました　　③ 行けません　　④ 行かれません

(2) 海で 泳ぐ ＿＿＿＿＿ が できますか。
　① の　　　　② こと　　　　③ もの　　　　④ はず

(3) あ、星が ＿＿＿＿＿。
　① 見える　　② 見る　　　　③ 見られる　　④ 見た

(4) 今週末、うちに ＿＿＿＿＿＿＿＿＿ か。
　① できます　　② こられます　　③ くる　　　　④ くられます

2 보기와 같이 동사의 가능형을 이용하여 바꾸시오.

> **보기**
> 熱が ある。お風呂に 入らない。
> → 熱が あるから、お風呂に 入れない。

(1) この 話は 秘密だ。話さない。
　→ ＿＿＿＿＿＿＿＿＿＿＿＿＿＿＿＿＿＿＿＿＿＿＿

(2) この 本は 難しく ない。読む。
　→ ＿＿＿＿＿＿＿＿＿＿＿＿＿＿＿＿＿＿＿＿＿＿＿

(3) 弟は アメリカに いる。会わない。
　→ ＿＿＿＿＿＿＿＿＿＿＿＿＿＿＿＿＿＿＿＿＿＿＿

(4) 席が 空いて いる。座る。
　→ ＿＿＿＿＿＿＿＿＿＿＿＿＿＿＿＿＿＿＿＿＿＿＿

3 다음 ( ) 안의 동사를 알맞은 형태로 바꾸시오.

(1) A : あの、この 本 どのぐらい _____ か。(借りる)
　　B : 2週間です。
　　A : 2週間ですね。
　　B : はい。

(2) A : ここで たばこを 吸っても いいかな。
　　B : ここでは ちょっと。3階に 喫煙室が あるから、
　　　　そこでは _____ と 思うよ。(吸う)
　　A : そうか。ありがとう。

(3) A : 田中部長は ゴルフが _____ か。(する)
　　B : さあ、どうでしょう。聞いて みましょうか。
　　A : いや、いいです。

4 주어진 단어를 이용하여 일본어 문장을 완성하시오.

(1) 일본의 낫토를 먹을 수 있습니까? (食べる)
　→ 日本の 納豆が _____ 。

(2) 5킬로그램이나 쪄서 이 스커트를 입을 수 없습니다. (はく)
　→ 5キロも 太って、この スカートが _____ 。

(3) 외국을 자유롭게 여행할 수 있었으면 좋겠다고 생각합니다. (自由に 旅行する)
　→ 外国を _____ たら いいと 思います。

(4) 요리를 잘 만들 수 있도록 요리교실에 다니고 있습니다. (作る)
　→ 料理が 上手に _____ ように、料理教室に 通って います。

정답은 P.276

13 수동표현

수동표현은 동작이나 작용 등에 영향을 받은 대상을 주어로 표현하는 것을 말한다. 예를 들어「先生が 学生を 叱りました」는 동작주인 선생님 입장에서 문장을 기술한 것이고,「学生が 先生に 叱られました」는 행위에 영향을 받은 사람, 즉 학생 입장에서 문장을 기술한 것이다. 이와 같이 객관적으로 의미가 동일한 내용에 대해 동작을 한 사람의 입장에서 기술하는 것이 능동문이고, 동작의 영향을 받은 사람의 입장에서 기술한 것이 수동문이다.

이 과에서는 동사의 수동문 만들기 및 수동문의 종류(직접수동문, 간접수동문, 소유자수동문)와 수동문의 사용에 대해 알아보도록 한다.

학습 포인트

- ▶ 수동문 만들기
- ▶ 수동문의 종류
- ▶ 수동문의 동작주
- ▶ 수동문 사용

1 동사의 수동형 만들기

수동형은 동사의 종류에 따라 다음과 같이 어미가 변화한다.

(1) 1그룹 동사

동사의 어미 う단을 あ단으로 바꾸고 「れる」를 붙인다.

1그룹 동사	접속 형태		예시
書く 쓰다	書か	+ れる	書かれる 써지다
読む 읽다	読ま		読まれる 읽어지다
作る 만들다	作ら		作られる 만들어지다

 어미가 「う」로 끝난 동사는 「う」를 「わ」로 바꾸고 「れる」를 붙인다.

1그룹 동사	접속 형태		예시
思う 생각하다	思わ	+ れる	思われる 생각되다

(2) 2그룹 동사

동사의 어미 「る」를 없애고 「られる」를 붙인다.

2그룹 동사	접속 형태		예시
見る 보다	見る	+ られる	見られる 보여지다
食べる 먹다	食べる		食べられる 먹히다

 2그룹 동사의 수동형과 가능형은 형태가 동일하다. 따라서 동사가 수동의 의미인지 가능의 의미인지는 문맥에서 파악한다.

(3) 3그룹 동사

불규칙 활용으로 다음과 같이 바뀐다.

3그룹 동사	접속 형태	예시
来る 오다	불규칙	こられる 와지다
する 하다		される 하게 되다

동사를 수동형으로 만들면 「書かれる, 見られる, こられる」와 같이 모두 2그룹 동사가 되기 때문에 2그룹 동사 활용을 한다.

 수동형으로 쓸 수 없는 동사

존재나 상태를 나타내는 동사	ある 있다 いる 있다 要る 필요하다 わかる 알다 등
자발의 의미를 가진 동사	見える 보이다 聞こえる 들리다 등
능력을 나타내는 동사	できる 및 書ける, 読める 등 가능형 동사

2 수동문의 종류

능동문을 수동문으로 만드는 과정에 따라 수동문을 직접수동문, 간접수동문, 소유자수동문으로 나눈다.

(1) 직접수동문

직접수동문은 기본적으로 타동사가 쓰인 능동문을 수동문으로 바꾼 것으로, 수동문 중에서 가장 일반적인 형태라 할 수 있다.

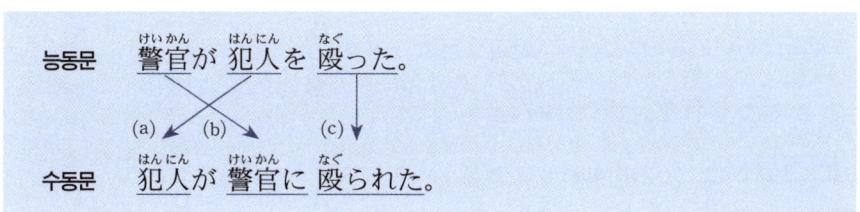

警官 경찰관
犯人 범인
殴る 때리다

(a) 능동문의 목적어(犯人)를 수동문의 주어로 한다
(b) 능동문의 주어(警官)에 「に」를 붙인다.
(c) 동사를 수동형으로 만든다.

직접수동문은 능동문과 수동문이 대응관계에 있으며, 「殴られた」와 같이 의미적으로 마이너스적인 경우에도, 「ほめられた」와 같이 플러스적인 경우에도 쓰인다.

- 先生が 私を ほめました。 선생님이 나를 칭찬했습니다.
  → 私は 先生に ほめられました。 나는 선생님에게 칭찬받았습니다.
- 父は 毎朝 私を 起こします。 아버지는 매일 아침 나를 깨웁니다.
  → 私は 毎朝 父に 起こされます。 나는 매일 아침 아버지에게 깨워집니다.
- 夫は 妻を 深く 愛して いた。 남편은 아내를 깊이 사랑하고 있었다.
  → 妻は 夫に 深く 愛されて いた。 아내는 남편에게 깊이 사랑받고 있었다.

또한 직접수동문은 타동사뿐만 아니라 다음과 같이 조사 「に」를 취하는 자동사로도 만들 수 있다.

능동문	木村さんが 彼女に 話しかけた。
수동문	彼女が 木村さんに 話しかけられた。

위 문장은 타동사의 경우와 마찬가지로 능동문에서 조사 「に」를 취하고 있는 명사(彼女に)가 수동문의 주어(彼女が)가 되어 직접수동문을 만들고 있다. 직접수동을 만들 수 있는 자동사에는 다음과 같은 것이 있다.

- かみつく 달려들어 물다
- 飛びかかる 덤벼들다
- 質問する 질문하다
- (声を) かける (말을) 걸다

- 犬が 弟に かみついた。 개가 동생에게 달려들어 물었다.
  → 弟が 犬に かみつかれた。 동생이 개에게 물렸다.
- 先生が 学生に 質問した。 선생님이 학생에게 질문했다.
  → 学生が 先生に 質問された。 학생이 선생님에게 질문 받았다.

ほめる 칭찬하다
起こす 깨우다
夫 남편

犬 개

(2) 간접수동문

간접수동문은 자동사로도 타동사로도 만들 수 있으나 직접수동과 달리 대응하는 능동문을 갖지 못한다.

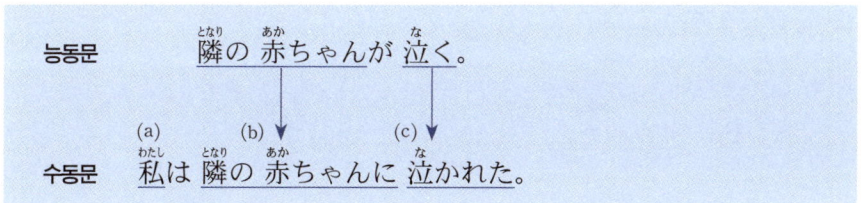

(a) 능동문에 없던 주어, 보통은 나(私)를 수동문의 주어로 한다.
(b) 능동문의 주어(隣の 赤ちゃん)에 「に」를 붙인다.
(c) 동사를 수동형으로 만든다.

간접수동문의 주어(私)는 능동문에서 나타내고 있는 사건의 영향을 간접적으로 받게 되는데, 그 영향이 대부분 피해나 마이너스가 되는 일이기 때문에 간접수동을 가리켜 피해수동이라고도 한다. 간접수동문은 우리말에는 없는 표현으로 피해의 의미를 포함한 능동문으로 해석하는 것이 자연스럽다.

- 父が 死んだ。 아버지가 죽었다.
  → (私は) 父に 死なれた。
  아버지가 죽었다. (그래서 고생을 했다거나 힘겨웠다 등 좋지 않은 영향을 받았음)

- 友だちが 来た。 친구가 왔다.
  → (私は) 友だちに 来られた。
  친구가 왔다. (그래서 공부를 못했다거나 다른 일을 못해 피해를 받았음)

- 雨が 降った。 비가 내렸다.
  → (私は) 雨に 降られた。
  비를 맞았다. (그래서 난처했다 등의 피해를 입었음)

이 간접수동문은 일상회화보다 소설이나 신문 등 문장체에서 많이 사용된다.

隣 옆집, 옆

(3) 소유자수동

소유자수동은 직접수동과 간접수동의 중간적인 성격을 가진 수동이다.

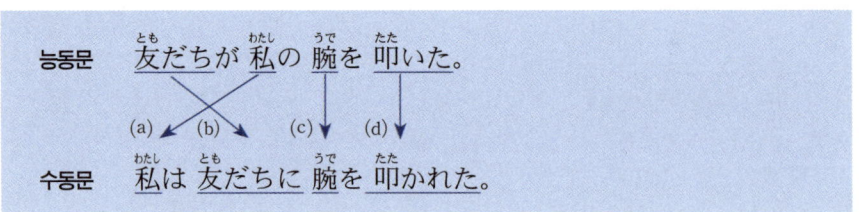

(a) 능동문의 목적어(私の 腕) 중 소유자(私)만을 수동문의 주어로 한다.
(b) 능동문의 주어(友だち)에 「に」를 붙인다.
(c) 신체 부분을 나타내는 명사는 그대로 둔다.
(d) 동사를 수동형으로 바꾼다.

소유자수동문은 「私の 腕」와 같이 명사구가 주어의 신체 일부분이나 소유물, 친족 등의 관계를 나타낼 때 만들 수 있다.

- 地下鉄で 知らない 人が 私の 足を 踏んだ。 지하철에서 모르는 사람이 내 발을 밟았다.
  신체 부분
  → (私は) 地下鉄で 知らない 人に 足を 踏まれた。
  (나는) 지하철에서 모르는 사람에게 발을 밟혔다.

- 泥棒が 私の 財布を 盗んだ。 도둑이 내 지갑을 훔쳤다.
  소유물
  → (私は) 泥棒に 財布を 盗まれた。 (나는) 도둑에게 지갑을 도난당했다.

- 犯人が 私の 娘を 誘拐した。 범인이 내 딸을 유괴했다.
  친족 관계
  → (私は) 犯人に 娘を 誘拐された。 (나는) 범인에게 딸을 유괴당했다.

이 소유자수동은 그 사용빈도가 간접수동보다 높아 일상회화에서 자주 듣고 쓰는 표현이다.

腕 팔
叩く 두드리다

足 발
踏む 밟다
泥棒 도둑
盗む 훔치다
誘拐する 유괴하다

3 수동형에 쓰이는 동작주

이상에서 살펴보았듯이 능동문의 주어는 수동문에서 대부분 조사 「に」를 붙여 쓰는데, 「に」 외에도 다른 조사를 사용하는 경우가 있다.

(1) 「に」 대신 「から」를 써야 하는 경우

❶ 「渡す, 送る, 与える, 伝える」와 같이 'A가 B에게 C를 ~하다'라는 구조를 가진 동사는 동작주에 「に」 대신 「から」를 쓴다.

- 校長が 生徒に 万年筆を 渡した。 교장이 학생에게 만년필을 전달했다.
  → 万年筆が 校長から 生徒に 渡された。(○)
  만년필이 교장에게서 학생에게 전달되었다.

  万年筆が 校長に 生徒に 渡された。(×)
  만년필이 교장에 학생에게 전달되었다.

「渡す」와 같은 동사는 동작주(校長)에 「に」를 붙이게 되면 조사 「に」가 반복되어 동작주가 누구인지 혼란을 초래하게 된다. 따라서 동작주를 다른 조사인 「から」로 나타내는 것이다.

❷ 원료를 나타낼 때도 「に」 대신 「から」를 쓴다.

- 米は 酒を 作る。 쌀은 술을 만든다.
  → 酒は 米から 作られる。 술은 쌀로 만들어진다.

(2) 「に, から」를 모두 쓸 수 있는 경우

「話しかける, 招待する, 愛する」와 같이 직접적으로 접촉하지 않는 동작을 나타내는 동사는 「に, から」를 모두 쓸 수 있다.

- 知らない 人[に/から] 声を かけられた。
  모르는 사람[에게/으로부터] 말을 걸림을 당했다(모르는 사람이 나에게 말을 걸었다).

伝える 전하다

生徒 학생
万年筆 만년필

米 쌀

招待する 초대하다
声をかける 말을 걸다

(3) 「に よって」를 쓰는 경우

「書く, 作る, 建てる, 発明する, 設計する, 編む, 建設する」 등 생산물이 생겨나는 동사는 「に よって」를 쓴다.

- 中学生が この 機械を 作った。 중학생이 이 기계를 만들었다.
  → この 機械は 中学生に よって 作られた。(○)
  이 기계는 중학생에 의해 만들어졌다.
  この 機械は 中学生に 作られた。(×)
  이 기계는 중학생에 만들어졌다.

建てる (건물을) 세우다
発明する 발명하다
設計する 설계하다
建設する 건설하다

中学生 중학생

4 수동표현의 사용

일본어의 수동문은 자동사로도 타동사로도 만들 수 있을 뿐만 아니라 우리말과 대응하지 않는 경우도 많아 학습에 어려움을 느끼는 문법 항목이다. 사실, 수동표현을 학습할 때 중요한 것은 수동형을 어떻게 만드느냐보다 언제 수동형을 써야 하느냐 일 것이다. 실제로 능동문을 수동문으로 변환시키는 과정을 몰라서 수동문을 못 쓰는 사람은 거의 없다. 대부분은 수동형을 어떠한 상황에서 써야 하는가에 대한 확신이 없어 제대로 수동문을 구사하지 못하는 것이다. 이에 수동형을 사용해야 하는 경우에 대해 정리해 보도록 한다.

❶ **동작주보다 동작주에게 영향을 받은 사람의 입장에서 기술할 때**

(a) 先生が 私を ほめました。 선생님이 나를 칭찬했습니다.
(b) 私は 先生に ほめられました。 나는 선생님께 칭찬받았습니다.

위 두 문장에서 (a)는 선생님이 주어이고, (b)는 내가 주어이다. 이 경우, 칭찬을 받은 사람 입장에서 문장을 기술하려고 한다면 수동문을 써야 한다. 특히 예문에서와 같이 주어가 나인 경우에는 대부분 수동문으로 표현한다. 일본어는 화자 중심의 언어로서 문장이나 발화를 화자의 입장에서 기술하려는 경향이 우리말에 비해 매우 강하다. 우리말은 일본어와 비교해 보면 동작주 중심의 언어로 행위를 한 사람을 그대로 주어로 쓰는 경우가 많다.

(私は) 鈴木さんに 勧められて、運動を 始めました。
(나는) 스즈키 씨가 권유를 해서, 운동을 시작했습니다.

(私は) 母に 何と 言われても この 仕事を やめる つもりは ない。
(나는) 엄마가 뭐라고 말해도 이 일을 그만둘 생각은 없다.

위 예문에서 일본어는 동작주인 「鈴木さん」이나 「母」를 주어로 하지 않고 나를 주어로 하여 수동문을 쓰고 있으나, 우리말 해석은 동작주인 「鈴木さん」이나 「母」를 그대로 주어로 쓰는 것이 자연스럽다는 것을 알 수 있다. 따라서 일본어에서는 동작주보다 행위의 영향을 받은 사람 입장에서 문장이나 발화를 표현할 때 수동형이 쓰이며, 행위에 영향을 받은 사람이 특히 화자 자신인 경우에는 대부분 수동형이 쓰인다.

勧める 권하다

❷ 문장의 주어를 일치시켜야 할 때

(a) 私は 左足に 傷が あります。子供の 時、犬が 噛みました。
나는 왼쪽 다리에 상처가 있습니다. 어렸을 때 개가 물었습니다.

(b) 私は 左足に 傷が あります。子供の 時、犬に 噛まれました。
나는 왼쪽 다리에 상처가 있습니다. 어렸을 때 개에게 물렸습니다.

左足 왼발
傷 상처
噛む 물다

위 예문은 「私は 左足に 傷が あります」와 「子供の 時、犬が 噛みました」라는 두 문장으로 구성되어 있으며, (a)는 두 문장의 주어가 「私」와 「犬」이고, (b)는 두 문장의 주어가 「私」로 일치되어 있다. 일본어에서는 위 두 예문 중 주어를 일치시킨 (b)가 훨씬 안정적이고 자연스럽다. 특히 다음과 같이 한 문장 안에서 주어가 일치하지 않는 것은 매우 어색하기 때문에 주어 일치를 위해 수동형이 쓰인다.

- 社長が 部長を 呼んで、部長は 今、社長室に 行って います。(?)
  사장님이 부장님을 불러서 부장님은 지금 사장실에 가 있습니다.

  部長は 社長に 呼ばれて 今、社長室に 行って います。(○)
  부장님은 사장님에게 부름을 받아서 지금 사장실에 가 있습니다.

- (私は) わざわざ 知らせて やったのに、(彼は) そんな こと 知っていると 言った。(?)
  (나는) 일부러 알려 줬는데 (그는) 그런 것쯤 알고 있다고 했다.

  (私は) わざわざ 知らせて やったのに、(彼に) そんな こと 知っていると 言われた。(○)
  (나는) 일부러 알려 줬는데 (그에게) 그런 것쯤 알고 있다는 말을 들었다.

呼ぶ 부르다
社長室 사장실
わざわざ 일부러
知らせる 알리다

❸ 신문이나 뉴스 등에서 사회적인 사실을 객관적으로 기술할 때

- 来年、オリンピックが 開かれます。 내년에 올림픽이 열립니다.
- 雑誌が 発売された。 잡지가 발매되었다.
- 卒業式が 行われた。 졸업식이 행해졌다.

 「한자어＋되다」, 「한자어＋される」

우리말 '되다'는 수동문을 만드는 형태로 널리 쓰인다. '되다'가 붙는 자동사 중 '상승하다(上昇する), 발전하다(発展する), 발육하다(発育する), 착륙하다(着陸する), 낙하하다(落下する), 자립하다(自立する), 성장하다(成長する), 발달하다(発達する), 악화하다(悪化する), 둔화하다(鈍化する)' 등은 '상승되다, 발전되다, ……' 등과 같이 '되다'를 붙여 쓸 수 있으나 일본어에서는 「上昇される, 発展される」 등과 같이 される를 붙여 쓸 수 없다. 이는 이들 자동사가 외부로부터 어떤 영향을 받은 것을 나타낸다기보다 그 사건이 자발적으로 발생한 것을 나타내기 때문이다. 따라서 이들 동사는 우리말에서 '되다'로 쓸지라도 일본어에서는 「する」로 써야 한다.

- 기온이 상승되다 → 気温が 上昇する(○) 上昇される(×)
- 병세가 악화되다 → 病状が 悪化する(○) 悪化される(×)

オリンピック 올림픽
雑誌 잡지
発売する 발매하다
卒業式 졸업식
行う 행하다, 거행하다

気温 기온
病状 병상

연습문제

1 빈칸에 알맞은 것을 고르시오.

(1) ゆうべ 姉から もらった かばんを _____。
① 盗まされました　　　　　② 盗ませました
③ 盗まれました　　　　　　④ 盗んで いました

(2) 雨に _____、すっかり ぬれて しまいました。
① 降られて　　② 降って　　③ 降らせて　　④ 降らせられて

(3) サンタクロース_____ 子供たちに プレゼントが 送られた。
① に　　　　② に よって　　　③ が　　　　④ から

(4) ハングルは セジョン大王_____ 作られた。
① が　　　　② に よって　　　③ に　　　　④ から

2 보기와 같이 주어진 두 문장을 주어가 일치된 한 문장으로 바꾸시오.

> **보기**
> 母が 言った。私は 塾に 行った。
> → 私は 母に 言われて、塾に 行った。

(1) 鈴木先生が 勧める。私は 大学院に 入学した。
→ 私は 鈴木先生に _____。

(2) 知らない 人が 話しかけた。私は 不愉快な 気持ちに なった。
→ 私は 知らない 人に _____。

(3) 医者が 言った。私は 禁煙した。
→ 私は 医者に _____。

(4) 父が 怒った。私は 泣いた。
→ 私は 父に _____。

3 다음 대화문을 읽고 ( ) 안의 동사를 알맞은 형태로 바꾸시오.

(1) A : どうしたんですか。
　　B : どうやら 泥棒に ＿＿＿＿＿た みたいで……。(入る)
　　A : え、本当ですか。

(2) A : 顔色が 悪いですね。
　　B : ええ、隣で たばこを ＿＿＿＿＿て、気分が 悪く なりました。(吸う)

(3) A : 昨日 ニュース、見ました？
　　B : どんな ニュースですか。
　　A : 来年 アフリカで オリンピックが ＿＿＿＿＿ そうですよ。(開く)
　　B : そうですか。

4 주어진 단어를 이용하여 일본어로 써 넣으시오.

(1) 다나카 씨는 선생님한테서 전화로 불렸다. (電話で 呼ぶ)
　　→ 田中さんは 先生に ＿＿＿＿＿＿＿＿＿＿＿＿＿＿＿。

(2) 나카이 씨는 와타나베 씨한테서 기말 시험에 대해서 질문을 받았습니다.
　　(期末テストに ついて 聞く)
　　→ 中井さんは 渡辺さんに ＿＿＿＿＿＿＿＿＿＿＿＿＿＿＿。

(3) 저녁 늦게 친구가 오는 것을 당했습니다(친구가 와서 곤란했습니다). (友だちが 来る)
　　→ 夜遅く、(私は) ＿＿＿＿＿＿＿＿＿＿＿＿＿＿＿。

(4) 애인에게 차인 적이 있습니까? (恋人が ふる)
　　→ ＿＿＿＿＿＿＿＿＿＿＿＿＿＿＿ ことが ありますか。

정답은 P.276

14 사역표현

사역표현 은 기본적으로 상위자가 하위자에게 무엇인가를 시키는 것을 나타내는 표현이다. 일본어의 사역문은 형태적으로 자동사와 타동사로 만든 문장으로 나뉘며, 의미적으로 강제뿐만 아니라 허가, 방임, 유발 등 다양한 의미를 나타낸다.

이 과에서는 자동사 사역문, 타동사 사역문, 사역수수표현, 사역수동표현에 대해 알아보도록 한다.

학습 포인트

- ▶ 동사의 사역형 만들기
- ▶ 사역문 만들기 및 사역문의 의미
- ▶ 사역수수표현
- ▶ 사역수동표현

1 동사의 사역형 만들기

사역형은 동사의 종류에 따라 다음과 같이 어미가 변화한다.

(1) 1그룹 동사

동사의 어미 う단을 あ단으로 바꾸고 「せる」를 붙인다.

1그룹 동사	접속 형태		예시
書^かく 쓰다	書^かか		書^かかせる 쓰게 하다
読^よむ 읽다	読^よま	+ せる	読^よませる 읽게 하다
作^{つく}る 만들다	作^{つく}ら		作^{つく}らせる 만들게 하다

 수동형과 마찬가지로 어미가 「う」로 끝난 동사는 「う」를 「わ」로 바꾸고 「せる」를 붙인다.

1그룹 동사	접속 형태		예시
思^{おも}う 생각하다	思^{おも}わ	+ せる	思^{おも}わせる 생각하게 하다

(2) 2그룹 동사

동사의 어미 「る」를 없애고 「させる」를 붙인다.

2그룹 동사	접속 형태		예시
見^みる 보다	見^みる̸	+ させる	見^みさせる 보게 하다
食^たべる 먹다	食^たべる̸		食^たべさせる 먹게 하다

(3) 3그룹 동사

불규칙 활용으로 다음과 같이 바뀐다.

3그룹 동사	접속 형태	예시
来^くる 오다	불규칙	こさせる 오게 하다
する 하다		させる 하게 하다

「せる」나「させる」대신에 1그룹 동사에는「す」를 2, 3그룹 동사에는「さす」를 붙여 사역형을 만들기도 한다.

- 1그룹 동사 読ませる → 読ます 읽게 하다
- 2그룹 동사 食べさせる → 食べさす 먹게 하다
- 3그룹 동사 来させる → こさす 오게 하다
  　　　　　 勉強させる → 勉強さす 공부하게 하다

2 사역문의 종류

일본어의 사역형 문장은 자동사로 만든 사역문과 타동사로 만든 사역문으로 나눌 수 있다.

(1) 자동사에 의한 사역문

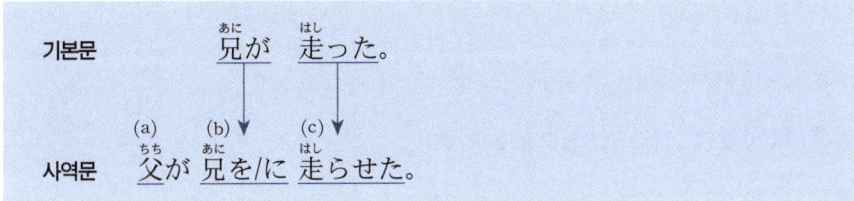

(a) 기본문에 없던 시키는 사람(父)을 주어로 한다.
(b) 기본문의 주어(兄)에「を」나「に」를 붙인다.
(c) 동사를 사역형으로 만든다.

- 妹は 買い物に 行きました。 여동생은 물건을 사러 갔습니다.
  → 母は 妹を 買い物に 行かせました。 어머니는 여동생을 물건을 사러 가게 했습니다.
- 子供が 一人で 歩きます。 아이가 혼자서 걷습니다.
  → 母が 子供を 一人で 歩かせました。 어머니가 아이를 혼자서 걷게 했습니다.

자동사로 만든 사역문은 원 문장의 주어를「を」로도「に」로도 쓸 수 있으나 사역자(시키는 사람)가 피사역자(시킨 것을 하는 사람)의 의지에 관계없이 어떤 행위를 강요하거나 요구하는 경우에는 주로「を」가, 사역자가 피사역자의 의지나 요구를 허용하거나 허가하는 경우에는 주로「に」가 쓰이는 경향이 있다.

- 課長は 怒って その 人を 帰らせた。|강제|
  과장은 화가 나서 그 사람을 돌려보냈다.
- 先生は 早く 帰りたいと 言った 学生に 帰らせた。|허가|
  선생님은 빨리 돌아가고 싶다고 말하는 학생에게 돌아가게 했다.

한편, 다음과 같은 동사에는 조사 「を」나 「に」를 구분하여 써야 하기 때문에 주의해야 한다.

〈피사역자에 조사 「を」만을 써야 하는 동사〉

- 일시적인 감정을 나타내는 동사
  - 驚く 놀라다
  - 泣く 울다
  - 感心する 감탄하다
  - 安心する 안심하다
  - 笑う 웃다
  - 喜ぶ 기뻐하다
  - 悲しむ 슬퍼하다
  - 悩む 고민하다
  - びっくりする 깜짝 놀라다
  - 怒る 화내다
  - 失望する 실망하다

- 자연현상을 나타내는 동사
  - 降る (비, 눈 등이) 내리다
  - 吹く (바람이) 불다
  - 咲く (꽃이) 피다
  - 光る 빛나다
  - 凍る 얼다

- 店員が 驚いた。 점원이 놀랐다.
  → 彼は 店員を 驚かせた。(○) 그는 점원을 놀라게 했다.
  　彼は 店員に 驚かせた。(×) 그는 점원에게 놀라게 했다.

- 雪が 降る。 눈이 내린다.
  → (人工的に) 雪を 降らせる。(○) (인공적으로) 눈을 내리게 하다.
  　雪に 降らせる。(×) (인공적으로) 눈에게 내리게 하다.

〈피사역자에 조사 「に」만을 써야 하는 동사〉

- 이동의 의미를 나타내는 자동사
  - 泳ぐ 헤엄치다
  - 歩く 걷다
  - 飛ぶ 날다

- 選手が 1000メートルを 泳いだ。 선수가 1000m를 헤엄쳤다.
  → コーチは 選手に 1000メートルを 泳がせた。(○)
  　코치는 선수에게 1000m를 헤엄치게 했다.
  　コーチは 選手を 1000メートルを 泳がせた。(×)
  　코치는 선수를 1000m를 헤엄치게 했다. |조사 を가 중복되기 때문에|

怒る 화내다

店員 점원

選手 선수
コーチ 코치

(2) 타동사에 의한 사역문

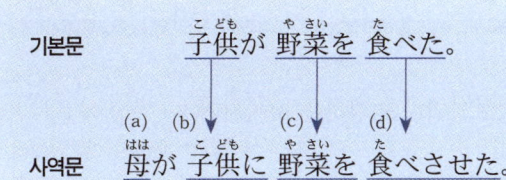

(a) 기본문에 없던 사역자(母)를 주어로 한다.
(b) 기본문의 주어(子供)에「に」를 붙인다.
(c) 기본문의 목적어는 그대로 쓴다.
(d) 동사를 사역형으로 만든다.

타동사로 만든 사역문에서는 피사역자에 반드시 조사「に」를 붙인다.

- 弟が 荷物を 運びました。 동생이 짐을 날랐습니다.
  → 彼は 弟に 荷物を 運ばせました。 그는 동생에게 짐을 나르게 했습니다.
- 学生が 柔道の 練習を します。 학생이 유도 연습을 합니다.
  → 先生が 学生に 柔道の 練習を させます。
  선생님이 학생에게 유도 연습을 시킵니다.

문은 문체나 문의 내용에 따라 표현 방법이 달라진다. 같은 내용을 담고 있는 문이라도 사역문으로 쓰게 되면 다음과 같이 문장체적 느낌이 강해진다.
- 父は 転勤の 辞令が 出て、悩んで いる。 아버지는 전근 사령이 나와 고민하고 있다.
  → 転勤の 辞令が 父を 悩ませた。 전근의 사령이 아버지를 괴롭혔다.
- 5年間の 外国生活で 彼は 大きく 成長した。 5년간의 외국 생활로 그는 크게 성장했다.
  → 5年間の 外国生活は 彼を 大きく 成長させた。 5년간의 외국 생활은 그를 크게 성장시켰다.

이 때문에 사역문은 일상회화보다는 문장체에 많이 사용된다.

野菜 야채

運ぶ 운반하다
柔道 유도
練習 연습

転勤 전근
辞令 사령
悩む 고민하다
生活 생활
成長する 성장하다

3 사역형의 의미

사역의 기본적인 의미는 다른 사람에게 어떠한 행위를 강요하거나 명령하는 것이지만, 강요 외에도 허가, 방임, 유발 등의 의미로 쓰인다.

❶ 강요

사역자가 피사역자의 의지를 무시하고 강제적으로 행위를 시키는 경우.

- 先生が 学生に 練習を やらせた。 선생님이 학생에게 연습을 시켰다.
- 親が いやがる 子供に 勉強させる。 부모가 싫다는 아이에게 공부시킨다.

いやがる 싫어하다

❷ 허가

피사역자가 바라고 있는 것을 사역자가 허가하는 경우.

- 子供に おやつ ばかり 食べさせては いけない。
  아이에게 간식만 먹게 해서는 안 된다.
- 男性が 退院したいと 言ったので、医者は その 男性を 退院させた。
  남성이 퇴원하고 싶다고 해서 의사는 그 남성을 퇴원시켰다.

おやつ 간식
男性 남성
退院する 퇴원하다
医者 의사

❸ 방임

사역자가 피사역자가 하는 행위를 제재하지 않고 그대로 두는 경우.

- 私は 散歩の 時、犬を 好きに 歩かせて いる。
  나는 산책할 때 개를 마음대로 걷게 하고 있다.
- あの 親は 暗く なるまで 子供を 遊ばせて いる。
  저 부모는 어두워질 때까지 아이를 놀게 하고 있다.

散歩 산책
好きに 좋을 대로

❹ 유발

피사역자가 사역자의 기분이나 감정의 변화를 유발시키는 경우. 따라서 감정을 나타내는 「笑う, 喜ぶ, 慌てる, 感心する, がっかりする, 失望する」 등과 같은 동사가 많이 쓰인다.

- 妹は、また 落第して 両親を がっかりさせた。
  여동생은 또 낙제해서 부모님을 실망시켰다.
- 「心配しないで」と 言って、親を 安心させた。
  '걱정하지 마'라고 말하며 부모님을 안심시켰다.

笑う 웃다
喜ぶ 기뻐하다
慌てる 당황하다
感心する 감탄하다
がっかりする 실망하다
失望する 실망하다
落第する 낙제하다
安心させる 안심시키다

4 사역수수표현

일본어 사역형은 기본적으로 손윗사람이 손아랫사람에게 쓰는 표현으로, 상대방에게 어떤 행위를 강요하는 것이기 때문에 사역형만을 쓰게 되면 강압적인 느낌을 받을 수밖에 없다. 사역형은 단독으로 쓰기보다는 사역형과 수수표현을 함께 쓰는 경우가 많은데, 이를 **사역수수**라고 한다. 자주 쓰이는 사역수수표현에는 다음과 같은 것이 있다.

(1) ～させて いただきます ～하겠습니다

이 표현은 남이 시켜서 하는 것이 아니라 자신의 행동을 겸손하게 표현하기 위해 쓴 것으로 우리말 '～하겠습니다'에 해당한다.

- 自己紹介させて いただきます。 자기소개하겠습니다.
- これで 終わらせて いただきます。 이것으로 끝내겠습니다.

본인이 하는 행동임에도 불구하고 이 표현을 쓰는 것은 '상대방의 허가를 받아서'라는 뉘앙스를 줌으로써 상대방을 존중하고 있다는 느낌을 주기 위해서이다.

(2) ～させて もらえますか/～させて いただけますか
～해도 되겠습니까?

이 표현은 상대방에게 겸손히 허가를 구하는 표현으로 우리말로 '～해도 되겠습니까?'의 의미이다. 이 표현에서는 「もらう, いただく」를 반드시 가능형으로 써야 한다. 또한 부정형 「～させて もらえませんか, ～させて いただけませんか」가 훨씬 정중한 느낌을 준다.

- 私の 家に 一度 招待させて もらえますか。
  우리 집으로 한 번 초대해도 되겠습니까?
- 今日は 友だちの 結婚式が あるので、早く 帰らせて いただけませんか。 오늘은 친구의 결혼식이 있기 때문에 빨리 가도록 해 주시지 않겠습니까?

自己紹介する
자기소개하다

(3) ～させて くれませんか / ～させて くださいませんか
～하게 해 주지 않겠습니까?

이 표현 또한 의뢰를 나타내는 것으로 '~하게 해 주지 않겠습니까?'를 뜻하지만, (2)의 「～させて もらえますか, ～させて いただけますか」보다는 정중도가 떨어진다.

- パリには 私に 行かせて くれませんか。 파리에는 제가 가게 해 주지 않겠습니까?
- その 仕事は 私に やらせて くださいませんか。
  그 일은 제가 하게 해 주지 않겠습니까?

パリ 파리

5 사역수동표현

사역수동이란 동사의 사역형에 수동형을 붙여 만든 것으로, 자신의 행동이 본인의 의사와는 상관없이 다른 사람의 강요로 어떤 행동을 하게 되었을 때 쓰는 표현이다. 타인이 시킨 행동을 해야 하는 동작주의 입장에서 쓰는 표현으로 '누가 시켜서 할 수 없이(어쩔 수 없이) ~했다, 마지못해 ~했다'의 의미를 나타낸다.

(1) 동사의 사역수동형 만들기

❶ 1그룹 동사

동사의 어미 う단을 あ단으로 바꾸고 「せられる」를 붙인다.

1그룹 동사	접속 형태		예시
書く 쓰다	書か		書かせられる 마지못해 쓰다
読む 읽다	読ま	+ せられる	読ませられる 마지못해 읽다
作る 만들다	作ら		作らせられる 마지못해 만들다

 어미가 「う」로 끝난 동사는 「う」를 「わ」로 바꾸고 「せられる」를 붙인다.

1그룹 동사	접속 형태		예시
思う 생각하다	思わ	+ せられる	思わせられる 마지못해 생각하다

❷ 2그룹 동사

동사의 어미「る」를 없애고「させられる」를 붙인다.

2그룹 동사	접속 형태		예시
見る 보다	見る̸	+ させられる	見させられる 마지못해 보다
食べる 먹다	食べる̸		食べさせられる 마지못해 먹다

❸ 3그룹 동사

불규칙 활용으로 다음과 같이 바뀐다.

3그룹 동사	접속 형태	예시
来る 오다	불규칙	こさせられる 마지못해 오다
する 하다		させられる 마지못해 하다

 사역수동은 1그룹 동사 중에서 어미가「す」로 끝난 동사(「話す, 直す」등)를 제외하고「〜せられる」를「〜される」로 축약하여 쓸 수 있는데, 회화체에서는「〜される」를 더 많이 쓴다. 단, 2·3그룹 동사에는「〜される」를 쓸 수 없다.

- 書く 쓰다 → 書かせられる → 書かされる 할 수 없이 쓰다
- 読む 읽다 → 読ませられる → 読まされる 할 수 없이 읽다
- 思う 생각하다 → 思わせられる → 思わされる 할 수 없이 생각하다
- 話す 말하다 → 話させられる → 話さされる(×) 마지못해 이야기하다
- 直す 고치다 → 直させられる → 直さされる(×) 마지못해 고치다

(2) 사역수동문 만들기

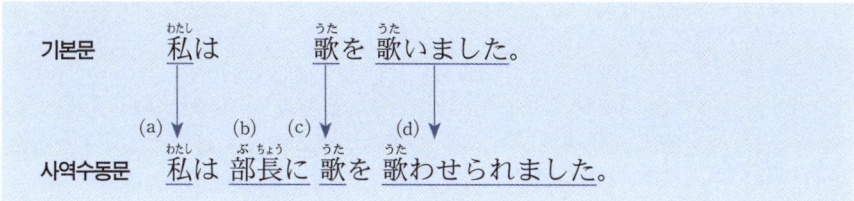

(a) 기본문의 주어를 그대로 사역수동문의 주어로 한다.
(b) 기본문에 없던 사역자(部長)에「に」를 붙인다.
(c) 기본문의 목적어는 그대로 쓴다.
(d) 동사를 사역수동형으로 만든다.

- 私は 毎日 勉強して いる。 나는 매일 공부하고 있다.

  → 私は 毎日 (母に) 勉強させられて いる。
  나는 매일 (어머니가 시켜서 할 수 없이) 공부하고 있다.

- 私は お酒を 飲みました。 나는 술을 마셨습니다.

  → 私は (先輩に) お酒を 飲まされました。
  나는 (선배 때문에 어쩔 수 없이) 술을 마셨습니다.

先輩 선배

예문에서 알 수 있듯이 사역수동문은 우리말로는 잘 표현할 수 없다. 따라서 '사역자에 의해 어쩔 수 없이 ~했다'로 해석한다.

연습문제

1 빈칸에 알맞은 것을 고르시오.

(1) お母さんは 毎日 子供に ピアノを _____。
① ひかせます　② ひかれます　③ ひけます　④ ひかせられます

(2) 先生は 病気の 子供を 家に _____。
① 帰りました　② 帰られました　③ 帰らせました　④ 帰って いました

(3) 人工的に 雨_____ 降らせた。
① に　　　② を　　　③ が　　　④ から

(4) 先生は 学生_____ 運動場を 走らせた。
① に　　　② に よって　　③ が　　　④ を

2 (　　) 안의 동사를 알맞은 형태로 바꾸시오.

(1) A : 韓国では 受験の ために 子供を 塾に _____ 親が 多い ようですね。
　　(行く)
B : はい、そうです。
A : 子供は たいへんですね。

(2) A : 先生、今度の セミナーに _____ いただきたいんですが。
　　(参加する)
B : いいですよ。今回の テーマは 環境問題です。
A : はい。どうも ありがとう ございます。

(3) A : 転勤の ことですが、もう 決めましたか。
B : すみませんが、その 話は 少し _____ ください。(考える)
A : はい、分かりました。

3 보기와 같이 사역표현으로 바꾸시오.

> 보기
> 先生は 学生に 漢字を <u>書かせました。</u>(書く)

(1) 彼は 冗談を 言って みんなを ＿＿＿＿＿＿＿＿＿。(笑う)

(2) 母親は 自分の 娘に ＿＿＿＿＿＿＿＿＿。(絵本を 読む)

(3) 犬に えさを ＿＿＿＿＿＿＿＿＿。(食べる)

(4) お父さんは 犬を ＿＿＿＿＿＿＿＿＿。(散歩する)

4 주어진 단어를 이용하여 일본어 문장을 완성하시오.

(1) 아들은 영어를 좋아하기 때문에 미국에 유학을 가게 했습니다. (アメリカへ 留学する)
　→ 息子は 英語が 好きなので、＿＿＿＿＿＿＿＿＿＿＿＿。

(2) 사장님, 죄송합니다만, 내일은 쉴 수 있도록 해 주시지 않겠습니까? (休ませて いただく)
　→ 社長、すみませんが、明日は ＿＿＿＿＿＿＿＿＿＿＿＿。

(3) 자신의 숙제를 친구에게 시키는 것은 좋지 않습니다. (やる)
　→ 自分の 宿題を 友だちに ＿＿＿＿＿＿＿＿＿＿＿＿のは よく ないです。

(4) 나는 과장님에게 매일 늦게까지 잔업을 시킴을 당합니다(어쩔 수 없이 잔업을 합니다).
(遅くまで 残業する)
　→ 私は 課長に 毎日 ＿＿＿＿＿＿＿＿＿＿＿＿＿＿＿＿。

정답은 P.276

15 원인·목적·역접표현

본 과에서 다루는 표현은 원인을 나타내는 「から」와 「ので」, 목적을 나타내는 「ために」와 「ように」, 역접을 나타내는 「ても, のに, けど/が」이다. 이들을 '접속조사'라고 하는데, 접속조사는 복수의 문장을 한 문장으로 연결하는 역할을 한다. 각각의 표현에 쓰이는 접속조사 간의 유사점과 차이점을 구별해 둘 필요가 있다.

이 과에서는 원인·목적·역접표현의 접속과 의미용법 등에 대해 알아보도록 한다.

학습 포인트

▶ 원인을 나타내는 표현
▶ 목적을 나타내는 표현
▶ 역접을 나타내는 표현

1 원인·이유를 나타내는 접속표현

(1) から ~해서, ~때문에

❶ から의 접속 형태

품사	접속 방법	예시
동사	정중체형/보통체형 + から	行きますから/行くから
い형용사	정중체형/보통체형 + から	忙しいですから/忙しいから
な형용사	정중체형/보통체형 + から	きれいですから/きれいだから
명사	정중체형/보통체형 + から	休みですから/休みだから

❷ 원인이나 이유를 나타낸다.

- 今日は 休みですから、友だちと 映画を 見に 行きます。
  오늘은 휴일이니까 친구와 영화를 보러 갑니다.
- お腹が 痛いから、何も 食べたく ない。
  배가 아파서 아무것도 먹고 싶지 않다.

お腹が痛い 배가 아프다

❸ 「から」로 문장을 끝내는 종조사적 용법으로도 쓰인다. 청자에게 협조적인 이해나 행동을 요구하는 표현으로 회화체에서는 이 용법으로 가장 많이 사용된다.

- そんなに 心配しなくて いいから。 그렇게 걱정하지 않아도 괜찮으니까.
- じゃ、あとで 電話するから。 그럼 나중에 전화할테니까.

あとで 나중에

❹ 「から」는 정중체형과 보통체형에 모두 접속할 수 있으나, 앞 문장이 정중체이면 뒤 문장도 정중체로, 앞 문장이 보통체이면 뒤 문장도 보통체로 쓰는 것이 좋다.

- 明日、行きますから、待って いて ください。 내일 갈 테니까 기다려 주세요.
- 明日、行くから、待ってて。 내일 갈 테니까 기다려.

(2) ので ~해서, ~때문에

❶ ので의 접속 형태

품사	접속 방법	예시
동사	정중체형/보통체형 + ので	行きますので/行くので
い형용사	정중체형/보통체형 + ので	忙しいですので/忙しいので
な형용사	정중체형/보통체형 + ので (단, 비과거 긍정 な + ので)	きれいですので/きれいなので
명사	정중체형/보통체형 + ので (단, 비과거 긍정 な + ので)	休みですので/休みなので

❷ 주로 인과관계나 사실관계에 의한 원인이나 이유를 나타낸다.

- ちょっと 気分が 悪いので、今日は 休みたいんですが。
  조금 몸이 좋지 않아서 오늘은 쉬고 싶습니다만.

- いい 天気なので、散歩に 出かけましょう。
  날씨가 좋으니까 산책하러 갑시다.

気分が悪い 속이 안 좋다

❸ 「から」만큼은 아니지만 「ので」도 종조사적 용법으로 쓰기도 한다.

- ちょっと お待ちください。すぐ 持って きますので。
  잠시만 기다려 주세요. 곧 가져올 테니까요.

❹ 「から」는 앞뒤 문장의 문체를 통일시켜 주어야 하지만, 「ので」는 반드시 그렇게 하지 않아도 어색하지는 않다.

- 昨日は 休みだったので、買い物に 行きました。
  어제는 휴일이었기 때문에 쇼핑하러 갔습니다.

「から」와 「ので」의 차이
「から」와 「ので」는 대부분 유사한 의미를 나타내지만 다음과 같은 차이점이 있다.

❶ 정중도의 측면에서 「から」는 「ので」에 비해 정중하지 않은 느낌이 든다. 따라서 이유를 정중하게 설명해야 할 때에는 「~ますので/~ですので」를 쓰는 것이 좋다.
- 危ないですので、お手を 触れないで ください。 위험하니까 손대지 마세요.

❷ 「~だろう/でしょう, ~まい, ~のだ」는 「から」와만 접속할 수 있다.
- 明日は 晴れるだろうから、どこか 遊びに 行こうよ。(○)
  내일은 맑을 테니까 어딘가 놀러 가자.
- 明日は 晴れるだろうので、どこか 遊びに 行こうよ。(×)

触れる 닿다, 접촉하다

晴れる 맑게 개다

2 목적을 나타내는 접속표현

(1) ために ~하기 위해, ~해서, ~때문에

❶ ために의 접속 형태

품사	접속 방법	예시
동사	보통체형 + ために	行くために
い형용사	보통체형 + ために	忙しいために
な형용사	보통체형 + ために (단, 비과거 긍정 な + ために)	便利な ために
명사	보통체형 + ために (단, 비과거 긍정 の + ために)	科学の ために

❷ 주로 명사나 동사에 「ために」를 붙여 목적을 나타낸다.
- 家族の ために 働きます。 가족을 위해 일합니다.
- 学費を 貯める ために ガソリンスタンドで アルバイトを して います。 학비를 모으기 위해 주유소에서 아르바이트를 하고 있습니다.

学費 학비
貯める 돈을 모으다
ガソリンスタンド 주유소

❸ 인과관계나 사실관계에 의한 원인이나 이유를 나타내기도 한다.
- 足を 怪我した ために、会議には 出席できません。 다리를 다쳐서 회의에는 출석할 수 없습니다.
- ホテルで 火事が あった ために、大勢の 人が 亡くなった。 호텔에서 화재가 나서 많은 사람들이 죽었다.

怪我する 다치다
出席する 출석하다
火事 화재
大勢 여럿, 여러 사람
亡くなる 죽다, 돌아가시다

❹ 「ために」가 목적의 의미로 쓰일 때에는 문말 제한이 없으나, 원인이나 이유를 나타낼 때에는 의지나 명령표현과 잘 쓰이지 않는다.
- 家族の ために、頑張って ください。 가족을 위해 힘내 주세요.
- 足を 怪我した ために、会議を 休ませて ください。(×) 다리를 다쳤기 때문에 회의를 쉬게 해 주세요.

(2) ように ~하도록

❶ ように의 접속 형태

품사	접속 방법	예시
동사	보통체형 + ように	行くように/行かないように

❷ 주로 동사의 부정형이나 가능형에 붙어 목적을 나타낸다.

- 風邪を ひかない ように、石けんで 手を 洗う。
  감기에 걸리지 않도록 비누로 손을 씻는다.
- 今日の 昼ご飯は 子供も 食べられる ように、辛く ない カレーに した。 오늘 점심은 아이들도 먹을 수 있도록 맵지 않은 카레로 했다.

石けん 비누
辛い 맵다
カレー 카레

❸ 목적을 나타낸다는 점에서 「ように」와 「ために」는 비슷하지만 「ために」는 의식적으로 목적 달성의 의지를 나타내는 반면, 「ように」는 결과로서 그렇게 되는 것을 목적으로 한다는 의미로 서로 바꿔 쓸 수 없다.

- アメリカに 留学する [ために/ように(×)]、貯金を して いる。
  미국에 유학하기 [위해/하도록(×)] 저금을 하고 있다.
- 子供が アメリカに 留学できる [ように/ために(×)]、貯金を して いる。 아이가 미국에 유학[할 수 있도록/하기 위해(×)] 저금을 하고 있다.

留学する 유학하다
貯金 저금

3 역접을 나타내는 접속표현

(1) ても ~일지라도, ~하더라도

❶ ても의 접속 형태

품사	접속 방법	예시
동사	て형 + ても	行っても
い형용사	て형 + ても	忙しくても
な형용사	て형 + でも	きれいでも
명사	명사 + でも	休みでも

❷ 가정적 역접 표현으로 전건에서 예측한 것과 다른 결과가 후건에 오는 것을 나타낸다. 주로 부사「もし, たとえ, 万一」등과 함께 쓰이는 경우가 많다.

- 雨が 降っても 見学に 行きます。 비가 내려도 견학을 갑니다.
- もし 犯人が 逃げても 警察が 必ず 捕まえます。
  혹시 범인이 도망치더라도 경찰이 반드시 잡습니다.

「いくら, どんなに」등의 의문사와 함께 쓰여 '아무리 ~해도'라는 의미로도 쓰인다.

- いくら 失敗しても、やります。 아무리 실패해도 하겠습니다.

たとえ 설령
万一 만일에
見学 견학
逃げる 도망가다
警察 경찰
必ず 반드시
捕まえる 붙잡다

いくら 아무리
どんなに 아무리

失敗する 실패하다

(2) のに ~인데도, ~한데도

❶ のに의 접속 형태

품사	접속 방법	예시
동사	보통체형 + のに	行くのに
い형용사	보통체형 + のに	忙しいのに
な형용사	보통체형 + のに (단, 비과거 긍정 な + のに)	便利なのに
명사	보통체형 + のに (단, 비과거 긍정 な + のに)	休みなのに

❷ 역접의 의미로 전건에서 당연히 예상했던 결과가 후건에 오지 않은 것에 대한 화자의 의외성, 불만 등을 나타낸다.

- あんなに 勉強したのに、大学に 落ちた。 그렇게 공부했는데 대학교에 떨어졌다.
- あの パン屋の パンは 高かったのに、全然 おいしく なかった。
  저 빵집의 빵은 비쌌는데 전혀 맛이 없었다.

パン 빵
パン屋 빵집

❸ 대비의 의미를 나타낸다.
- 昨日は 涼しかったのに、今日は 暖かい。 어제는 선선했는데 오늘은 따뜻하다.

涼しい 시원하다
暖かい 따뜻하다

❹ 종조사적 용법으로 쓰여 사실과 반대되는 일에 관한 유감이나 불만 등을 나타낸다.

- 楽しみに してたのに。 기대하고 있었는데.
- せっかく 先生の 家まで 来たのに。 모처럼 선생님의 집까지 왔는데.

> 목적을 나타내는 「사전형+のに」와 구별하여 사용한다.
> - この はさみは 髪を 切るのに 便利です。 이 가위는 머리를 자르는 데 편리합니다.

楽しみにする 기대하다
せっかく 모처럼
はさみ 가위
髪 머리카락
切る 자르다

(3) が / けど(けれど, けれども) ~이지만, ~인데

❶ 「が / けど」의 접속 형태

품사	접속 방법	예시
동사	정중체형/보통체형 + が(けど)	行きますが(けど)/行くが(けど)
い형용사	정중체형/보통체형 + が(けど)	忙しいですが(けど)/忙しいが(けど)
な형용사	정중체형/보통체형 + が(けど)	きれいですが(けど)/きれいだが(けど)
명사	정중체형/보통체형 + が(けど)	休みですが(けど)/休みだが(けど)

❷ 역접의 의미를 나타낸다.
- 辞典を 調べて みたが、わからなかった。
  사전을 조사해 봤지만 알 수가 없었다.
- 日本語は 好きだけど、なかなか 上手に ならない。
  일본어는 좋아하지만 좀처럼 실력이 나아지지 않는다.

辞典 사전

❸ 대비의 의미를 나타낸다.
- 日本語は 好きだが、英語は 嫌いだ。 일본어는 좋아하지만 영어는 싫다.
- 米で 作った パンは 食べるけど、小麦粉で 作った パンは 食べない。
  쌀로 만든 빵은 먹지만 밀가루로 만든 빵은 먹지 않는다.

小麦粉 밀가루

❹ 이야기를 꺼낼 때의 전제를 나타낸다.
- すみませんが、東京駅は どちらですか。 죄송합니다만, 도쿄 역은 어디입니까?
- 午後の 会議の ことですけど、飲み物は どのぐらい 用意すれば
  いいですか。 오후 회의 말인데요, 음료는 어느 정도 준비하면 됩니까?

東京駅 도쿄 역
午後 오후
用意する 준비하다

❺ 종조사적 용법으로도 쓰인다.

- もしもし、木村ですが。 여보세요. 기무라입니다만.
- この 本を 借りたいんですけど。 이 책을 빌리고 싶은데요.

 문의 내용을 올바르게 이해하기 위해서는 문의 내용뿐 아니라 그 문이 담고 있는 의도를 정확히 파악할 수 있어야 한다.

  (a) ああ、あの 店は おいしいけど 高いですよ。 아아, 그 가게는 맛있지만 비싸요.
  (b) ああ、あの 店は 高いけど おいしいですよ。 아아, 그 가게는 비싸지만 맛있어요.

위 문장은 형태적으로 역접의 「けど」에 의해 두 문장이 연결된 것이지만 문의 내용에 대한 화자의 의도가 각각 다르다. 예를 들어 식사 장소 등에 관해 이야기할 때 (a)는 맛있지만 비싸니 가지 말자는 의도의 문으로 볼 수 있으며, (b)는 비싸지만 맛있으니 가자는 의도의 문으로 볼 수 있다. 따라서 역접으로 연결된 문장은 역접조사 뒤에 있는 내용에 화자의 의도·중심이 놓여 있다고 할 수 있다.

もしもし 여보세요

연습문제

1 빈칸에 알맞은 것을 고르시오.

(1) 忙しいです_____、勉強の 時間が ありません。
　① から　　② でも　　③ が　　④ ながら

(2) あの レストランは おいしいです_____、高いです。
　① が　　② と　　③ か　　④ でも

(3) いくら _____、意味が 分かりません。
　① 読んだ　　② 読んでも　　③ 読めた　　④ 読んだから

(4) 弟は いい 大学に 入る _____、一生懸命 勉強して いる。
　① から　　② ので　　③ ために　　④ ように

2 보기와 같이「のに」를 이용하여 두 문장을 한 문장으로 바꾸시오.

> **보기**
> 12月です。全然 寒く ないです
> → 12月なのに、全然 寒く ないです。

(1) 兄は 英語が 得意です。私は あまり 得意では ありません。
→ _____

(2) かぎを かけました。泥棒が 入りました。
→ _____

(3) 今年の 冬は 暖かいです。長い コートが 売れて います。
→ _____

(4) 田中さんは 日本人です。キムチが 好きです。
→ _____

3 다음 ( ) 안의 단어를 알맞은 형태로 바꾸시오.

(1) A：いっしょに 食事でも どうですか。
B：今日は 約束が ＿＿＿＿＿＿＿＿＿＿ので、ちょっと。(ある)
A：そうですか。

(2) A：どうして 日本語を 習って いるんですか。
B：日本へ ＿＿＿＿＿＿＿＿＿＿ ために、習って いるんです。(留学する)
A：そうですか。頑張って ください。

(3) A：＿＿＿＿＿＿＿＿＿＿のに、お仕事ですか。(日曜日)
B：ええ、月曜日までに 出さなければ いけない 報告書が ありますので。

4 주어진 단어를 이용하여 일본어 문장을 완성하시오.

(1) 이 한자는 사전을 찾아도 그 의미를 모르겠습니다. (辞書を 引く)
→ この 漢字は ＿＿＿＿＿＿＿＿＿＿ても、その 意味が 分かりません。

(2) 남동생은 아직 고등학생이기 때문에 술은 마실 수 없다. (まだ 高校生)
→ 弟は ＿＿＿＿＿＿＿＿＿＿から、お酒は 飲めない。

(3) 야구 시합에 지지 않도록 열심히 연습하고 있습니다. (試合に 負ける)
→ 野球の ＿＿＿＿＿＿＿＿＿＿ように、一生懸命 練習して います。

(4) 죄송합니다만, 오늘은 바쁘니까 내일 와 주실래요? (今日は 忙しい)
→ すみませんが、＿＿＿＿＿＿＿＿＿＿ので、明日 来て もらえますか。

정답은 P.276

16 조건표현

조건표현이란 앞 문장에 붙어 그 조건 하에서 뒤 문장이 성립한다는 것을 나타내는 것으로, 일본어에서는 「と, ば, たら, なら」의 형태가 쓰인다. 의미적으로 유사하지만 상황에 따라 쓰이는 형태가 다르기 때문에 학습에 어려움을 느끼는 학습자가 많다.

이 과에서는 조건표현에 사용되는 형태별 특징 및 조건표현의 실제 사용에 대해 알아보도록 한다.

학습 포인트

- ▶ と의 의미용법
- ▶ ば의 의미용법
- ▶ たら의 의미용법
- ▶ なら의 의미용법
- ▶ 조건표현의 사용

1 と

(1) と의 접속 형태

품사	접속 방법	예시
동사	보통체 비과거형 + と	行くと / 行かないと
い형용사	보통체 비과거형 + と	忙しいと / 忙しく ないと
な형용사	보통체 비과거형 + と	きれいだと / きれいで(は) ないと
명사	보통체 비과거형 + と	彼だと / 彼で(は) ないと

(2) と의 의미용법

❶ 앞 문장에 쓰인 조건이 성립하면 뒤 문장도 자연스럽게 이론적으로 성립하는 경우에 쓰인다. 대표적으로 자연현상, 불변의 법칙, 길 안내, 기계 조작 등에 쓰인다.

- 1に 2を 足すと 3に なります。 1에 2를 더하면 3이 됩니다.
- 信号が 赤だと 渡れません。 신호가 빨간색이면 건널 수 없습니다.
- この 角を 曲がると、駐車場が 見えます。 이 모퉁이를 돌면 주차장이 보입니다.
- この ボタンを 押すと、切符が 出ます。 이 버튼을 누르면 표가 나옵니다.

足す 더하다
信号 신호
赤 빨강, 빨간색
角 모퉁이
曲がる 돌다, 구부러지다
駐車場 주차장

❷ 개인적인 일이라도 반복적인 일이나 습관 등을 나타낼 때는 쓸 수 있다.

- 私は 毎年 正月に なると、父の 田舎に 行きます。
  나는 매년 정월이 되면 아버지의 시골에 갑니다.
- 彼は お金が あると、いつも 古い レコードを 買います。
  그는 돈이 있으면 언제나 오래된 레코드를 삽니다.

田舎 시골
お金 돈
古い 낡다, 오래되다
レコード 레코드

❸ 「～ないと」의 형태로 곤란한 일이나 경고 등을 나타낸다.

- 勉強しないと、大学に 行けなく なります。
  공부하지 않으면 대학에 갈 수 없게 됩니다.
- お金が ないと、困ります。 돈이 없으면 곤란합니다.

困る 곤란하다

 2 ば

(1) ば의 접속 형태

품사	접속 방법	예시
동사	조건형 + ば	行けば / 行かなければ
い형용사	조건형 + ければ	忙しければ / 忙しく なければ
な형용사	조건형 + なら(ば)	きれいなら(ば) / きれいで なければ
명사	조건형 + なら(ば)	休みなら(ば) / 休みで なければ

(2) ば의 의미용법

❶ 객관적, 일반적인 조건을 앞 문장에서 기술하고, 그에 따라 뒤 문장이 반드시 성립하는 것을 나타낸다.

- 今から 走れば、電車に 間に 合います。
  지금부터 달리면 전철 시간에 댈 수 있습니다(맞게 갈 수 있습니다).
- この 薬を 飲めば、頭痛は すぐ 治りますよ。
  이 약을 먹으면 두통은 금방 나아요.

間に合う 시간에 대다
頭痛 두통

❷ 「と」와 마찬가지로 진리나 법칙, 자연현상 등과 같은 일반적 조건을 나타낸다.

- 春が 来れば、花が 咲きます。 봄이 오면 꽃이 핍니다.
- ちりも 積もれば、山と なる。 티끌도 모이면 태산이 된다.

ちり 먼지
積もる 쌓이다

❸ 「さえ」와 함께 쓰여 뒤 문장이 성립하기 위한 최소한의 조건을 말할 때 쓴다. (최저조건)

- お金さえ あれば、誰でも 入れます。 돈만 있으면 누구라도 들어갈 수 있습니다.
- 暇さえ あれば、旅行は いつでも できる。
  한가하기만 하면 여행은 언제나 할 수 있다.

~さえ ~조차, ~만

暇 틈, 짬
旅行 여행

❹ 실제로 일어날지 어떨지를 알 수 없는 일을 가정하고 말할 때 쓴다. (가정조건)

- 雨が 降れば 私は 行きません。 비가 내리면 저는 안 갑니다.
- 都合が よければ、一緒に 旅行に 行きましょう。
  형편이 괜찮으면 함께 여행을 갑시다.

都合 형편

❺ 현실과 반대되는 일을 가정하고 말할 때 쓴다. (반사실조건)

- 薬を 飲めば、熱が 下がったのに。
  약을 먹으면 열이 내렸을 텐데. (실제로는 열이 내리지 않았음)
- もっと 安ければ、買ったのに。
  더 쌌으면 샀을텐데. (실제로는 사지 않았음)

熱 열
下がる 내려가다

❻ 「의문사+〜ば いい」의 형태로 상대방에게 질문을 할 때 쓴다.

- 明日は 何時に 来れば いいですか。 내일은 몇 시에 오면 됩니까?
- わからない ときは、どう すれば いいですか。
  모를 때에는 어떻게 하면 됩니까?

❼ 문말에 쓰여 종조사적 용법으로 쓴다.

- とにかく やって みれば。 어쨌든 해 보지?
- とりあえず、行って みれば。 우선, 가 보지?

とにかく 어쨌든
とりあえず 우선

3 たら

(1) たら의 접속 형태

품사	접속 방법	예시
동사	보통체 과거형 + ら	行ったら / 行かなかったら
い형용사	보통체 과거형 + ら	忙しかったら / 忙しく なかったら
な형용사	보통체 과거형 + ら	きれいだったら / きれいで なかったら
명사	보통체 과거형 + ら	休みだったら / 休みで なかったら

(2) たら의 용법

❶ 일회적이거나 우연적인 사건, 시간이 지나면 반드시 성립하는 일 등을 나타내는 경우에 쓴다.

- 京都に 行ったら、お寺に 行って みて ください。
  교토에 가면 절에 가 보세요.
- 昨日、美術館へ 行ったら、昔の 彼を 見かけた。
  어제 미술관에 갔다가 옛날 남자 친구를 보았다.

お寺 절
見かける 눈에 띄다

❷ 「ば」와 마찬가지로 일어날지 어떨지 모르는 일을 가정하고 말하는 가정조건과 현실과 반대되는 일을 가정하고 말하는 반사실조건에 쓰인다.

- 彼に 会ったら、よろしく 伝えて ください。 |가정조건|
  그 사람을 만나면 안부 전해 주세요.
- 息子が 生きて いたら、今年で もう 20歳に なる。 |반사실조건|
  아들이 살아 있었으면 올해로 스무 살이 된다.

よろしく伝える 안부 전하다
生きる 살다
20歳 스무 살

❸ 문말에 쓰여 종조사적 용법으로 쓴다.

- まず、やって みたら。 우선, 어쨌든 해 보지?
- 早く 行って みたら。 빨리 가 보지?

まず 우선

 4 なら

(1) なら의 접속 형태

품사	접속 방법	예시
동사	보통체형 + (の)なら	行く(の)なら / 行かない(の)なら
い형용사	보통체형 + (の)なら	忙しい(の)なら / 忙しく ない(の)なら
な형용사	보통체형 + (の)なら (단, 긍정은 だ +(の)なら)	きれい(の)なら / きれいで ない(の)なら
명사	보통체형 + (の)なら (단, 긍정은 だ +(の)なら)	休み(の)なら / 休みで ない(の)なら

(2) なら의 의미용법

❶ 상대방에게 들은 정보나 예정에 대해 화자의 판단이나 의지를 나타낼 때 쓴다. 충고나 조언을 할 때 자주 쓰인다.

- A：パソコンが 買いたいんですが、値段が 高くて。
  컴퓨터를 사고 싶은데 가격이 비싸서.

  B：パソコンを 買うなら、売り場で 値段を 調べてから 買った ほうが いいですよ。
  컴퓨터를 살 거라면 매장에서 가격을 알아보고 나서 사는 것이 좋아요.

- 急ぐなら、車より 地下鉄の ほうが 早いと 思います。
  급하다면, 자동차보다 지하철이 빠를 거예요.

❷ 실제로 일어날지 어떨지를 알 수 없는 일을 가정하고 말할 때 쓴다. (가정조건)

- 明日 仕事が あるなら、今日は 早く 帰りなさい。
  내일 일이 있으면 오늘은 빨리 가세요.

値段 가격
売り場 매장
急ぐ 서두르다

5 と, ば, たら, なら의 특징 비교

(1) 문체적 특징

「と」와 「なら」는 문장체로도 회화체로도 쓸 수 있으며, 「ば」는 문장체적으로 조금 딱딱한 느낌을 준다. 「たら」는 다른 조건형태에 비해 회화체에 많이 쓰이기 때문에 논문 같은 문장체에서는 쓰지 않는 것이 좋다.

(2) 문말표현

「と」는 반복적이고 논리적인 사실을 나타내는 형태이기 때문에 문말에 의지, 명령, 의뢰, 금지, 충고, 권유, 희망 등의 표현이 올 수 없다.

- 家に 帰ると、電話して ください。(×) 집에 오면 전화해 주세요.
- 春に なると、花見に 行きましょう。(×) 봄이 되면 꽃놀이 하러 가요.

花見 꽃 구경

「と」와 유사한 의미로도 쓰이는 「ば」 또한 문말표현과의 사용에 제약이 있으나 상태를 나타내는 술어(「ある, いる, できる」등의 동사, 형용사, 명사 술어)는 쓸 수 있다.

- 春が 来れば、花見に 行きましょう。(×) 봄이 오면 꽃구경 하러 가죠.
- 天気が よければ、テニスでも しませんか。(○)
  날씨가 좋으면 테니스라도 하지 않겠습니까?
- 約束が あれば、先に 帰って ください。(○) 약속이 있으면 먼저 가세요.

한편, 「たら」는 문말표현 사용에 제약이 없어 사용할 수 있는 범위가 가장 넓은 조건 형태이다.

- 暖かく なったら、引っ越しましょう。 따뜻해지면 이사합시다.
- 雨が 上がったら、出かけて ください。 비가 그치면 나가 주세요.

雨が上がる
비가 그치다

(3) 시간적 전후관계

「と, ば, たら」가 쓰인 앞뒤 문장의 시간적 전후관계는 앞 문장이 성립한 후 뒤 문장이 성립하는 것을 나타낸다.

- 彼は 北海道に 行くと いつも ラーメンを 食べます。
  그는 홋카이도에 가면 언제나 라면을 먹습니다.
- 北海道に 行けば、雪祭りが 見られます。
  홋카이도에 가면 눈 축제를 볼 수 있습니다.
- 北海道へ 行ったら、ラーメンが 食べたいです。
  홋카이도에 가면 라면을 먹고 싶습니다.

위 예문에서 앞뒤 문장의 시간관계를 보면, 모두 앞 문장이 성립한 후에 뒤 문장이 성립하는 것을 알 수 있다. 그러나 「なら」는 후건이 먼저 성립하고 전건이 나중에 성립하는 경우에 쓰인다.

- 北海道へ 行くなら、私に 連絡して ください。
  홋카이도에 갈 거라면 저에게 연락해 주세요. [나에게 연락을 하는 것이 홋카이도에 가는 것보다 선행함]

雪祭り 눈 축제

連絡する 연락하다

6 조건표현의 사용

이상에서 살펴본 조건표현의 특징을 모두 파악하고 각각의 형태를 구분하여 사용하기란 쉬운 일이 아니다. 조건표현을 실제로 사용할 때에는 가능한 한 틀리지 않도록 사용 범위가 넓은 형태를 기억해 두는 것이 효과적이라 할 수 있다. 이와 같은 관점에서 조건표현 사용을 정리하면 다음과 같다.

❶ 회화체에서 가장 폭넓게 사용할 수 있는 것이 「たら」이다. 「たら」는 다른 조건 형태와 달리 문말 표현에 제한이 따르지 않아, 다양한 조건문에 두루 사용할 수 있다. 단, 문장체에서는 「たら」이외의 조건 형태를 쓰는 것이 좋다.

❷ 시간적으로 후건이 먼저 성립하는 경우에는 「なら」밖에 쓸 수 없다.

❸ 「さえ」가 쓰이는 최저조건과 반사실조건은 「ば」가 가장 적절하다.

❹ 자연현상이나 진리·법칙 등 일반적이고 객관적인 조건에는 「と」나 「ば」를 쓰는 것이 적절하다.

연습문제

1 빈칸에 알맞은 것을 고르시오.

(1) 明日 暇＿＿＿＿、映画を 見に 行きませんか。
　① とき　　　② から　　　③ には　　　④ なら

(2) この 本、＿＿＿＿＿、私に 貸して ください。
　① 読みおわって　　　　　② 読みおわったら
　③ 読みおわったり　　　　④ 読みおわっては

(3) 窓を ＿＿＿＿＿と、部屋が 涼しく なりました。
　① 開ける　　② 開けた　　③ 開けて　　④ 開いたら

(4) 夏休みに ＿＿＿＿＿ば、私も 遊びに 行きます。
　① なって　　② なる　　③ なれ　　④ なろう

2 보기와 같이「たら」를 이용하여 두 문장을 한 문장으로 바꾸시오.

> **보기**
> 駅に 着きます。電話を ください。
> → 駅に 着いたら、電話を ください。

(1) チャンスが あります。留学したいです。
　→ ＿＿＿＿＿＿＿＿＿＿＿＿＿＿＿＿＿＿

(2) バスが 来ません。タクシーで 行きます。
　→ ＿＿＿＿＿＿＿＿＿＿＿＿＿＿＿＿＿＿

(3) バスに 乗る お金が ありません。どうしますか。
　→ ＿＿＿＿＿＿＿＿＿＿＿＿＿＿＿＿＿＿

(4) 月曜日が 無理です。火曜日に レポートを 出して ください。
　→ ＿＿＿＿＿＿＿＿＿＿＿＿＿＿＿＿＿＿

3 다음 (　　) 안의 단어를 알맞은 형태로 바꾸시오.

(1) A：来週の サッカーの 試合、雨でも ありますか。
　　B：いいえ、＿＿＿＿＿＿＿＿ら、ありません。（雨だ）
　　A：そうですか。

(2) A：朝 起きて 外を ＿＿＿＿＿＿＿＿と、雪が 降って いたよ。（見る）
　　B：ほんとう？
　　A：うん、とても きれいだったよ。

(3) A：明日、学校に ＿＿＿＿＿＿＿＿なら 早く 寝なさい。（行く）
　　B：うん、わかった。

4 주어진 단어를 이용하여 일본어 문장을 완성하시오.

(1) 이 길을 오른쪽으로 돌면 왼쪽에 은행이 있습니다. （右へ 曲がる）
　　→ この 道を ＿＿＿＿＿＿＿＿と、左側に 銀行が あります。

(2) 검은 가방이라면 책상 위에 있었어. （黒い かばん）
　　→ ＿＿＿＿＿＿＿＿なら、机の 上に あったよ。

(3) 여기에 쓰여 있는 전화번호로 연락하면 될 거라고 생각합니다. （連絡する）
　　→ ここに 書いて ある 電話番号に ＿＿＿＿＿＿＿＿ば いいと 思います。

(4) 집에 돌아오면 바로 손을 씻습니다. （家へ 帰る）
　　→ ＿＿＿＿＿＿＿＿ら、すぐ 手を 洗います。

17 서법

보통 사람이 말을 하거나 문장을 쓸 경우, 객관적인 사실만을 말하는 것이 아니라 그 객관적인 사실에 대한 화자의 생각이나 판단을 함께 표현하게 된다. 예를 들어「彼は 来ないだろう」는「彼は 来ない」라는 사실에「だろう」를 붙여 추측을 나타내고 있다. 이와 같이 문은 객관적인 사실과 그 객관적인 사실을 전달하는 화자의 태도로 구성되어 있으며 이 화자의 심리적 태도를 나타내는 부분을 가리켜 '서법'이라고 한다.

이 과에서는 일본어의 서법 즉, 문말에 나타나는 다양한 표현에 대해 알아보도록 한다.

학습 포인트

▶ 추량 · 양태표현

▶ 전문표현

▶ 가능성 · 확신표현

▶ 당위(당연) · 설명표현

▶ 의지 · 희망표현

▶ 명령 · 금지표현

▶ 의뢰 · 허가 · 권유표현

1 서법의 종류

본 교재에서는 **서법 표현**을 크게 7가지로 나누어 설명한다. 의미를 기준으로 그에 속하는 형태를 분류하면 다음과 같다.

	의미적 분류	형태
1	추량·양태	〜だろう/〜でしょう ~일 것이다(~일 겁니다) 〜と思(おも)う ~라고 생각하다, ~인 것 같다 〜ようだ/〜みたいだ ~인(한)것 같다, ~인(한)듯 하다 〜らしい ~인 것 같다, ~라고 하다 〜そうだ ~인(한) 것 같다, ~인(한) 듯하다
2	전문	〜そうだ ~라고 한다 〜という ~라고 한다
3	가능성·확신	〜かも しれない ~일지도 모른다 〜に ちがいない ~임에 틀림없다 〜はずだ ~일 것이다
4	당위(당연)·설명	〜なければ ならない ~하지 않으면 안 된다, ~해야 한다 〜た ほうが いい ~하는 편이 좋다 〜べきだ ~해야 한다 〜ものだ ~하기 마련이다, ~하는 것이다 〜ことだ ~하는 것이다 〜わけだ ~인 것이다 〜のだ ~이다 *のだ는 06과에서 다룸
5	의지·희망	〜(よ)う ~하자, ~해야지 〜つもりだ ~할 생각이다, ~할 작정이다 〜ことに する ~하기로 하다 〜ことに なる ~하게 되다 〜ほしい ~갖고 싶다 〜たい ~하고 싶다
6	명령·금지	명령형 금지형 〜なさい ~해라, ~하시오 〜ては いけない ~해서는 안 된다
7	의뢰·허가·권유	〜て ください ~해 주세요 〜ても いい ~해도 된다, ~해도 상관없다 〜なくても いい ~하지 않아도 된다, ~하지 않아도 상관없다 〜ましょう/〜ましょうか/〜ませんか ~합시다/~할까요?/~하지 않겠습니까?

2 추량·양태

(1) だろう/でしょう ~일 것이다/~일 겁니다

❶ だろう/でしょう의 접속 형태

품사	접속 방법	예시
동사	보통체형 + だろう/でしょう	行くだろう/行くでしょう
い형용사	보통체형 + だろう/でしょう	忙しいだろう/忙しいでしょう
な형용사	보통체형 + だろう/でしょう (단, 비과거 긍정 だ + だろう だ + でしょう)	きれいだろう/きれいでしょう
명사	보통체형 + だろう/でしょう (단, 비과거 긍정 だ + だろう だ + でしょう)	休みだろう/休みでしょう

❷ 「~だろう」는 미래의 일이나 불확실한 일에 대한 추량을 나타내며, 「たぶん, きっと, おそらく」등과 함께 쓰이는 경우가 많다. 정중체로는 「~でしょう」를 쓴다.

- たぶん 今夜 雨が 降るだろう。 아마 오늘 밤 비가 내릴 것이다.
- あれは 何でしょう。 저것은 뭐지요?

❸ 억양을 상승조로 말하게 되면 상대방에게 확인을 요구하는 표현이 된다.

- お前も 行くだろう。(↗) 너도 갈 거지?
- あの 人は 木村さんの 奥さんでしょう。(↗) 저 사람은 기무라 씨의 부인이시죠?

たぶん 아마
きっと 꼭
おそらく 필시, 어쩌면

奥さん 부인

(2) と思う ~라고 생각하다, ~인 것 같다

❶ と思う의 접속 형태

품사	접속 방법	예시
동사	보통체형 + と思う	行くと思う
い형용사	보통체형 + と思う	いいと思う
な형용사	보통체형 + と思う	きれいだと思う
명사	보통체형 + と思う	休みだと思う

❷ 화자의 개인적이고 주관적인 생각을 말할 때 쓴다.

- あの子は 小学生だと 思います。 저 아이는 초등학생인 것 같습니다.
- 先生は いらっしゃらないと 思います。 선생님은 안 계신 것 같습니다.

小学生 초등학생

❸ 「의지형+と思う」의 형태로 자신의 의지나 예정을, 「だろう+と思う」의 형태로 자신의 의견이나 추측을 말할 때 쓴다.

- 子供に 片仮名を 教えようと 思います。 아이에게 가타카나를 가르치려고 합니다.
- 彼は 医者だろうと 思う。 그는 의사일 것이다.

片仮名 가타카나

(3) ようだ/みたいだ ~인(한) 것 같다, ~인(한) 듯하다

❶ ようだ/みたいだ의 접속 형태

품사	접속 방법	예시
동사	보통체형 + ようだ/みたいだ	行く ようだ/行く みたいだ
い형용사	보통체형 + ようだ/みたいだ	忙しい ようだ/忙しい みたいだ
な형용사	보통체형 + ようだ/みたいだ (단, 비과거 긍정 な + ようだ / だ + みたいだ)	きれいな ようだ/きれい みたいだ
명사	보통체형 + ようだ/みたいだ (단, 비과거 긍정 の + ようだ / だ + みたいだ)	休みの ようだ/休み みたいだ

❷ 화자의 경험적, 체험적 추량을 나타낸다. '확실히 단정할 수는 없지만 그렇게 생각한다, 그런 느낌이 든다'와 같이 화자 자신이 직접적으로 경험한 것을 근

거로 추론을 하는 것이다. 회화체에서는「ようです」대신「みたいです」가 주로 쓰인다.

- どうやら 君の 負けの ようだね。 아무래도 네가 진 것 같다.
- どうも 風邪を ひいた みたいです。 아무래도 감기에 걸린 것 같습니다.

どうやら 가까스로, 아무래도
負け 패배
どうも 아무래도

❸ 「ようだ/みたいだ」는 양태의 의미 이외에 비유나 예시의 의미로도 사용된다.
- 彼女の 英語の 発音は まるで アメリカ人の ようです。 |비유|
  그녀의 영어 발음은 마치 미국인과 같습니다.
- 北海道の ような 寒い ところでは 夏が 短いです。 |예시|
  홋카이도 같은 추운 곳에서는 여름이 짧습니다.

発音 발음
まるで 마치
アメリカ人 미국인
寒い 춥다
短い 짧다

(4) らしい ~인 것 같다, ~라고 하다

❶ らしい의 접속 형태

품사	접속 방법	예시
동사	보통체형 + らしい	行く らしい
い형용사	보통체형 + らしい	忙しい らしい
な형용사	보통체형 + らしい (단, 비과거 긍정 だ + らしい)	まじめ らしい
명사	보통체형 + らしい (단, 비과거 긍정 だ + らしい)	休み らしい

❷ 화자가 그 내용에 확신을 가지고 말할 때 쓴다. 그 판단의 근거는 외부로부터 받은 정보나 관찰 가능한 객관적인 일이다. 우리말 '~인 것 같다, ~라고 하다' 등에 해당한다.
- 彼は 今の 会社を やめて、留学する らしい。
  그는 지금 (다니는) 회사를 그만두고 유학을 가는 것 같다.
- 噂に よると、あの 人は 昔 テニス選手だった らしい。
  소문에 의하면 저 사람은 예전에 테니스 선수였다고 한다.

噂 소문

❸ 「~らしい」가 추량을 나타낼 때는「~ようだ/みたいだ」와 비슷하며, 전문을 나타낼 때는 전문의「~そうだ」와 비슷하다. 단, 판단의 책임이 명확해야 할 때에는 잘 쓰지 않는다.

- 彼は どうも 結婚して いる らしい。子供を つれて 海岸を
歩いて いるのを 見たという 人が いる。| 타인에 의한 정보 |
그는 아무래도 결혼한 것 같다. 아이를 데리고 해안을 걸어가는 것을 봤다고 하는 사람이 있다.

- 彼は どうも 結婚して いる ようだ。結婚指輪を して いた。
| 화자의 경험적 판단에 의한 정보 |
그는 아무래도 결혼한 것 같다. 결혼 반지를 끼고 있었다.

海岸 해안
結婚指輪 결혼 반지

 주로 명사에 접속하여 그 명사가 가진 전형적인 성질을 나타낼 때도 「らしい」를 쓴다. 이와 같은 용법의 「らしい」는 접사로서 추량을 나타내는 「らしい」와는 구분된다.
- あの 子は 本当に 学生らしい。 저 아이는 정말 학생답다.
- この頃、雨らしい 雨が 降って いない。 요즘 비다운 비가 내리지 않는다.

(5) そうだ(양태) ~인(한) 것 같다, ~인(한) 듯하다

❶ そうだ의 접속 형태

품사	접속 방법	예시
동사	ます형 + そうだ	行きそうだ
い형용사	어간 + そうだ	忙しそうだ (단, よい는 よさそうだ, ない는 なさそうだ)
な형용사	어간 + そうだ	きれいそうだ

❷ 외관적인 모습이나 인상 등 시각적 정보를 토대로 한 예상이나 예감을 나타낸다.
- 空が 曇って いますね。今にも 雨が 降りそうですね。
하늘이 흐려 있네요. 지금이라도 비가 올 것 같습니다.

- どれも おいしそうですね。 다 맛있어 보이네요.

曇る 흐려지다

❸ 양태의 의미를 나타내는 「そうだ」는 명사에 붙여 쓸 수 없다. 따라서 명사를 양태의 의미로 쓸 때에는 「ようだ」를 쓴다.
- 彼は 学生の ようです。(○) 그는 학생인 것 같습니다.
彼は 学生そうです。(×)

❹ 부정형은 동사의 경우, 「동사 ます형+そうにも ない/そうに ない/そうも ない」, 「동사 ない형+なさそうだ」를 쓰며, 형용사에는 「형용사 어간+そうでは ない」나 「형용사 어간+なさそうだ」를 쓴다.

- 明日、会社に 行けそうに ないです(＝行けなさそうです)。
  내일 회사에 갈 수 있을 것 같지 않습니다(가지 못할 것 같습니다).
- 今度の テストは あまり 難しそうでは ない(難しく なさそうだ)。
  이번 시험은 그렇게 어려운 것 같지 않다(어렵지 않은 것 같다).

今度 이번
テスト 시험, 테스트

3 전문

(1) そうだ(전문) ~라고 한다

❶ そうだ의 접속 형태

품사	접속 방법	예시
동사	보통체형 + そうだ	行く そうだ
い형용사	보통체형 + そうだ	忙しい そうだ
な형용사	보통체형 + そうだ	きれいだ そうだ
명사	보통체형 + そうだ	休みだ そうだ

❷ 화자가 들은 정보를 그대로 전달할 때 쓰는 표현으로, 우리말 '~라고 한다'에 해당한다.

- 彼は 先生だ そうです。 그는 선생님이라고 합니다.
- 小田君は 少し 遅れて くる そうです。 오다 군은 조금 늦게 온다고 합니다.

~君 ~군
遅れる 늦어지다

❸ 전문의 「そうだ」는 전문의 「らしい」와 유사한 의미를 나타내지만 「そうだ」쪽이 들은 것을 그대로 보고하는 느낌이 강하다.

- ニュースに よると、日本で 大きな 地震が あった そうです。
  뉴스에 의하면 일본에서 큰 지진이 있었다고 합니다.
- 新しく 出た デジタルカメラは、とても 便利らしいです。
  새로 나온 디지털 카메라는 매우 편리하다고 합니다.

大きな 큰
地震 지진
デジタルカメラ
(デジカメ)
디지털 카메라

(2) という ~라고 한다

❶ という의 접속 형태

품사	접속 방법	예시
동사	보통체형 + という	行くという
い형용사	보통체형 + という	忙しいという
な형용사	보통체형 + という	きれいだという
명사	보통체형 + という	休みだという

❷ 전문의 의미를 나타내며, 주로 히라가나로 쓴다.

- 彼は 釜山で 教師を して いるという。 그는 부산에서 교사를 하고 있다고 한다.
- 日本語で「未亡人」は 差別用語だと いう。
  일본어에서 '미망인'은 차별용어(특별한 속성을 가진 사람에게 차별을 목적으로 사용하는 속어)라고 한다.

釜山 부산
教師 교사
未亡人 미망인
差別用語 차별용어

4 가능성・확신

(1) かも しれない ~일지도 모른다

❶ かも しれない의 접속 형태

품사	접속 방법	예시
동사	보통체형 + かも しれない	来るかも しれない
い형용사	보통체형 + かも しれない	おもしろいかも しれない
な형용사	보통체형 + かも しれない (단, 비과거 긍정 だ + かも しれない)	無理かも しれない
명사	보통체형 + かもしれない (단, 비과거 긍정 だ + かも しれない)	犯人かも しれない

❷ 어떤 일이나 상황이 일어날 수 있는 가능성이 있음을 나타낸다.

- 彼女は 私を 覚えて いるかも しれない。 그녀는 나를 기억하고 있을지도 모른다.
- 明日、会議が あるかも しれない。 내일 회의가 있을지도 모른다.

覚える 기억하다

(2) に ちがいない ~임에 틀림없다

❶ に ちがいない의 접속 형태

품사	접속 방법	예시
동사	보통체형 + に ちがいない	いるに ちがいない
い형용사	보통체형 + に ちがいない	悲しいに ちがいない
な형용사	보통체형 + に ちがいない (단, 비과거 긍정 だ + に ちがいない)	きれいに ちがいない
명사	보통체형 + に ちがいない (단, 비과거 긍정 だ + に ちがいない)	休みに ちがいない

❷ 화자 자신의 주관적인 생각이나 경험에 의한 확신을 나타낸다.

- そんな ことを すると、母が 悲しむに ちがいない。
  그런 짓을 하면 어머니가 틀림없이 슬퍼할 것이다.
- 両親の 世話を する 彼女を 見て、彼は 驚いたに ちがいない。
  부모님의 시중을 드는 그녀를 보고 그는 놀랐음에 틀림없다.

悲しい 슬프다

悲しむ 슬퍼하다
世話をする 시중을 들다, 돌보다
驚く 놀라다

> **회화 포인트**
>
> 회화체에서는 「に 決まって いる(반드시 ~하다)」를 사용하는 경우가 많다.
> - たばこは 体に 悪いに 決まって います。 담배는 반드시 몸에 나쁩니다.
> - そんなこと、だめに 決まって いるよ。 그런 거, 안 되는 게 당연하지.

(3) はずだ ~일 것이다

❶ はずだ의 접속 형태

품사	접속 방법	예시
동사	보통체형 + はずだ	行く はずだ
い형용사	보통체형 + はずだ	おもしろい はずだ
な형용사	보통체형 + はずだ (단, 비과거 긍정 な + はずだ)	きれいな はずだ
명사	보통체형 + はずだ (단, 비과거 긍정 の + はずだ)	休みの はずだ

❷ 일반적인 지식이나 객관적인 근거에 의한 확신을 나타낸다.
- 彼は 旅行中だから、留守の はずです。 그는 여행 중이니까 집에 없을 것입니다.
- 今日は 日曜日だから、彼は 家に いる はずです。
  오늘은 일요일이니까 그는 집에 있을 것입니다.

旅行中 여행 중
留守 부재 중

❸ 부정형은「～ない はずだ」와「～はずが ない」 모두를 쓸 수 있다.
- 彼は 来ない はずです。 그는 오지 않을 것입니다.
- 彼は 来る はずが ないです。 그는 올 리가 없습니다. (위 문장보다 실현 가능성이 더 낮음)

 5 당위 · 설명

(1) なければ ならない ～하지 않으면 안 된다, ～해야 한다

❶ なければ ならない의 접속 형태

품사	접속 방법	예시
동사	ない형 + なければ ならない	行かなければ ならない
い형용사	ない형 + なければ ならない	長く なければ ならない
な형용사	ない형 + なければ ならない	真面目で なければ ならない
명사	で + なければ ならない	学生で なければ ならない

❷ 어떤 행위가 의무인 것, 반드시 해야 하는 일임을 나타낸다.
- 明日は 8時までに 学校に 行かなければ なりません。
  내일은 8시까지 학교에 가야 합니다.
- この バイトは 学生で なければ なりません。
  이 아르바이트는 학생이어야 합니다.

❸ 이와 유사한 표현에「～なくては ならない, ～なくては いけない, ～なくては だめだ」 등이 있다.

208

- 自動車は 右側を 走らなくては ならない。 자동차는 오른쪽으로 달려야 한다.
- 近所の 人に 会ったら 挨拶を しなくては いけない。
  근처에 사는 사람을 만나면 인사를 해야 한다.

自動車 자동차
右側 오른쪽
近所 근처
挨拶 인사

(2) た ほうが いい ~하는 편이 좋다

❶ た ほうが いい의 접속 형태

품사	접속 방법	예시
동사	た형+た ほうが いい	行った ほうが いい

❷ 어떤 행위를 하는 것이 바람직하다는 것을 나타낸다. 상대방의 행동에 대해 쓸 때에는 권고나 충고의 의미가 된다.

- 丁寧な ことばを 使った ほうが いいです。
  정중한 말을 사용 하는 편이 좋습니다.
- 季節の 変わり目には 体調に 気を つけた ほうが いいです。
  환절기에는 몸 상태에 조심하는 편이 좋습니다.

丁寧だ 정중하다
ことば 말
季節 계절
変わり目 바뀌는 때
体調 몸 상태
気をつける 조심하다

❸ 「사전형+ほうが いい」의 형태도 쓰이는데, 「사전형+ほうが いい」는 일반론을 이야기 할 때, 「た형+た ほうが いい」는 구체적이고 개별적인 사항을 이야기할 때 사용되는 경향이 있다.

- 風邪を 引いた 時は、ゆっくり 休む ほうが いいです。
  감기에 걸렸을 때에는 편안히 쉬는 것이 좋습니다. [일반적으로]
- 風邪を 引いた 時は、早く 帰って、休んだ ほうが いいですよ。
  감기에 걸렸을 때에는 빨리 돌아가서 쉬는 것이 좋아요. [개인에게]

❹ 다른 사람에게 무엇인가를 권고하거나 충고를 할 때에는 완곡하게「~ほうが いいと 思います(けど), ~ほうが いいんじゃ ないでしょうか」등의 표현을 쓰는 것이 좋다.

- 体の 具合が 悪い 時は、お酒は 飲まない ほうが いいと 思います。
  몸 상태가 나쁠 때에는 술은 마시지 않는 편이 좋습니다.

具合が悪い
상태가 안 좋다

회화 포인트

다른 사람에게 충고할 때에는 상대방과의 관계를 고려하여 신중히 해야 한다. 되도록 완곡하게 말하기 위해 다음과 같은 말을 전제로 하는 것이 좋다.

❶ 청자가 대등하거나 손아랫사람인 경우

悪いことは 言わないから 나쁜 말은 안 할 테니까
余計な お世話かも しれないけど 쓸데없는 참견인지는 모르겠지만
こんな ことは 言いたく ないけど 이런 말은 하고 싶지 않지만

- 余計な お世話かも しれないけど、その 仕事、早く やめた ほうが いいんじゃ ないかな。
  쓸데없는 참견인지도 모르겠지만, 그 일 빨리 그만두는 것이 좋지 않을까?

❷ 청자가 손윗사람인 경우

この ような ことは 申し上げたくありませんが 이런 말씀은 드리고 싶지 않습니다만
出すぎた ことだと 思いますが 너무 나서는 것 같지만
差し出がましい ことでは ありますが 주제 넘는 일이라고 생각합니다만

- 出すぎた ことだと 思いますが、とりあえず、少し お待ちに なった ほうが いいと 思いますが。
  너무 나서는 것 같지만, 우선 조금 기다리시는 것이 좋을 듯 합니다만.

余計なお世話 쓸데없는 참견

申し上げる 말씀드리다
出すぎる 주제넘게 나서다
差し出がましい 주제넘다

(3) べきだ ~해야 한다

❶ べきだ의 접속 형태

품사	접속 방법	예시
동사	사전형 + べきだ (단, する는 するべき, すべき 모두 가능)	行く べきだ
い형용사	어간 + く ある べきだ	美しく ある べきだ
な형용사	어간 + である べきだ	熱心である べきだ
명사	명사 + である べきだ	ものである べきだ

美しい 아름답다
熱心だ 열심이다

❷ 실현되지 않은 일에 대해 그 일이 실현되는 것이 바람직하다는 것을 나타낸다.

- 大学生なら 政治 全般に 興味を 持つ べきだ。
  대학생이면 정치 전반에 흥미를 가져야 한다.

- この 仕事は 君が やる べきだ。 이 일은 네가 해야 한다.

政治 정치
全般 전반
興味 흥미

❸ 부정형은 「~べきでは ない」로 '~하는 것은 바람직하지 않다'의 뜻이다.
- 自分の 価値観を 相手に 押し付ける べきでは ない。
  자신의 가치관을 상대방에게 강요해서는 안 된다.
- 海に ごみを 捨てる べきでは ない。 바다에 쓰레기를 버려서는 안 된다.

価値観 가치관
相手 상대방
押し付ける 강요하다

(4) ものだ ~하기 마련이다, ~하는 것이다

❶ ものだ의 접속 형태

품사	접속 방법	예시
동사	보통체형 + ものだ	する ものだ
い형용사	보통체형 + ものだ	軽い ものだ
な형용사	보통체형 + ものだ (단, 비과거 긍정 な + ものだ)	必要な ものだ

❷ 어떤 이상적인 상태나 그렇게 하는 것이 당연하다는 것을 나타내며 우리말 '~하기 마련이다'에 해당한다.
- 子供は 外で 元気に 遊ぶ ものだ。 아이는 밖에서 활발하게 놀기 마련이다.
- 女性は ブランド品を ほしがる ものだ。 여성은 명품을 갖고 싶어 하기 마련이다.

女性 여성
ブランド品 명품
ほしがる 갖고 싶어 하다

❸ 부정형은 「~ものでは ない(~인 것은 아니다)」와 「~ない ものだ(마땅히 ~하지 않는 것이다)」모두를 쓸 수 있다.
- 誰でも 警官に なれる ものでは ない。 누구든지 경찰관이 될 수 있는 것이 아니다.
- 兄弟で けんかは しない ものです。 형제 간에 싸움은 하지 않는 것입니다.

けんか 싸움

(5) ことだ ~하는 것이다

❶ ことだ의 접속 형태

품사	접속 방법	예시
동사	보통체형 + ことだ	行く ことだ
い형용사	보통체형 + ことだ	恥ずかしい ことだ
な형용사	보통체형 + ことだ (단, 비과거 긍정 な + ことだ)	大事な ことだ

大事だ 중요하다

❷ 어떤 목적이나 문제 해결을 위해 그 상황에서 가장 바람직한 것을 간접적으로 충고하거나 명령을 할 때 쓰며, 우리말 '~해야 한다, ~하는 것이 필요하다' 등에 해당한다.

- 将来に ついて、もう 一度 考える ことだ。 장래에 대해서 한 번 더 생각해야 한다.
- 夜 よく 眠る ためには 昼間 よく 動く ことです。
  밤에 잘 자기 위해서는 낮에 잘 움직여야 합니다.

眠る 잠들다
昼間 낮
動く 움직이다

부정형은 「ことは ない」로, 「ことでは ない」는 쓰지 않으므로 주의한다.
- 無理に 全部 食べる ことは ない。 무리해서 전부 먹을 필요는 없다.

無理に 무리하게
全部 전부

(6) わけだ ~인 것이다

❶ わけだ의 접속 형태

품사	접속 방법	예시
동사	보통체형 + わけだ	行く わけだ
い형용사	보통체형 + わけだ	忙しい わけだ
な형용사	보통체형 + わけだ (단, 비과거 긍정 な + わけだ)	元気な わけだ
명사	보통체형 + わけだ (단, 비과거 긍정 の/な/という + わけだ)	休みの わけだ

❷ 어떤 일을 진행하다 보면 논리적 · 필연적으로 그러한 결과에 다다르게 된다는 화자의 결론을 나타낸다. 우리말 '~인 것이다'에 해당하며, 주로 「すると, つまり, 従って」 등의 접속사와 함께 쓰인다.

- 勉強しないから、親に 叱られる わけです。
  공부하지 않으니까 부모님께 혼나는 것입니다.
- A: 昨日 彼女は 港に 行きませんでした。 어제 그녀는 항구에 가지 않았어요.
  B: すると、あなたが 代わりに 山田さんを 迎えに 行った わけですか。 그럼 당신이 대신 야마다 씨를 맞이하러 갔다는 건가요?

すると 그러자
従って 따라서

叱る 혼내다
従って 따라서
港 항구
代わりに 대신에
迎える 맞이하다

❸ 화자가 어떠한 일을 납득했을 때에도 쓰는데 주로 「それで, だから, 通りで」 등과 함께 쓰인다.

- 彼女は 10年間 アメリカに 住んで いたという。それで、英語が 上手な わけだ。 그녀는 10년간 미국에서 살았다고 한다. 그래서 영어를 잘하는 것이다.

それで 그래서
だから 그래서
通りで 그래서

❹ 부정형은 「술어 부정형＋わけだ(~하지 않는 것이다)」이다.
- 彼は 試験中だから、パーティーには 来られない わけだ。
  그는 시험기간 중이라서 파티에는 못 오는 것이다.

試験中 시험 중
パーティー 파티

「わけだ」가 들어간 부정표현에는 다음과 같은 것들도 있다.
ⓐ ~わけが ない(~일 리가 없다) : 어떤 사건이 성립할 수 없다는 강한 주장을 나타낸다.
- 試験中の 彼が パーティーに 来る わけが ない。 시험기간 중인 그가 파티에 올 리가 없다.

ⓑ ~わけでは ない(~인 (한)것은 아니다) : 주로 ~(だ)からといって (~(이)라고 해서)와 함께 쓰여 부분 부정을 나타낸다.
- アメリカ人だからといって、英語が 上手な わけでは ない。
  미국인이라고 해서 영어를 잘하는 것은 아니다.

ⓒ ~わけには いかない(~할 수는 없다) : 어떤 일을 하는 것이 정황상 불가능하다는 것을 나타낸다.
- 来週、科学の 試験だから、遊びに 行く わけには いかない。
  다음 주 과학 시험이니까 놀러 갈 수는 없다.

6 의지·희망

(1) (よ)う ~하자, ~해야지

❶ (よ)う의 접속 형태

품사	접속 방법	예시
동사	의지형 ＋ (よ)う	行こう 가자

❷ 화자의 의지를 나타낼 때 쓰며 우리말 '~하자, ~해야지' 등에 해당한다.
- 明日から 早く 起きよう。 내일부터 일찍 일어나자.
- 来年、日本に 留学しよう。 내년, 일본에 유학하자.

❸ 손아랫사람이나 친한 사이에서 제안이나 권유를 할 때 쓴다. 주로 종조사 「か」나 「よ」를 붙인다.
- 行こうよ。 가자.
- 食べようか。 먹을까?

❹ 다른 사람에게 자신의 의지를 표명할 때에는 「(よ)う + と 思う」를 붙여 쓴다.
- 祖母から 漬け物を 漬ける 方法を 習おうと 思います。
  할머니에게 절임음식을 담그는 방법을 배우려고 합니다.

漬け物 절임음식
漬ける 절임을 만들다, 담그다
方法 방법

(2) つもりだ ~할 생각이다, ~할 작정이다

❶ つもりだ의 접속 형태

품사	접속 방법	예시
동사	사전형 + つもりだ	行く つもりだ

❷ 화자의 의지나 예정 등을 나타내며 우리말 '~할 생각(작정)이다'에 해당한다.
- 明日 家に 帰る つもりです。 내일 집에 돌아갈 생각입니다.
- 京都の 伝統技術を 習う つもりです。 교토의 전통기술을 배울 생각입니다.

伝統技術 전통 기술

❸ 부정표현은 「~ない つもりです」라고 한다.
- 明日は 出かけない つもりです。 내일은 외출하지 않을 생각입니다.

부정표현에 「~つもりは ない」도 있으나, 상대방의 권유를 강하게 거절하는 표현이므로 주의해서 사용해야 한다.
- その 問題に ついて、私は 何も 言う つもりは ない。 그 문제에 대해 나는 아무것도 말할 생각은 없다.

(3) ことに する ~하기로 하다

❶ ことに する의 접속 형태

품사	접속 방법	예시
동사	사전형 + ことに する	行く ことに する

❷ 「~ことに する」는 자신이 주체적으로 어떠한 일을 결정한 것을 나타내며 우리말 '~하기로 하다(결정하다)'에 해당한다.
- 明日から 日記を 書く ことに した。 내일부터 일기를 쓰기로 했다.
- これから 真面目に 勉強する ことに しました。
  이제부터 부지런히 공부하기로 했습니다.

日記 일기

「~ことに する」와 구별해서 사용해야 하는 표현에 「~ように する」가 있다. 「~ように する」는 어떤 사건이나 동작이 '일어나도록 하다' 혹은 '노력하다'의 의미로서 우리말 '~하려고 하다'에 해당한다.

- 月 1回は 映画を 見る ように します。 한 달에 한 번은 영화를 보려고 합니다.
- 野菜は たくさん 食べる ように して います。 채소는 많이 먹으려고 하고 있습니다.

(4) ことに なる ~하게 되다

❶ ことに なる의 접속 형태

품사	접속 방법	예시
동사	사전형 + ことに なる	行く ことに なる

❷ 어떠한 일이 자신의 의지와 상관없이 외부요인에 의해 결정된 것을 나타내며, 우리말 '~하게 되다'에 해당한다.

- 河村さんは 今度 外国の 工場に 移る ことに なった。
  가와무라 씨는 이번에 외국 공장으로 옮기게 되었습니다.
- 私、木村さんと 結婚する ことに なりました。
  저, 기무라 씨와 결혼하게 되었습니다.

工場 공장
移る 옮기다, 이동하다

「~ことに なる」와 구별해서 사용해야 하는 표현에 「~ように なる」가 있다. 「~ように なる」는 지금까지 존재하지 않았거나 못했던 상태에서 현재는 존재하거나 할 수 있게 된 것을 나타내며 우리말 '~하게 되다'에 해당한다. 가능동사와 함께 쓰이는 경우가 많다.

- 毎朝、朝食を 食べる ように なった。 매일 아침 아침밥을 먹게 되었다.
- 漢字が 読める ように なりました。 한자를 읽을 수 있게 되었습니다.

朝食 조식

(5) ほしい ~갖고 싶다

❶ ほしい의 접속 형태

품사	접속 방법	예시
명사	명사 + が ほしい	車が ほしい

❷ 「ほしい」는 화자가 소유하고 싶어 하는 것에 관한 희망을 나타내는 형용사로 그 대상물에 조사 「が」가 쓰인다.

- 私は 赤い コートが ほしいです。 나는 빨간 코트를 가지고 싶습니다.
- 彼氏が ほしい。 남자 친구를 갖고 싶다(필요하다).

赤い 붉다
コート 코트
彼氏 남자 친구

❸ 제3자의 희망사항을 나타낼 때에는「ほしがる」를 쓴다. 이 경우 대상물은「を」로 써야 하며, 보통은「ほしがって いる」의 형태로 쓰인다.

- 友_{とも}だちは 赤_{あか}い コートを ほしがって います。
  친구는 빨간 코트를 가지고 싶어 합니다.
- 弟_{おとうと}は 新_{あたら}しい スニーカーを ほしがって います。
  남동생은 새로운 스니커즈를 가지고 싶어 합니다.

スニーカー 스니커즈

❹ 「～て ほしい」의 형태로 다른 사람이 무엇인가 해 주기 바랄 때 쓴다.

- ちょっと 手_て伝_{つだ}って ほしいんですが。 잠깐 도와줬으면 좋겠는데요.
- ちょっと スーツケースを 貸_かして ほしい。 슈트케이스 좀 빌려 줬으면 좋겠어.

スーツケース 슈트케이스

(6) たい ～하고 싶다

❶ たい의 접속 형태

품사	접속 방법	예시
동사	ます형＋たい	ワインが 飲_のみたい

ワイン 와인

❷ 「～たい」는 화자의 희망을 나타내는 것으로, 대상을 나타내는 조사는 원칙적으로「が」를 쓴다.

- 私_{わたし}は コーヒーを 飲_のみます。 나는 커피를 마십니다.
  → 私_{わたし}は コーヒーが 飲_のみたいです。 나는 커피를 마시고 싶습니다.

❸ 제3자의 희망을 나타낼 때에는「～たがる」를 쓴다. 이 경우 대상을 나타내는 조사는「を」를 써야 하며, 주로「～たがって いる」의 형태로 쓰인다.

- 友_{とも}だちは 日_に本_{ほん}に 行_いきたがって います。 친구는 일본에 가고 싶어 합니다.
- 妹_{いもうと}は 村_{むら}上_{かみ}春_{はる}喜_きの 小_{しょう}説_{せつ}を 読_よみたがって います。
  여동생은 무라카미 하루키의 소설을 읽고 싶어 합니다.

村上春喜 무라카미 하루키(인명)

❹ 원칙적으로「～たい」는 대상을 나타내는 조사로「が」를 써야 하지만, 요즘에는「を」를 그대로 쓰는 경우가 많으며, 「電_{でん}話_わを かける, アイロンを かける, 汗_{あせ}を かく, 経_{けい}験_{けん}を 積_つむ」와 같이「명사＋を」와 동사의 연결이 강하거나「명사＋を」와 동사 사이에 다른 말이 많이 들어가 있을 때에는「を」를 그대로 쓰는 것이 좋다.

アイロンをかける 다림질을 하다
汗をかく 땀을 흘리다
経験を積む 경험을 쌓다

- たくさんの 経験(けいけん)を 積(つ)みたい。 많은 경험을 쌓고 싶다.
- レストランで 夕食(ゆうしょく)を 彼女(かのじょ)と 二人(ふたり)で 食(た)べたい。
  레스토랑에서 저녁을 그녀와 둘이서 먹고 싶다.

❺ 실제로 자신의 희망사항을 말할 때「〜たいです」만 쓰게 되면 본인의 희망을 강하게 말하는 느낌이 든다. 때문에「〜たいんですが」의 형태로 쓰는 것이 자연스럽다. 또한 손윗사람의 희망사항을 묻는 것은 실례가 될 수 있기 때문에 손윗사람에게는 쓰지 않도록 한다.

- 私(わたし)は コーヒーが 飲(の)みたいんですが。 저는 커피를 마시고 싶은데요.
- 先生(せんせい)、コーヒーが 飲(の)みたいですか。（×） 선생님은 커피를 마시고 싶습니까?
  → 先生(せんせい)、コーヒーは いかがですか。（○） 선생님, 커피는 어떠세요?

7 명령・금지

(1) 동사의 명령형

상대방에게 어떤 동작을 강요하는 표현으로, 지위나 연령이 위인 남성이 손아랫사람에게 쓰거나 구령이나 응원, 표어 등에 쓰인다. (5장 참조)

- 早(はや)く 起(お)きろ。 빨리 일어나.
- 頑張(がんば)れ。 힘내라.

 동사의 명령형은 부모와 자식간에도 그리 쓰이지 않을 만큼 극히 제한적인 상황에서 쓰인다.

(2) な(금지형) ~하지 마

❶ な의 접속 형태

품사	접속 방법	예시
동사	사전형 + な	行(い)くな 가지 마

❷ 「～な」는 어떤 행동을 하지 말 것을 명령하는 표현, 즉, 금지명령표현이다. 여성들은 보통 쓰지 않으며, 남성들도 친한 사이에서나 쓸 수 있다. 일반적으로 경고문 등에 많이 쓰인다.

- ここに 入_{はい}るな。 여기에 들어오지 마.
- 心配_{しんぱい}するな。 걱정하지 마.

(3) なさい ～해라, ～하시오

❶ なさい의 접속 형태

품사	접속 방법	예시
동사	ます형 + なさい	行きなさい 가시오

❷ 「～なさい」는 가정에서 부모와 자식 사이에서 혹은 학교에서 선생님과 학생 사이에서 많이 사용되는 명령 표현이다. 권위나 지배력을 가진 사람의 입장에서 손아랫사람에게 쓰는 표현이기 때문에 사용이 제한적이다.

- こっちに 来_きなさい。 이쪽으로 오세요.
- 早_{はや}く やりなさい。 빨리 하세요.

(4) ては いけない ～해서는 안 된다

❶ ては いけない의 접속 형태

품사	접속 방법	예시
동사	て형 + ては いけない	行っては いけない
い형용사	て형 + ては いけない	長くては いけない
な형용사	て형 + では いけない	簡単では いけない
명사	명사 + では いけない	学生では いけない

❷ 어떤 행위가 용인될 수 없다는 금지를 나타내며, 우리말 '～해서는 안 된다'에 해당한다. 금지의 느낌이 강하기 때문에 일반적으로는 사회적 규범이나 매너 등의 금지표현에 많이 쓰인다.

- 高校生_{こうこうせい}は たばこを 吸_すっては いけません。 고등학생은 담배를 피워서는 안 됩니다.
- ここに 駐車_{ちゅうしゃ}しては いけません。 여기에 주차해서는 안 됩니다.

簡単だ 간단하다

高校生 고등학생
駐車する 주차하다

❸ 「〜ては いけない」를「〜ちゃ いけない」로 축약해서 쓰기도 한다.

- 地下鉄の 中で 食べ物を 食べちゃ いけないよ。
  지하철 안에서는 음식물을 먹어선 안 돼.

 명령표현에는 이외에도 「동사의 사전형+こと」, 「동사의 사전형+ように」 등이 있다. 두 형태 모두 일반적인 규칙이나 전달사항 등을 제시할 때 쓴다.

- 本を 汚さない こと。本を 借りたら、必ず 返す こと。 (도서관 규칙)
  책을 더럽히지 말 것. 책을 빌리면, 반드시 반납할 것.
- 来週の 金曜日までに 書類を 提出する ように。 (게시판 내용)
  다음 주 금요일까지 서류를 제출하도록.

汚す 더럽히다
金曜日 금요일
提出する 제출하다

8 의뢰 · 허가 · 권유

(1) て ください ~해 주세요

❶ て ください의 접속 형태

품사	접속 방법	예시
동사	て형+て ください	行って ください 가 주세요

❷ 다른 사람에게 의뢰를 하거나 무언가를 부탁할 때 쓰이지만, 실제로 「〜て ください」만 쓰게 되면 명령의 의미가 된다. 따라서 정중하게 말할 때에는 「〜て くださいませんか」 등 다른 형태를 쓰는 것이 좋다.

- もっと 大きい ズボンを 見せて ください。 더 큰 바지를 보여 주세요.
- すみませんが、少し 手伝って くださいませんか。
  죄송하지만 잠깐 도와주지 않으시겠습니까?

ズボン 바지
高校生 고등학생
駐車する 주차하다

❸ 친한 사이에서는 「〜て くれ, 〜て」 등의 형태를 쓴다.

- この 荷物を 運んで くれ。 이 짐을 옮겨 줘.
- この 荷物、運んで。 이 짐 옮겨 줘.

누군가에게 의뢰를 할 때에는 상대에 따라 다음과 같은 표현을 전제로 말하는 것이 자연스럽다.

〈보통체에서〉
- 悪いんだけど 미안한데
- ごめん 미안
- あのね 저기

- 悪いんだけど、この 荷物 運んで もらえる？（ ↗ ） 미안한데, 이 짐 옮겨 줄래?

〈정중체에서〉
- あのう 저기
- すみませんが 죄송합니다만
- 恐れ入りますが 죄송합니다만
- 恐縮ですが 송구합니다만
- お手数ですが 수고스럽습니다만
- 申し訳ございませんが 죄송합니다만
- お忙しい ところ 申し訳 ありませんが 바쁘신 중에 죄송합니다만
- ご都合の よい ときで かまいませんが 형편이 좋으실 때라도 괜찮습니다만

- 恐れ入りますが、こちらに、ご住所、お名前を お書きください。
  죄송하지만 이쪽에 주소, 이름을 써 주세요.

恐れ入る 죄송해하다
恐縮 죄송히 여김, 송구함
手数 수고, 애씀
住所 주소

(2) ても いい（かまわない） ~해도 된다(상관없다)

❶ ても いい의 접속 형태

품사	접속 방법	예시
동사	て형 + ても いい(かまわない)	行っても いい(かまわない)
い형용사	て형 + ても いい(かまわない)	長くても いい(かまわない)
な형용사	て형 + でも いい(かまわない)	不便でも いい(かまわない)
명사	명사 + でも いい(かまわない)	学生でも いい(かまわない)

❷ 의문문의 형태로 허가를 요구하거나 상대방에게 무엇인가를 허가해 줄 때 쓴다. 우리말 '~해도 된다(상관없다)'에 해당한다.

- A: 今日は 早く 帰っても いいですか。 오늘은 빨리 가도 됩니까?
  B: 今日は 早く 帰っても いいです。 오늘은 빨리 가도 됩니다.

- 掃除が 終わった 人は、先に 帰っても かまいません。
  청소가 끝난 사람은 먼저 가도 상관없습니다.

掃除 청소
先に 먼저

❸ 형용사나 명사에 쓰였을 때에는 그 정도면 괜찮다는 의미를 나타낸다.

- 交通が 不便でも いいです。 교통이 불편해도 괜찮습니다.
- 定規は 短くても いいですか。 자는 짧아도 됩니까?

定規 자

❹ 「何(なに), だれ, いつ, いくら」 등의 의문사와 함께 쓰이기도 한다.
- この レストランは いくら 食(た)べても 値段(ねだん)は 同(おな)じです。
  이 레스토랑은 아무리 먹어도 가격은 똑같습니다.

(3) なくても いい(かまわない) ~하지 않아도 된다(상관없다)

❶ なくても いい의 접속 형태

품사	접속 방법	예시
동사	ない형+なくても いい(かまわない)	行(い)かなくても いい(かまわない)
い형용사	ない형+なくても いい(かまわない)	強(つよ)く なくても いい(かまわない)
な형용사	ない형+なくても いい(かまわない)	上手(じょうず)で なくても いい(かまわない)
명사	で + なくても いい(かまわない)	学生(がくせい)で なくても いい(かまわない)

❷ 어떤 행위를 하지 않아도 된다는 불필요를 나타내며, 우리말 '~하지 않아도 된다(상관없다)'에 해당한다.
- 明日(あした)の パーティーには 何(なに)も 持(も)って 来(こ)なくても かまいません。
  내일 파티에는 아무것도 가져오지 않아도 상관없습니다.
- 毎日(まいにち)で なくても いいから、時々(ときどき) 運動(うんどう)して ください。
  매일이 아니어도 좋으니까 가끔 운동하세요.

運動する 운동하다

(4) ましょう/ましょうか/ませんか ~합시다/~할까요?/~하지 않겠습니까?

❶ ましょう/ましょうか/ませんか의 접속 형태

품사	접속 방법	예시
동사	ます형+ましょう/ましょうか/ませんか	行(い)きましょう/ましょうか/ませんか

❷ 「~ましょう/ましょうか/ませんか」는 상대방에게 무엇인가를 제안하거나 권유하는 표현으로 「~ませんか」가 상대방의 의향을 더 존중하고 있다는 느낌을 준다.
- ちょっと 休(やす)みましょう。 잠깐 쉽시다.
- もう 帰(かえ)りましょうか。 이제 돌아갈까요?

- 一緒に お茶を 飲みませんか。 함께 차를 마시지 않겠습니까?

❸ 친한 사이에서는「〜(よ)う, 〜(よ)うか, 〜ない(か)」등의 형태가 쓰인다.
- もう 行こうか。 이제 갈까?
- 一緒に 行かない？(↗) 함께 가지 않을래?

회화 포인트

권유표현에서는 상대방에게 정중하게 묻는 것도 중요하지만 남이 무엇인가를 권유했을 때 상대방에게 실례가 되지 않도록 대답하는 것 또한 매우 중요하다. 특히 거절을 할 경우에는 상대에게 불쾌감을 주지 않도록 다음과 같은 표현을 적절히 쓰는 것이 좋다.

- [권유] A：一緒に 映画に 行きませんか。 함께 영화를 보러 가지 않겠습니까?

  [동의] B：ええ、行きましょう。 네, 가시죠.

  ええ、ぜひ。 네, 꼭.

  ええ、ありがとう。 네, 고마워요.

  [거절] B：すみません。今日は ちょっと……。 죄송해요. 오늘은 좀…….

  いえ、今日は……。 아니요. 오늘은…….

  すみません、実は 用事が あって……。 죄송해요. 실은 볼일이 있어서…….

  せっかくですが、もう すぐ 期末試験なので……。
  모처럼 말씀하셨는데, 이제 곧 기말시험이어서…….

ぜひ 꼭
実は 실은
用事 볼일
期末試験 기말시험

 ご一緒に いかがですか

손윗사람에게 무엇인가를 권할 때「ご一緒に いかがですか」를 사용하면 정중한 권유표현이 된다.「(もし) よろしかったら ((혹시) 괜찮으시면), (もし) お暇でしたら ((혹시) 한가하시면), (もし) お時間が ありましたら ((혹시) 시간이 있으시면)」등과 함께 쓰이기도 한다.

- 今度の 日曜日、山登りに 行くんですけど、ご一緒に いかがですか。
  이번 일요일 등산하러 가는데, 같이 어떠세요?
- もし 時間が ありましたら、ご一緒に いかがですか。
  만약 시간이 있으시면 함께 어떠세요?

山登り 등산

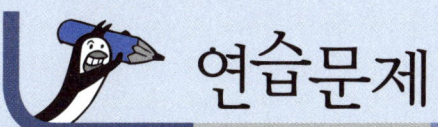

연습문제

1 빈칸에 알맞은 것을 고르시오.

(1) 連絡して ありますから、古川さんも 来る _____ です。
① はず　　　　② もの　　　　③ こと　　　　④ ため

(2) 携帯が 鳴ったけど、今ごろ だれ_____。
① らしい　　　② ようだ　　　③ みたい　　　④ だろう

(3) 風邪が 治ったから、もう 病院へ _____ いい。
① 行く　　　　② 行った　　　③ 行かなくても　④ 行かない

(4) ソウルは 夜でも 昼間の _____ 明るいですね。
① よう　　　　② ようだ　　　③ ような　　　④ ように

2 ( ) 안에 알맞은 것을 고르시오.

(1) 彼は 5年間 日本に 住んで いたという。それで、日本語が (上手な / 上手の) わけだ。

(2) この ケーキ、(おいし / おいしい)そうですね。一口 食べて みても いいですか。

(3) この 町は 交通が (不便 / 不便だ)かも 知れません。

(4) 明日は いい (天気 / 天気の) らしいです。

(5) 友だちは 新しい バイクを (ほしい / ほしがって いる)。

3 다음 ( ) 안의 단어를 알맞은 형태로 바꾸시오.

(1) A : 鈴木さんって どんな 人ですか。
　　B : そうですね。あの 人は 口が 軽いから、大事な ことは ＿＿＿＿＿ ほうが いいですよ。(話す)
　　A : そうですか。

(2) A : ちょっと ＿＿＿＿＿ ほしいんですが。(手伝う)
　　B : いいですよ。
　　A : この 荷物を いっしょに 3階まで 運んで もらえますか。
　　B : はい、分かりました。

(3) A : うちの 息子は 毎日 遊んで ばかりで 心配です。
　　B : 大丈夫ですよ。子供は 外で 元気に ＿＿＿＿＿ ものですよ。(遊ぶ)
　　A : それは そうですが。

4 주어진 단어를 이용하여 일본어 문장을 완성하시오.

(1) 일기예보에 의하면 내일 눈이 온다고 합니다. (雪が 降る)
　　→ 天気予報に よると、明日 ＿＿＿＿＿＿＿＿＿＿＿＿＿。

(2) 야마다 씨는 오늘 나간다고 했기 때문에 집에 없을 겁니다. (留守)
　　→ 山田さんは 今日 出かけると 言って いたから、＿＿＿＿＿＿＿＿＿＿＿＿＿。

(3) 그는 열심히 공부했기 때문에 시험에 합격할 것임에 틀림없다. (試験に 合格する)
　　→ 彼は 一生懸命 勉強したから、＿＿＿＿＿＿＿＿＿＿＿＿＿。

(4) 이번에 제출하는 이력서는 자필이 아니면 안됩니다. (自筆)
　　→ 今回 出す 履歴書は ＿＿＿＿＿＿＿＿＿＿＿＿＿。

정답은 P.277

18 특립조사 · 종조사

특립조사란 다른 말과 구분해서 강하게 제시하려는 화자의 태도를 나타내는 조사로 일본어로는 「取り立て助詞」라고 한다. 종조사란 문말에 쓰여 화자의 주관적인 태도를 전달하는 조사를 말한다. 의미분류가 체계적으로 가능한 격조사에 비해 특립조사나 종조사는 체계적인 문법 기술이 미진한 분야이다. 특히 종조사는 그동안 조사의 일부분으로 간주되어 단독으로 다루는 경우는 드물었으나 의사소통 기능이 강화되면서 그 역할이 부각되고 있다.

이 과에서는 특립조사의 사용, 종조사 사용에 대해 알아보도록 한다.

학습 포인트

▶ 특립조사의 종류와 의미
▶ 종조사의 종류와 의미

1 특립조사

특립조사는 종래 계조사(係助詞), 부조사(副助詞)로 불리던 어군으로 다른 말과 구분해서 강하게 제시한다는 기능을 중시하여 특립조사(**取り立て助詞**)라 부르고 있다.

(1) 주제를 나타내는 조사

❶ は ~은/는

ⓐ 주제를 나타낸다.
- 私は 韓国人です。 나는 한국인입니다.

ⓑ 다른 것과의 대비를 나타낸다.
- お酒は 飲むが、たばこは 吸わない。 술은 마시지만 담배는 피우지 않는다.

ⓒ 숫자와 함께 쓰여 '(적어도) ~은'의 의미를 나타낸다.
- 見た ところ、200人は いると 思う。 보아하니 200명은 있는 것 같다.

❷ なら/だったら ~(이)라면

ⓐ 상대방이 말한 화제를 주제로 말을 할 때 쓴다. 회화체에서는 「だったら」라고도 한다.
- A: 時計が 買いたいのですが……。 시계를 사고 싶은데요…….
  B: 時計なら スイスのを 買ったら どうですか。
  시계라면 스위스제를 사는 것이 어떻습니까?

ⓑ 상대방의 행동이나 상황에서 예측되는 주제에 관해 말할 때에도 쓴다.
- 교수님 연구실에서 노크를 하고 있는 학생에게
  先生なら、今 講義中です。 선생님이라면 지금 강의 중입니다.

❸ とは/って ~(이)란

주제에 정의나 설명을 첨가할 때 쓴다. 회화체에서는 「って」를 쓰기도 한다.

スイス 스위스

講義中 강의 중

- Nシステム<u>とは</u>、警察に よって、路上に 設置された 監視システムの ことです。 N시스템이란, 경찰에 의해서 노상에 설치된 감시 시스템을 말합니다.
- A：「おせち」<u>って</u> 何ですか。 '오세치'란 무엇입니까?
  B：正月に 食べる 料理の ことです。 새해에 먹는 음식을 말합니다.

システム 시스템
路上 노상
設置する 설치하다
監視 감시
おせち 오세치요리
(명절에 먹는 음식)

(2) 제시한 것 이외에 다른 것도 존재한다는 것을 나타내는 조사

❶ も ~도, ~(이)나

ⓐ 같은 종류라는 것을 말하거나 같은 종류를 나열할 때 쓴다.

- 彼は ソウルで 生まれた。私<u>も</u> ソウルで 生まれた。
  그는 서울에서 태어났다. 나도 서울에서 태어났다.
- ワイシャツ<u>も</u> スカート<u>も</u> 買って あります。
  와이셔츠도 치마도 사 두었습니다.

ワイシャツ 와이셔츠
スカート 스커트

ⓑ 강조할 때 쓴다.

극단적인 예를 들어 강조	のどが 痛くて、水<u>も</u> 飲めない。 목이 아파서 물도 못 마시겠다. 彼女は 私に あいさつ<u>も</u> しない。 그녀는 나에게 인사도 안 한다.
「どれ, いつ, どこ, なに」 등의 의문사에 붙어 강조	今度の 試験では どれ<u>も</u> いい 点が 取れた。 이번 시험에서는 다 좋은 점수를 땄다. 今週の 休みには どこに<u>も</u> 出かけませんでした。 이번 주 휴일에는 어디에도 가지 않았습니다.
수량을 나타내는 말에 붙어 강조	彼女は ビールを 3本<u>も</u> 飲んだ。 그녀는 맥주를 3병이나 마셨다. 彼とは 一分<u>も</u> 一緒に いたく ない。 그와는 1분도 함께 있고 싶지 않다.

のど 목
試験 시험
点 점, 점수
取れる 따다, 얻다

❷ でも/だって ~도, ~라도

ⓐ 극단적인 예를 들어 다른 것은 말할 필요도 없다는 의미를 나타낸다. 「だって」는 회화체적 표현이다.

- この 漢字の 意味は 小学生<u>でも</u> 説明できる。
  이 한자의 의미는 초등학생도 설명할 수 있다.

意味 의미

- お金の 大切さは 子供だって 知って いる。
  돈의 소중함은 아이도 알고 있다.

ⓑ 예시를 나타낸다. (「だって」는 쓸 수 없음)

- お茶でも いかがですか。 차라도 어떻습니까?

❸ (で)さえ(も)/(で)すら(も) ~도, ~조차

ⓐ 극단적인 예를 들어 다른 것은 말할 필요도 없다는 것을 나타낸다.

- こんな 難しい 問題は 大学の 先生でさえ 解けないだろう。
  이런 어려운 문제는 대학 선생님도 풀 수 없을 것이다.

- 子供ですら できる ことが どうして あなたに できないのか。
  아이조차 할 수 있는 것을 어째서 당신이 못 하는 것일까?

ⓑ 「すら」가 「さえ」보다 문장체이다.

❹ まで(も) ~까지, ~조차

극단적인 상태나 정도를 나타낼 때 쓴다.

- 彼女は よく 知らない 人まで パーティーに 招待した。
  그녀는 잘 모르는 사람까지 파티에 초대했다.

- うちの 社長は 新聞社 だけでは なく、貿易会社まで 持って いる。
  우리 사장님은 신문사뿐만 아니라 무역회사까지 가지고 있다.

(3) 제시한 것 이외에는 해당하는 것이 없다는 한정을 나타내는 조사

❶ だけ ~만, ~만큼, ~뿐

ⓐ 범위나 종류, 분량 등을 한정할 때 쓴다.

- パスポート だけ 見せて ください。 여권만 보여 주세요.

ⓑ 정도를 나타내거나 강조를 할 때 쓴다.

- この 薬だけで よく なりました。 이 약만으로 좋아졌습니다.

- できる だけ 塩は 入れないで、料理を しようと 思います。
  가능하면 소금은 넣지 않고 요리하려고 합니다.

❷ のみ ~만, ~뿐

범위나 종류를 한정할 때 쓰며, 「だけ」의 문장체적 표현이다.

- この 売り場は 女性の 服のみ 売って いる。 이 매장은 여성복만 팔고 있다.

❸ ばかり ~만, ~뿐, ~정도

ⓐ '어떤 일만 혹은 어떤 것만'이라는 한정을 의미를 나타낸다.

- 最近 カレー ばかりだったので、今日は 違う ものを 食べよう。
  요즘 카레만 먹었으니까 오늘은 다른 것을 먹자.

- 遊んで ばかり いると 後で 自分自身が 困りますよ。
  놀기만 하면 나중에 자기 자신이 곤란할 거예요.

한정의 의미로 쓰인 「ばかり」는 「だけ」와 의미적으로 비슷하지만 한정의 정도가 다르다. 예를 들어 「子供は 毎日 テレビ ばかり 見て いる」는 「ばかり」로 한정한 일을 주로 많이 한다는 것을 나타내는 반면 「子供は 毎日 テレビ だけ 見て いる」는 오로지 「だけ」로 한정한 일만 한다는 것을 나타낸다. 따라서 상식적으로 매일 TV를 보는 일만을 할 수는 없기 때문에 이와 같은 경우에 「だけ」를 쓰면 어색한 문장이 된다.

- 子供は 毎日 テレビ ばかり 見て いる。(O) 아이는 매일 TV만 보고 있다.
- 子供は 毎日 テレビ だけ 見て いる。(?) 아이는 매일 TV만 보고 있다.

ⓑ 대략적인 수량을 나타낼 때 쓴다. 단, 일반적으로 쓸 수 있는 「ぐらい, ほど」와는 달리 「ばかり」는 막연하게 수량을 추측할 때 쓴다.

- 広場に １５、６人 ばかりの 人が 集まって いる。
  광장에 15, 6명 정도의 사람이 모여 있다.

ⓒ 「동사 사전형+ばかり」의 형태로 무엇인가를 하기 직전의 상태임을 나타낸다.

- 準備は 終わりました。あとは 出発を 待つ ばかりです。
  준비는 끝났습니다. 이제는 출발을 기다릴 뿐입니다.

「~ばかりで なく」의 형태로 '~뿐만 아니라'라는 의미로 쓴다.
- 彼は 音楽 ばかりで なく、科学にも 興味が ある。
  그는 음악뿐만 아니라 과학에도 흥미가 있다.

❹ しか ~밖에

「～しか ～ない」의 형태로 범위나 정도를 한정할 때 쓴다.

- 試験の 日まで あと 100日 しか ない。 시험일까지 이제 100일밖에 없다.
- 木村さんは、音楽は クラシックにしか 関心が ない。
  기무라 씨는 음악은 클래식에밖에 관심이 없다.

違う 다르다
自分自身 자기 자신

広場 광장

出発 출발

関心 관심

(4) 제시한 것만을 강조하는 조사

こそ ~(이)야말로

특히 강조하고 싶은 것을 나타낸다.

- これこそ 私が 長い 間 探して いた ものです。
  이것이야말로 내가 긴 시간 찾던 것입니다.

- こちらこそ よろしく お願いします。 저야말로 잘 부탁합니다.

(5) 예시나 경시를 나타내는 조사

など/なんか/なんて ~등, ~따위

ⓐ 예시를 할 때 쓴다.

- パンに バターや ジャム などを つけて 食べました。
  빵에 버터랑 잼 등을 발라서 먹었습니다.

- これなんか、どう？ 이런 건 어때?

- 旅行に 福岡なんて どうかな。 여행으로 후쿠오카 같은 곳은 어떨까?

ジャム 잼
つける 바르다
福岡 후쿠오카(지명)

ⓑ 경시하는 대상을 나타낸다.

- 味噌など 臭いが 強くて 食べられません。
  된장 같은 건 냄새가 강해서 먹을 수 없습니다.

- 今の 政治を 見ると、政治家なんて いらないんじゃ ないかと 思う。 지금의 정치를 보면 정치가 따윈 필요 없지 않나 싶다.

味噌 일본 된장
臭い 냄새
政治家 정치가

ⓒ 「なんか, なんて」는 「など」의 회화체이다.

(6) 최소한의 의미를 나타내는 조사

❶ **くらい(ぐらい)** ~정도, ~만큼

ⓐ 최소한의 의미를 나타낸다.

- 私でも それぐらいは 知って いる。 나라도 그 정도는 안다.

- 旅行の 支度ぐらい 自分で やって ください。 여행 준비 정도 스스로 해 주세요.

支度 준비

ⓑ 대략적인 수량이나 정도를 나타낸다.

- 講堂には ３００人ぐらいが 集まった。 강당에는 300명 정도가 모였다.

- 会議は あと 一時間ぐらいで 終わる。 회의는 이제 1시간 정도면 끝난다.

講堂 강당

ⓒ 정도의 기준을 나타낸다.

- あなたくらい 歌が 上手な 人は いない。 당신만큼 노래를 잘하는 사람은 없다.
- 彼ぐらい 頭が いい 人には 今まで 会った ことが ない。
  그만큼 머리가 좋은 사람은 지금까지 만나본 적이 없다.

(7) 정도의 비교를 나타내는 조사

ほど ~만큼

ⓐ 정도를 비교하거나 정도의 기준을 제시할 때 쓴다.

- 日本の 人口は 中国ほど 多く ない。 일본의 인구는 중국만큼 많지 않다.
- 私は 兄ほど 背が 高く ない。 나는 형만큼 키가 크지 않다.

ⓑ 대략적인 수량을 나타낼 때 쓴다.

- 運動して、10キロほど やせた。 운동해서 10kg 정도 살을 뺐다.
- 新入生コンパには 50人ほど 出席した。 신입생 환영회에는 50명 정도 출석했다.

キロ 킬로그램, 킬로미터
やせる 살이 빠지다
コンパ 환영회

2 종조사

종조사는 문말에 놓여 화자의 주관적인 기분, 태도를 나타낸다. 일상회화에서 사용빈도가 매우 높지만 너무 많이 사용하게 되면 오히려 어색한 문장이 되기 때문에 상황이나 상대에 따라 적절하게 구분하여 사용한다.

❶ ね, ねえ

ⓐ 상대방에게 동의를 구하거나 상대방의 의견에 동의할 때 쓴다.

- 今日は 暑いですね。 오늘은 덥네요.

ⓑ 상대방에게 확실하지 않은 것을 확인을 할 때 쓴다.

- 来週の 日本語文法の 授業、休みですね。 다음 주 일본어 문법 수업 휴강이죠?

ⓒ 주장을 부드럽게 전달할 때 쓴다.

- この ページの 問題の 答えは 間違って いますね。
  이 페이지 문제의 답은 틀렸네요.

ⓓ 의뢰・권유표현을 부드럽게 할 때 쓴다.

- 授業中は、携帯の 電源を 切って くださいね。
  수업 중에는 휴대폰 전원을 꺼 주세요.

ⓔ 주로 「〜かね」의 형태로 망설이고 있는 마음 상태를 나타낼 때 쓴다.

- これで 大丈夫ですかね。 이걸로 괜찮을까요?

> 비교적 연령이 많은 남성들이 의문의 의미를 나타낼 때 「かね」를 쓰기도 한다.
> - この 話が こんなに おもしろいかね。 이 이야기가 이렇게 재밌을까?
> - どうして このぐらいで 泣くかね。 어째서 이 정도로 우는 거지?

❷ よ

ⓐ 상대방이 모르는 정보를 알려줄 때 쓴다. 이때 문말은 상승조로 말한다.

- 財布が 落ちましたよ。(↗) 지갑이 떨어졌어요.

ⓑ 상대방과 다른 의견을 주장할 때 쓴다. 이때 문말은 하강조로 말한다.

- それは 違いますよ。(↘) 그건 아니죠.

ⓒ 명령이나 의뢰를 할 때 쓴다. 단, 문말을 상승조로 말하면 상대방을 배려하는 의뢰표현이 되지만, 하강조로 말하면 화자가 초조해하거나 비난을 하고 있는 기분을 나타낸다.

- 遅れると 大変だから、早く 行って くださいよ。(↗)
  늦으면 큰일이니까 빨리 가세요. |상대를 배려하여 빨리 가라는 표현|
- 遅れると 大変だから、早く 行って くださいよ。(↘)
  늦으면 큰일이니까 빨리 가세요. |비난의 기분으로 빨리 가라는 표현|

ⓓ 강한 느낌으로 권유를 할 때 쓴다. 이때 문말은 하강조로 말한다.

- 明日、一緒に 映画に 行こうよ。(↘) 내일 같이 영화 보러 가요.

ⓔ 혼잣말로 한탄의 기분을 나타낼 때 쓴다. 이때 문말은 하강조로 말한다.

- まだ こんなに やる ことが あるよ。(↘) 아직 이렇게 할 일이 (많이) 있구나.

ⓕ 허가를 해 줄 때 쓴다. 이때 문말은 상승조로 말한다.

ページ 페이지
答え 대답, 답
間違う 틀리다

授業中 수업 중
携帯 휴대전화
電源 전원
切る (전원을) 끄다

大丈夫だ 괜찮다

大変だ 큰일이다

- A : すみません。入っても いいですか。 죄송하지만 들어가도 될까요?

  B : ええ、いいですよ。(↗) 네, 들어오세요.

❸ よね

ⓐ 상대방에게 동의를 구하거나 상대방의 의견에 동의할 때 쓴다.

- あの 二人、兄弟ですよね。 저 두 사람 형제지요?

ⓑ 상대방에게 확실하지 않은 것을 확인할 때 쓴다.

- 明日も 朝から 授業が ありますよね。 내일도 아침부터 수업이 있죠?

「よね」는 기본적으로 「ね」와 비슷한 의미용법을 가지고 있다. 단, 「よね」는 「ね」에 비해 화자 자신의 기억이나 의견이 확실하지 않은 느낌이 강하기 때문에 다음과 같이 누가 봐도 확실한 일에 관해서는 잘 쓰지 않는다.

- 冬は 寒い ものですよね。(?) 겨울엔 춥지요?
- 今年の 冬は 去年より 寒いですよね。(○) 올해 겨울은 작년보다 춥네요.

冬 겨울

❹ な, なあ

ⓐ 혼잣말로 감탄이나, 발견, 과거 회상 등을 할 때 쓴다. 일반적으로 보통체 문장에 잘 사용된다.

- 雨が 降りそうだな。 비가 내릴 것 같네.
- あの レストランの 料理は おいしかったなあ。
  그 레스토랑의 요리는 정말 맛있었지.

ⓑ 상대방에게 확인을 할 때 쓴다.

- わかったな。 알았지?

ⓒ 부드럽게 질문을 할 때 쓴다. 주로 아이에게 자주 사용한다.

- 一人で できるかな。 혼자서 할 수 있겠니?

❺ ぞ

강한 의지나 주장을 말할 때 쓰며, 주로 남자들이 많이 사용한다. 혼잣말로도 쓴다.

- よし、行くぞ。 좋아, 가자.
- 頑張るぞ。 힘내야지(독백).

よし 좋아

❻ ぜ

「ぞ」와 마찬가지로 강한 의지나 주장을 나타내지만 「ぞ」보다 주장의 강도가 약하고, 상대방의 반응을 보려고 하는 느낌이 든다. 또한 「ぜ」는 혼잣말로는 사용할 수 없다.

- 踊りに 行くぜ。 춤추러 가자.

踊る 춤추다

❼ か

ⓐ 의문이나 질문을 나타낼 때 쓴다.

- この パソコンは あなたのですか。 이 컴퓨터는 당신 것입니까?

ⓑ 감탄의 의미를 나타낼 때 쓴다.

- ああ、もう 秋か。 아, 이제 가을인가?

秋 가을

ⓒ 반발의 의미를 나타낼 때 쓴다.

- こんな もの、食べるか。 이런 거 먹을 수 있겠어. (먹을 수 없다는 뜻)

❽ のよ

설명의 의미를 나타낼 때 쓴다.

- うちの 子供は 中学生で、何を 言っても 聞かないのよ。
  우리 아이는 중학생이라 무슨 말을 해도 듣질 않아요.
- 私、この 家に 慣れるのに 一年 以上 かかったのよ。
  나, 이 집에 익숙해지는 데 1년 이상 걸렸어.

慣れる 익숙해지다
以上 이상

❾ の

의문의 의미를 나타낸다.

- どこへ 行くの？ 어디에 가니?

❿ さ

가벼운 판단을 나타내며, 화자가 어떤 일에 대해 방관하거나 무시하는 기분을 느끼게 한다.

- きっと 来るさ。 꼭 오겠지.
- なる ように なるさ。 될 대로 되라지.

연습문제

1 빈칸에 알맞은 것을 고르시오.

(1) この 本は おもしろいです_____。
　① さ　　　② よ　　　③ かい　　　④ だい

(2) 仕事が 終わったら、お茶_____ 飲みましょう。
　① まで　　② が　　　③ でも　　　④ に

(3) 妹は 毎日 甘いもの_____ 食べて います。
　① ばかり　② しか　　③ でも　　　④ とは

(4) イタリア料理_____ いい 店を 知って います。
　① なんて　② から　　③ とは　　　④ なら

2 (　　) 안에 알맞은 조사를 보기에서 고르시오.

> **보기**
> な　さえ　ほど　まで　だって

(1) 彼は よく 知らない 人(　　　　) パーティーに 招待した。

(2) この 問題は 小学生で(　　　　) 分かる 問題だ。

(3) 日本語は 勉強すれば 勉強する (　　　　) 難しく なる。

(4) あの ときは 本当に 大変だった(　　　　)。

3 (   ) 안에서 알맞은 것을 고르시오.

(1) 弟は 日本の まんが (しか / ばかり) 読んで います。

(2) 彼女は 野菜(しか / ばかり) 食べないから、太らない。

(3) A : 今日は いい 天気です(ね / よ)。
　　B : そうですね。

(4) その 雑誌は だめだけど、この 雑誌なら、見ても いいです(ね / よ)。

4 (   ) 안에 알맞은 조사를 넣으시오.

(1) この テストは ３０分(　　　　) かかります。
　　이 테스트는 30분 정도 걸립니다.

(2) 著作権(　　　　)、著作物に よって 発生する 権利の ことです。
　　저작권이란, 저작물에 의해 발생하는 권리를 말한다.

(3) ゆうべ お腹が すいて いなかったから、果物(　　　　) 食べた。
　　어제 저녁 배가 고프지 않아서 과일만 먹었다.

(4) 今度(　　　　) 私が 行きます。
　　이번에야말로 제가 가겠습니다.

(5) キムチ(　　　　)、辛くて 食べられない。
　　김치 같은 거 매워서 먹을 수 없다.

정답은 P.277

다 이 나 믹 일 본 어 문 법

19 경어

경어란 화자가 청자나 화제 속의 인물에 대해 경의를 표시할 때 사용하는 말로, 친하지 않은 사람에게도 사용한다. 경어는 청자에게 경의를 표하는 존경어(尊敬語), 화자가 자기 자신을 겸손하게 말하는 겸양어(謙譲語), 자신의 말을 정중하게 표현하는 공손어(丁寧語) 등으로 나뉜다. 경어는 청자나 화제의 인물에게 경의를 표하는 표현이지만 청자와 거리를 두고 싶을 때에도 사용하기 때문에 친분의 정도에 따라 적절한 시기에 경어의 수위를 조절할 필요가 있다.

이 과에서는 경어의 사용과 더불어 경어 사용의 주의점에 대해 알아보도록 한다.

학습 포인트

▶ 존경어 만들기 및 사용
▶ 겸양어 만들기 및 사용
▶ 경어 사용의 주의점

1 존경어(尊敬語)

존경어는 화자가 청자나 화제의 인물을 높여 말함으로써 상대방에게 경의를 표시하는 말이다. 동사를 이용해서 존경의 의미를 나타내는 형태에는 '존경동사', 「お(ご)+동사의 ます형/동작성 명사+になる」, 「～(ら)れる」 등이 있다.

(1) 존경동사

동사에 따라 동사 자체에 존경의 의미를 담고 있는 동사들이 있다.

사전형	존경동사
行く 가다	いらっしゃる, おいでに なる 가시다
来る 오다	いらっしゃる, おいでに なる 오시다
いる 있다	いらっしゃる, おいでに なる 계시다
言う 말하다	おっしゃる 말씀하시다
食べる/飲む 먹다/마시다	あがる, 召し上がる 드시다/마시시다
見る 보다	ご覧に なる 보시다
する 하다	なさる 하시다
着る 입다	お召しに なる 입으시다
知って いる 알고 있다	ご存じだ 알고 계시다
くれる 주다	くださる 주시다
寝る 자다	お休みに なる 주무시다
気に入る 마음에 들다	お気に 召される 마음에 드시다
年をとる 나이를 먹다	お年を 召される 연세가 드시다
風邪を引く 감기에 걸리다	お風邪を お召しに なる 감기에 걸리시다

- 先生は 何時に **いらっしゃいますか**。 선생님은 몇 시에 오십니까?
- お客様、どうか **なさいましたか**。 손님, 무슨 일이십니까?

お客様 손님

(2) 「お(ご)+동사의 ます형/동작성 명사+に なる」 ~하시다

존경어를 만드는 대표적인 형식이다. 「お」와 「ご」의 사용은 기본적으로 「お+고유어」, 「ご+한자어」로 한다.

❶ 만들기

1그룹 동사	待つ 기다리다	→ お待ちに なる 기다리시다
2그룹 동사	始める 시작하다	→ お始めに なる 시작하시다
3그룹 동사	出発する 출발하다	→ ご出発に なる 출발하시다

- たばこは お吸いに なりますか。 담배는 피우시겠습니까?
- どのくらい お持ちに なりますか。 어느 정도 가져가십니까?

❷ 존경동사나 2그룹 동사 중 어간이 1음절인 동사는 이 형태를 쓰지 않는다.

- いらっしゃる → おいらっしゃいに なる (×)
- 見る → お見に なる (×) ご覧に なる (○)
- 着る → お着に なる (×) お召しに なる (○)

> ご覧 보심
> 召す 입으시다

❸ 외래어, 의성어, 의태어 등에는 이 형태를 쓰지 않는다.

- メモする → おメモに なる (×) メモなさる/される (○)
- はらはらする → おはらはらに なる (×)
  はらはらなさる/される (○)

> メモする 메모하다
> はらはらする 조마조마하다

❹ 「運転する, 運動する, 営業する, 実験する, 優勝する」 등의 동사는 관용적으로 이 형태를 쓰지 않는다.

- 運転する → ご運転に なる (×) 運転なさる/される (○)
- 運動する → ご運動に なる (×) 運動なさる/される (○)

> 運転する 운전하다
> 営業する 영업하다
> 実験する 실험하다
> 優勝する 우승하다

❺ 가능형 동사를 이 형태의 존경어로 만들 때에는 동사를 존경어의 형태로 만든 후 가능형으로 바꾼다.

- 読める → お読めに なる (×) お読みに なれる (○)
- 出席する → ご出席できる (×) ご出席に なれる (○)

(3) (ら)れる ~하시다

동사의 종류에 따라 수동형과 동일한 방법으로 「~(ら)れる」를 접속하여 존경동사를 만든다.

❶ 만들기

1그룹 동사	書く 쓰다	→	書かれる 쓰시다
2그룹 동사	考える 생각하다	→	考えられる 생각하시다
3그룹 동사	来る 오다	→	来られる 오시다
	出発する 출발하다	→	出発される 출발하시다

- 校長、明日の 会議には 出られますか。 교장 선생님, 내일 회의에는 나오십니까?
- 先生は 何時に 来られますか。 선생님은 몇 시에 오십니까?

❷ 「~(ら)れる」에 의한 존경동사는 「お(ご)+동사의 ます형+に なる」의 존경동사에 비해 존경도가 낮다.

❸ 가능형이나 수동형과 동일한 형태를 취하고 있어 문맥에 따라 의미를 파악해야 한다.

- この 工事が 終わったら、教室に 入られます。|가능|
  이 공사가 끝나면 교실에 들어갈 수 있습니다.
- 昨日の 夜、泥棒に 入られて しまいました。|수동|
  어젯밤, 도둑이 들어와 버렸습니다.
- お客様、今、お部屋に 入られますか。ご案内いたします。|존경|
  손님, 지금 방에 들어가십니까? 안내해 드리겠습니다.

工事 공사

(4) 「お(ご)+동사의 ます형+です」 ~하십니다

이 존경표현은 주로 현재의 상태를 나타내며 「お(ご)+동사의 ます형/동작성 명사+に なる」에 비해 사용할 수 있는 동사가 한정적이다.

❶ 만들기

1그룹 동사	持ち帰る 가져가다	→	お持ち帰りです 가져가십니다
2그룹 동사	出かける 외출하다	→	お出かけです 외출하십니다
3그룹 동사	出発する 출발하다	→	ご出発です 출발하십니다

- 娘さんは お勤めですか。 따님은 일하십니까?
- お客様が あちらで お待ちです。 손님이 저쪽에서 기다리십니다.

❷ 「読んで いる」와 같이 「て いる」가 붙어 있는 동사를 존경어로 만들 때에는 이 형태로 쓰는 것이 자연스럽다.

- 何を 読んで いますか。 무엇을 읽고 있습니까?
  → 何を お読みですか。
- いい 物を 持って いますね。 좋은 것을 갖고 있네요.
  → いい 物を お持ちですね。

 「読んで いる」의 존경어로서 「お読みに なって いらっしゃる, 読んで いらっしゃる, お読みに なって いる」 등을 사용해도 되지만 조금 장황한 느낌이 들어 그리 익숙한 표현이라고는 볼 수 없다.

持ち帰る 가지고 가다

物 것, 물건

(5) 「お(ご)+동사의 ます형/동작성 명사+ください」 ~해 주세요

이 표현은 상대방에게 정중하게 의뢰를 하거나 권유를 할 때 쓴다. 간단하면서도 존경도 높은 표현이다.

❶ 만들기

1그룹 동사	読む 읽다	→	お読みください 읽어 주세요
2그룹 동사	かける 앉다	→	おかけください 앉으세요
3그룹 동사	連絡する 연락하다	→	ご連絡ください 연락하세요

- 日本へ お帰りに なったら、ご連絡ください。 일본에 돌아가시면 연락 주세요.
- どうぞ、お召し上がりください。 자, 드세요.

召し上がる 드시다

❷ 「ご+동작성 명사+して ください」로 쓰지 않도록 주의한다.

- 先生、ご説明して ください。(×)
  先生、ご説明ください。(○) 선생님, 설명해 주세요.

(6) お/ご

명사, 형용사, 부사 등에도 「お」나 「ご」를 붙여 존경어로 쓴다.

명사	お国 나라　お話 이야기, 말씀　ご住所 주소　お名前 성함	
い형용사	お忙しい 바쁘시다	お若い 젊으시다
な형용사	ご立派だ 훌륭하시다	お元気だ 건강하다
부사	ごゆっくり 천천히, 느긋하게	

 원칙적으로 「お」는 고유어에, 「ご」는 한자어에 붙지만 예외적인 경우도 있다.
- お食事 식사　お電話 전화　お料理 요리　お勉強 공부

 존경어를 깔끔하게 사용하는 방법

위에서 설명한 바와 같이 일본어의 존경어에는 다양한 형태가 있어, 각각의 존경어의 형태를 구분하여 사용하는 것은 쉬운 일이 아니다. 일본의 대표적인 경어 연구자인 「菊池康人」씨는 일본어 존경어의 스마트한 사용법을 다음과 같이 제시하고 있다.

① ~する형의 동사는 「する」를 「なさる」로 바꾼다. (「ご」를 붙일 수 없는 동사가 있기 때문에 「ご」를 붙이지 말고 「なさる」만 쓰는 것이 안전하다.)
- 利用する 이용하다　→　利用なさる 이용하시다
- 出席する 출석하다　→　出席なさる 출석하시다

② 그 외의 동사는 「お~に なる」를 쓴다.
- 書く 쓰다　→　お書きに なる 쓰시다
- 始める 시작하다　→　お始めに なる 시작하시다

若い 젊다
立派だ 훌륭하다

2 겸양어(謙譲語)

겸양어는 화자가 자신을 낮추어서 청자나 화제의 인물에게 경의를 표시하는 말이다. 겸양표현에는 '겸양동사', 「お(ご)＋동사의 ます형＋する/いたす」 등이 있다.

(1) 겸양동사

동사에 따라 동사 자체에 겸양의 의미를 담고 있는 동사들이 있다.

사전형	겸양동사
行く 가다	参る, 伺う, (上がる) 가다
来る 오다	参る, 伺う, (上がる) 오다
いる 있다	おる 있다
言う 말하다	申す, 申し上げる 말하다
食べる/飲む 먹다/마시다	いただく 먹다, 마시다
知る 알다	存ずる, 存じ上げる 알다
会う 만나다	お目に かかる 만나다
見せる 보여 주다	お目に かける, ご覧に いれる 보여 주다
聞く 듣다	伺う, 拝聴する 듣다
借りる 빌리다	拝借する 빌리다
あげる 주다	さしあげる 주다
する 하다	いたす 하다
もらう 받다	いただく, ちょうだいする 받다
分かる 알다, 이해하다	承知する, かしこまる 알다, 이해하다

- 生徒たちが そちらの 工場に 伺います。 학생들이 그쪽 공장에 가겠습니다.
- 安田先生の お話を 拝聴しました。 야스다 선생님 말씀을 들었습니다.

工場 공장

(2) 「お(ご)+동사의 ます형/동작성 명사+する/いたす」 ~해 드리다

겸양어를 만드는 대표적인 형태이다. 「する」를 대신하여 「いたす」를 써도 된다.

1그룹 동사	話す 말하다	→	お話しする 말씀드리다
2그룹 동사	答える 대답하다	→	お答えする 대답해 드리다
3그룹 동사	説明する 설명하다	→	ご説明する 설명 드리다

- お茶を お持ちしました。 차를 가져 왔습니다.
- 来年の 予算に ついては、のちほど、お話しいたします。
  내년 예산에 대해서는 나중에 말씀드리겠습니다.

予算 예산
のちほど 나중에

(3) お/ご

명사에 「お」나 「ご」를 붙여 겸양어로 쓴다.

- お願い 소원
- お祝い 축사
- ご報告 보고
- ご相談 상담

---

3 공손어(丁寧語)

화자가 정중하게 말하는 것으로, 어미에 쓰이는 「です, ます, ございます」 등이 여기에 속한다.

- 私が 行って きます。 제가 다녀오겠습니다.
- これは 木村さんの ペンです。 이것은 기무라 씨의 펜입니다.

ペン 펜

> 이외에 '정중어(丁重語)'와 '미화어(美化語)'가 있다. 정중어는 불특정 다수에게 자신의 행동을 정중하게 표현할 때 쓰는 말이며, 미화어는 「お天気, お酒, お金, お寒い」 등과 같이 누군가에게 경의를 표한다기보다 자신의 품위를 유지하기 위해 쓰는 말로, 남성보다 여성이 많이 사용한다.
>
> - 電車が まいります。 전철이 들어옵니다. (역 안내방송) | 정중어 |
> - 今回の マラソン大会には 300人の 選手が 参加いたしました。
>   이번 마라톤 대회에는 300명의 선수가 참가했습니다. (스포츠 방송) | 정중어 |
> - お花を 買って 行きましょう。 꽃을 사서 갑시다. | 미화어 |
> - お茶でも いかがですか。 차는 어떠세요? | 미화어 |

まいる 오다, 가다
マラソン大会 마라톤 대회
参加する 참가하다

4 경어 사용상의 주의점

❶ 일본어의 경어는「ウチ(내 쪽), ソト(타인 쪽)」의 관계에 따라 변화하는 상대경어이다. 따라서 상대가 누구인가에 따라 같은 내용도 다르게 써야 한다.

- 다른 회사 사람이 부장을 찾을 경우

    部長は ただいま 席を はずして おります。 | 겸양어로 표현 |
    부장은 지금 자리를 비웠습니다.

- 같은 회사의 사원이 부장님을 찾을 경우

    部長は もう お帰りに なりました。 | 존경어로 표현 |
    부장님은 이미 귀가하셨습니다.

ただいま 지금
席をはずす
자리를 비우다

❷ 경어를 중복해서 사용(2중, 3중 경어)하지 않도록 한다.

(a) 先生が おっしゃられました。(×)
→ 先生が おっしゃいました。(○) 선생님이 말씀하셨습니다.

(b) 先生が お召し上がりに なられた。(×)
→ 先生が 召し上がりました。(○) 선생님이 잡수셨다.

위 예문 (a)는 존경동사「おっしゃる」에「られる」를 붙여 2중으로 존경어를 만들고 있으며, (b)는 존경동사「召し上がる」를 お~になる 형의 존경어로 만들고 なる 동사에 다시「られる」를 붙여 3중으로 존경어를 만들고 있다. 이와 같이 경어를 2중, 3중으로 쓰는 것을 2중 경어 혹은 3중 경어라고 하는데, 원칙적으로 틀린 표현들이다.

그러나 다음과 같이 각각의 단어에 맞는 경어를 나열한 것은 2중 경어가 아니다.

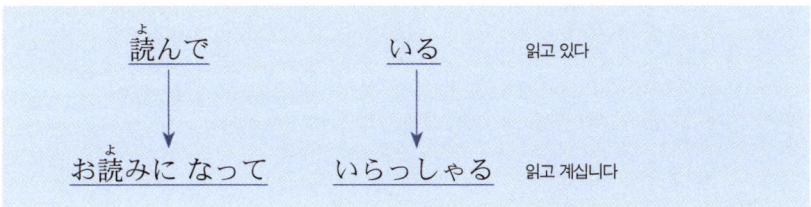

❸ 경어를 사용할 때에는 정중하지 않은 단어와 함께 사용하지 않도록 한다.

- その 帽子（ぼうし）なら、あの 女（おんな）が かぶって いらっしゃいました。（×）
  그 모자라면 저 여자가 쓰고 계셨습니다.

  その 帽子（ぼうし）なら、あの（女（おんな）の）方（かた）が かぶって いらっしゃいました。（○）
  그 모자라면 저 (여자) 분이 쓰고 계셨습니다.

❹ 역사적 인물에는 경어를 사용하지 않는다.

- 夏目漱石（なつめ そうせき）が「こころ」を お書（か）きに なった そうです。（×）
  나쓰메 소세키가「마음」을 쓰셨다고 합니다.

  夏目漱石（なつめ そうせき）が「こころ」を 書（か）いた そうです。（○）
  나쓰메 소세키가「마음」을 썼다고 합니다.

こころ 마음

❺ 경어는 상대방과 거리를 두기 위해 사용하기도 한다. 따라서 사귄 지 얼마 되지 않은 경우에는 경어를 사용하지만, 시간이 지나 상대방과 거리를 좁히고 싶을 때에는 경어 사용을 그만두는 것이 좋다. 상대가 친밀감을 가지고 경어를 보통체로 바꾸었는데도 경어를 계속 사용하게 되면 양자의 관계를 좁히기가 어렵다. 따라서 적당한 시기가 되면 친분 정도에 따라 경어 사용을 조절할 필요가 있다.

연습문제

1 빈칸에 알맞은 것을 고르시오.

(1) 中田課長は 今 電話に 出て _____ ので、しばらく お待ちください。
① いたします　② あります　③ おります　④ なさいます

(2) 今日は 村上先生が _____ と 聞きましたよ。
① いらっしゃる　② 参る　③ 伺う　④ 拝見する

(3) 私が その ことを 部長に _____ ましょうか。
① 申し上げ　② 召し上がり　③ ご覧に なり　④ おいでに なり

(4) 田中先生は いつも この 番組を _____ そうです。
① 拝見する　② 召し上がる　③ ご覧に なる　④ 伺う

2 보기와 같이 밑줄 친 부분을 존경동사 혹은 겸양동사로 바꾸시오.

> **보기**
> 先生、食事は しましたか。 → 先生、食事は なさいましたか。
> 今日の 午後、(私が) 行きます。 → 今日の 午後、(私が) 伺います。

(1) 部長、ゆうべは よく 寝ましたか。
→ 部長、ゆうべは よく _____。

(2) 先生、この 論文は もう 見ましたか。
→ 先生、この 論文は もう _____。

(3) 昨日 展示会で 先生の 絵を 見ました。
→ 昨日 展示会で 先生の 絵を _____。

(4) 社長に 会うのを 楽しみに して おります。
→ 社長に _____ のを 楽しみに して おります。

3 다음 대화문을 읽고 (　) 안의 단어를 알맞은 형태로 바꾸시오.

(1) A : 先生、今朝の 新聞を お＿＿＿＿＿＿に なりましたか。(読む)
　　B : はい、読みました。

(2) A : 私も お＿＿＿＿＿＿しましょうか。(手伝う)
　　B : お願いします。

(3) A : すみません。少し お邪魔しても いいですか。
　　B : はい、どうぞ。こちらに お＿＿＿＿＿＿ください。(座る)
　　A : どうも、ありがとうございます。

4 주어진 단어를 이용하여 일본어 문장을 완성하시오.

(1) 회의가 끝나면 제가 역까지 모셔다 드리겠습니다. (送る)
　　→ 会議が 終わったら、私が 駅まで ＿＿＿＿＿＿＿＿＿＿＿＿。

(2) 부디 많이 드십시오. (食べる)
　　→ どうぞ、たくさん ＿＿＿＿＿＿＿＿＿＿＿＿ください。

(3) 아내는 은행에서 일하고 있습니다. (銀行で 働く)
　　→ 妻は ＿＿＿＿＿＿＿＿＿＿＿＿ おります。

(4) 상사에게 이유를 설명하고 휴가를 받았습니다. (休みを もらう)
　　→ 上司に 理由を 説明して、＿＿＿＿＿＿＿＿＿＿＿＿。

정답은 P.277

20 부사 · 접속사

부사란 원칙적으로 동사나 형용사 등 술어를 수식하는 말로 활용을 하지 않는다. 부사는 일반적으로 술어와의 호응관계를 가지고 있는 '진술부사'와 정도를 나타내는 '정도부사', 사물의 모양이나 상태 등을 구체적으로 나타내는 '정태부사'로 나뉜다. 이 중 진술부사는 문말표현과의 호응관계로 뒤에 오는 내용을 청자에게 예측할 수 있게 하는 기능이 있어 그 중요성이 더해지고 있다. 한편 접속사는 어(語)와 어, 구(句)와 구, 문(文)과 문 등을 연결하는 것으로 문장 내에서 논리적 관계를 나타낸다.

이 과에서는 부사의 종류와 역할, 접속사의 종류와 역할에 대해 알아보도록 한다.

학습 포인트

- ▶ 부사의 종류
- ▶ 부사 사용상의 주의점
- ▶ 접속사의 종류

1 부사

부사는 일반적으로 **진술부사, 정도부사, 정태부사**로 나뉜다.

(1) 진술부사

문말표현과 호응관계를 가진 부사를 말한다.

❶ 부정표현과 호응하는 부사

> - さっぱり 전혀 · 絶対(ぜったい) 절대로 · なかなか 좀처럼 · まさか 설마
> - 必(かなら)ずしも 꼭 (~라고는 할 수 없다) · ぜんぜん 전혀 · ほとんど 거의

- 駅(えき)の 周(まわ)りも ずいぶん 変(か)わって、さっぱり わからない。
  역 주변도 꽤나 바뀌어서, 전혀 모르겠다.
- どんなに 生活(せいかつ)に 困(こま)っても、悪(わる)い ことは 絶対(ぜったい) しません。
  아무리 생활이 어려워도 나쁜 짓은 절대로 하지 않습니다.
- この 頃(ごろ)の 若(わか)い 人(ひと)は、政治(せいじ)に なかなか 関心(かんしん)を 持(も)たない。
  요즘 젊은 사람들은 정치에 좀처럼 관심을 갖지 않는다.
- まさか うちの チームが 負(ま)けるとは 思(おも)わなかった。
  설마 우리 팀이 지리라고는 생각지도 못 했다.
- 実験(じっけん)が 必(かなら)ずしも 成功(せいこう)するとは 限(かぎ)らない。
  실험이 반드시 성공한다고는 할 수 없다.
- 中国語(ちゅうごくご)は ぜんぜん わからない。
  중국어는 전혀 모르겠다.
- 日本語(にほんご)は ほとんど わからない。
  일본어는 거의 모른다.

❷ 추량표현과 호응하는 부사

> · おそらく 아마, 필시 · たぶん 아마

- 山田(やまだ)さんは おそらく 来(こ)ないでしょう。 야마다 씨는 아마 안 올 거예요.
- 明日(あした)は たぶん 雨(あめ)でしょう。 내일은 아마 비가 내리겠죠?

ずいぶん 무척
チーム 팀
負ける 지다
実験 실험
成功する 성공하다
限る 한정하다, 한하다

❸ 의문표현과 호응하는 부사

> • いったい 도대체　• どうして 어째서　• どれほど 얼마나　• なぜ 왜, 어째서

- あの 子は いったい 何を 考えて いるのだろう(か)。
  저 아이는 도대체 무슨 생각을 하고 있는 걸까?
- 大人は どうして たばこを 吸うのだろう(か)。
  어른들은 어째서 담배를 피울까?
- 韓国に どれほど 外国人が いるのでしょうか。
  한국에 얼마나 외국인이 있는 걸까요.
- なぜ 生物は 死ぬのだろうか。 왜 생물은 죽는 것일까.

大人 어른
外国人 외국인
生物 생물

❹ 조건형과 호응하는 부사

> • たとえ 설령　• もし 만약　• もしかすると/もしかしたら 어쩌면

- 気に 入った ものは、たとえ どんなに 高くても 買います。
  맘에 드는 것은 설령 아무리 비싸도 삽니다.
- もし 明日 雨なら、遠足は 来週です。
  만약 내일 비라면 소풍은 다음 주입니다.
- あの 人は もしかすると、行かないかも 知れません。
  저 사람 어쩌면 안 갈지도 모릅니다.

気に入る 마음에 들다
遠足 소풍

❺ 「そうだ, らしい, ようだ」 등과 호응하는 부사

> • 今にも 지금이라도　• いかにも 그야말로　• まるで 마치

- 今にも 雨が 降りそうだ。 지금이라도 비가 올 것 같다.
- 宮島先生は いかにも 医者らしい 格好を して いる。
  미야지마 선생님은 그야말로 의사다운 모습을 하고 있다.
- 彼女は まるで 人形の ようだ。 그녀는 마치 인형 같다.

格好 모습
人形 인형

❻ 희망표현과 호응하는 부사

> • ぜひ 꼭 • どうか 부디, 아무쪼록 • どうぞ 부디, 꼭
> • なんとか 어떻게든, 부디

- ぜひ、遊びに 来て ください。 꼭 놀러 와 주세요.
- どうか、娘の こと、よろしく お願いします。 부디 딸을 잘 부탁합니다.
- 何も ありませんが、どうぞ。 아무것도 없습니다만, 부디.
- 息子を なんとか 一流企業に 入れたい。
  아들을 어떻게든 일류기업에 들어가게 하고 싶다.

一流企業 일류기업

❼ 완료표현과 호응하는 부사

> • とっくに 훨씬 전부터 • もう 이제, 벌써

- その ことなら、みんな とっくに 知って いる。
  그 일이라면 모두가 훨씬 전부터 알고 있다.
- 今日の 宿題は もう 終わった。 오늘 숙제는 이제 끝났다.

みんな 모두

❽ 기타

> • あいにく 공교롭게 • あまり/あんまり 너무 (~하다) • さすが 과연, 역시

- 友だちに 電話したら、あいにく 留守だった。
  친구에게 전화했더니 공교롭게도 집에 없었다.
- あんまり たくさん 食べると お腹が 痛く なるよ。
  너무 많이 먹으면 배가 아파져요.
- さすが 山本君だ。足が 速いね。 역시 야마다 군이다. 걸음이 빠르네.

足が 速い
걸음이 빠르다

(2) 정도부사

정도성을 가진 말에 붙어 그 정도를 나타내는 부사를 말한다.

❶ 강조를 나타내는 부사

> - 極^{きわ}めて 극히, 더없이
> - ずいぶん 몹시, 꽤
> - 大変^{たいへん} 매우, 무척
> - とても 매우, 대단히
> - 非常^{ひじょう}に 매우, 굉장히
> - ずっと 훨씬
> - さんざん 심하게, 몹시

- 彼^{かれ}の 成績^{せいせき}は クラスの 中^{なか}でも 極^{きわ}めて 悪^{わる}い 方^{ほう}です。
  그의 성적은 반에서도 극히 나쁜 편입니다.
- この 町^{まち}も 昔^{むかし}と 比^{くら}べて ずいぶん 変^かわったね。
  이 마을도 옛날과 비교하니 꽤 달라졌네요.
- この 度^{たび}は 大変^{たいへん} お世話^{せわ}に なりました。 이번에는 신세 많이 졌습니다.
- うちの 日本語^{にほんご}の 先生^{せんせい}は とても きれいです。
  우리 일본어 선생님은 대단히 예쁩니다.
- あの 山^{やま}は 非常^{ひじょう}に 高^{たか}く、険^{けわ}しいです。 저 산은 굉장히 높고 험합니다.
- ずっと 前^{まえ}の ことですが、私^{わたし}は 日本^{にほん}で 暮^{くら}した ことが あります。
  훨씬 예전 일입니다만, 나는 일본에서 살았던 적이 있습니다.
- 成績^{せいせき}が 悪^{わる}かったので、先生^{せんせい}に さんざん 叱^{しか}られた。
  성적이 나빴기 때문에 선생님에게 심하게 혼났다.

❷ 정도를 나타내는 부사

> - かなり 꽤, 제법
> - だいぶ 상당히
> - なかなか 꽤, 상당히
> - よほど 무척, 굉장히
> - いっそう 한층 더, 더욱더
> - ますます 점점, 더욱더
> - もっと 더, 더욱
> - 余計^{よけい}に 더, 더욱

- この アパートは 駅^{えき}から かなり 遠^{とお}い。 이 아파트는 역에서 꽤 멀다.
- 日本^{にほん}に 長^{なが}く 住^すんだので、韓国語^{かんこくご}を だいぶ 忘^{わす}れて しまった。
  일본에 오래 살아서 한국어를 상당히 잊어버렸다.
- 予想^{よそう}より なかなか いい 成績^{せいせき}だった。 예상보다 꽤 좋은 성적이었다.
- 彼^{かれ}は お金^{かね}に よほど 困^{こま}って いる ようだ。 그는 돈에 무척 곤란해 하는 것 같다.
- この 三日間^{みっかかん}で いっそう 寒^{さむ}く なった。 요 3일간에 한층 더 추워졌다.

成績 성적
クラス 클래스, 반
方 편, 쪽
比べる 비교하다
この度 이번
お世話になる 신세를 지다
険しい 험하다

アパート 아파트
予想 예상

- 人口は ますます 増加して いる。 인구는 점점 증가하고 있다.
- 明日は もっと 寒く なりそうです。 내일은 더 추워질 것 같습니다.
- 後で 計算したら、100円 余計に 払って いた。
  나중에 계산해 보니 100엔 더 지불했다.

増加する 증가하다
計算する 계산하다
余計に 더, 더욱
払う 지불하다

❸ 수량을 나타내는 부사

ⓐ 수량이 많은 경우

> • すっかり 완전히, 모두 • すべて 모두 • 全部 전부
> • 残らず 남김없이 • いっぱい 가득 • 十分(に) = 充分(に) 충분히
> • たくさん (수나 분량이) 많은 • たっぷり 듬뿍

- 学生との 約束を すっかり 忘れて しまった。
  학생과의 약속을 완전히 잊어버렸다.
- 外国人の 彼には 見る もの すべてが 新しかった。
  외국인인 그에게는 보는 것 모두가 새로웠다.
- 全部で いくらですか。 전부 해서 얼마입니까?
- 彼は 悩みを 残らず 話した。 그는 고민을 남김없이 말했다.
- サッカー場は 応援する 人で いっぱいに なった。
  축구장은 응원하는 사람으로 가득 찼다.
- 時間は 充分 あるから、急がなくても いいですよ。
  시간은 충분히 있으니까 서두르지 않아도 돼요.
- 日本には 湖が たくさん あります。
  일본에는 호수가 많이 있습니다.
- この 食パンには 牛乳を たっぷり 使って います。
  이 식빵에는 우유를 듬뿍 사용하고 있습니다.

悩み 고민
サッカー場 축구장
応援する 응원하다
食パン 식빵

ⓑ 수량이 적은 경우

> • 少し 조금 • ちょっと 조금, 좀 • わずか 조금, 약간

- お金が 少ししか ない。 돈이 조금밖에 없다.
- ちょっと 見せて ください。 좀 보여 주세요.
- 大学生活も 残り わずかです。 대학생활도 조금 남았습니다(얼마 남지 않았습니다).

大学生活 대학생활
残り 나머지

ⓒ 이외에 수량을 나타내는 부사

> - たった 겨우, 단지   · およそ 대략, 대충   · ざっと 대략, 대충
> - やく 약, 대략   · だいたい 대략, 약   · たいてい 거의, 대부분

- 彼は 就職したが、たった 一ヶ月で やめて しまった。
  그는 취직했지만 겨우 1개월로 그만두었다.
- ゴールまで およそ ５００メートルです。 골까지 대략 500미터입니다.
- 今日の 講演会には ざっと ３００人が 集まった。
  오늘 강연회에는 대략 300명이 모였다.
- 特急なら 福岡まで やく ２時間で 行けます。
  특급이라면 후쿠오카까지 약 2시간이면 갈 수 있습니다.
- だいたい 何時ぐらいに 終わりますか。 대략 몇 시 정도에 끝납니까?
- 昼は たいてい 外で 食べる。 점심은 거의 밖에서 먹는다.

ゴール 골
講演会 강연회
特急 특급

❹ 습관이나 빈도를 나타내는 부사

> - いつも 언제나   · しょっちゅう 항상   · 時々 때때로, 가끔
> - よく 자주

- 彼は いつも あの 席に 座って いる。 그는 언제나 저 자리에 앉아 있다.
- 母は しょっちゅう 駅前で たこ焼きを 買って 来ます。
  어머니는 항상 역 앞에서 다코야키를 사 옵니다.
- 家族の ために、時々 料理を 作ります。 가족을 위해 가끔 요리를 만듭니다.
- 妹は 冬に なると、よく スキーに 行きます。
  여동생은 겨울이 되면 자주 스키를 타러 갑니다.

座る 앉다
たこ焼き 다코야키
スキー 스키

(3) 정태부사

동작이 이루어지는 시간이나 동작의 상태·모양을 한정·수식하는 기능을 가진 부사를 말한다.

❶ 시간을 나타내는 부사

- しばらく 잠깐, 당분간
- ずっと 쭉, 계속
- すぐ 곧
- まもなく 머지않아
- かつて 일찍이, 이전에
- あらかじめ 미리
- さっき 아까
- (お)先に 먼저, 일찍
- 後で 나중에

- しばらく お待ちください。 잠깐 기다려 주세요.
- 朝から ずっと 勉強したので、少し 疲れた。
  아침부터 쭉 공부했기 때문에 조금 지쳤다.
- 山田さんは メールを 出すと、すぐ 返事を くれる。
  야마다 씨는 메일을 보내면 곧 답장을 보내 준다.
- まもなく 電車が まいります。 머지않아 전차가 도착합니다.
- ここは かつて 駅でした。 여기는 이전에 역이었습니다.
- 電車の 時間を あらかじめ 調べて おく。 전철 시간을 미리 알아봐 두다.
- さっき 来た 人は 誰ですか。 아까 온 사람은 누구입니까?
- お先に 失礼します。 먼저 실례하겠습니다.
- お話は 後で うかがいます。 이야기는 나중에 듣겠습니다.

返事 대답, 답장
失礼する 실례하다

❷ 사람의 성질과 태도를 나타내는 부사

- あっさり 깨끗이, 간단히
- さっぱり 시원히, 깔끔히
- きちんと 정확히, 잘 정리된
- きっぱり 딱 잘라, 단호하게
- しっかり 확실히, 똑똑히
- ちゃんと 틀림없이, 확실하게
- はっきり 분명히, 확실히

- 彼に あっさりと 断られて しまった。 그에게 깨끗이 거절당해 버렸다.
- 髪を 洗って さっぱりした。 머리를 감아서 시원해졌다.
- 食事は きちんと とらなければ なりません。 식사는 정확히 먹어야 한다.
- デートの 誘いを きっぱり 断った。 데이트 권유를 단호하게 거절했다.

断る 거절하다
デート 데이트
誘い 권유, 꼠

- 私は 毎朝 **しっかり** 朝ごはんを 食べて いる。
  나는 매일 아침 확실히 아침밥을 먹고 있다.

- 借りた 本は **ちゃんと** 返さなければ ならない。
  빌린 책은 확실히 되돌려주어야 한다.

- 大きな 声で **はっきり** 言って ください。 큰 목소리로 분명하게 말해 주세요.

朝ごはん 아침밥
声 목소리

❸ 사물의 성질을 나타내는 부사

- ねばねば 끈적끈적   · べたべた 끈적끈적   · つるつる 미끈미끈
- ぬるぬる 미끌미끌   · さらっと 매끈하게   · びしょびしょ 흠뻑

- 納豆で 手が **ねばねば** する。 낫토로 손이 끈적끈적하다.
- 汗で 下着が **べたべた** する。 땀으로 속옷이 끈적끈적하다.
- 氷の 上は **つるつる** 滑るから、気を つけないと いけません。
  얼음 위는 미끈미끈 미끄러우니까 조심해야 한다.
- 岩が 苔で **ぬるぬる** して いる。 바위가 이끼로 미끌미끌하다.
- **さらっとした** 布団の 上で 寝ると 気持ちが いい。
  매끈한 이불 위에서 자면 기분이 좋다.
- 雨に 降られて、**びしょびしょ** に 濡れて しまった。
  비를 맞아서 흠뻑 젖어 버렸다.

納豆 낫토
汗 땀
下着 속옷
氷 얼음
滑る 미끄러지다
岩 바위
苔 이끼
布団 이불
濡れる 젖다

❹ 사물의 소리를 나타내는 부사

- がんがん 쾅쾅   · りんりん(と) (작은 벨, 종 등이) 찌르릉
- がたがた(と) 덜커덩덜커덩   · がたんと 쾅, 쾅
- かさかさ (낙엽 등이) 바삭바삭

- 頭が 痛くて **がんがん** する。 머리가 아파서 쾅쾅한다.
- 電話が **りんりん** 鳴って いる。 전화가 따르릉 울리고 있다.
- 風で 雨戸が **がたがた** 鳴る。 바람으로 덧문이 덜커덩덜커덩 소리가 난다.
- 彼は ドアを **がたんと** 閉めた。 그는 문을 쾅하고 닫았다.
- 落ち葉を 踏むと、**かさかさと** 音が する。 낙엽을 밟으면 바삭바삭 소리가 난다.

鳴る 울다, 울리다
風 바람
雨戸 덧문
落ち葉 낙엽

(4) 부사 사용의 주의점

❶ 진술부사는 술어와 호응관계를 가지고 있기 때문에 대화를 끝까지 듣지 않더라도 대략적인 내용을 예측할 수 있다. 즉, 대화 중 상대방이「たぶん」이라는 부사를 썼다면 추측의 내용을 예상할 수 있으며,「あいにく」라는 부사를 썼다면 유감스런 내용을 예상할 수 있다. 따라서 이야기의 전개를 예측할 수 있다는 측면에서 진술부사의 의미를 파악해 두는 것은 매우 중요하다.

> あいにく 공교롭게도

❷「とても(매우/도저히), あまり(너무/별로), なかなか(제법(꽤)/좀처럼), どうも(아무래도/도무지)」 등은 긍정형과 부정형 모두에 쓸 수 있다. 그러나 의미가 각기 다르기 때문에 구분해서 알아 두어야 한다.

- 今日は とても いい 天気ですね。 오늘은 매우 좋은 날씨네요.
  私には とても できません。 저는 도저히 할 수 없습니다.

- あまり 飲みすぎると 体に 悪いです。 너무 많이 마시면 몸에 나빠요.
  日本語は あまり 上手では ありませんが、簡単な 会話なら できます。
  일본어는 그다지 잘하지 못합니다만, 간단한 회화라면 할 수 있습니다.

- 彼女の 笑顔は なかなか 素敵だった。
  그녀의 웃는 얼굴은 제법 근사했다.

  このごろ なかなか 眠れない。
  요즘, 좀처럼 잠이 오지 않는다.

- 彼は、どうも どこかで 見た ような 顔ですが。
  그는 아무래도 어디선가 본 듯한 얼굴입니다만.

  どうも うまく 行かない。
  도무지 잘 되지 않는다.

> 笑顔 웃는 얼굴
> 素敵だ 멋지다

「ぜんぜん(전혀/너무)」은 부정형과 쓰이던 부사였으나 근래에 들어 긍정형과도 함께 쓰이고 있다.
- 今日の テストは ぜんぜん できなかった。 오늘 시험은 전혀 잘 보지 못했다.
- あの 歌手、ぜんぜん すてき！ 저 가수 너무 멋있어!

❸ たぶん

「たぶん」이 쓰일 경우, 그 사건이 일어날 확률을 몇 퍼센트로 생각하느냐는 개인에 따라 다르다. 단,「~かも しれない」보다는 가능성이 높고,「きっと」보다는 가능성이 낮고 할 수 있다.

- たぶん 明日も 雨でしょう。 아마 내일도 비가 내릴 거예요.

- A : 来週の 合宿、行く？ 다음 주 합숙, 가?

  B : たぶんね。 아마도.

合宿 합숙

2 접속사

접속사는 그 역할에 따라 나열, 첨가, 순접, 역접, 선택, 환언, 보충, 전환 등으로 나눌 수 있다.

(1) 나열

주로 명사를 나열할 때 쓰며 「および, ならびに」 등이 있다. 「および」와 「ならびに」는 문장체에서 자주 쓰인다.

- かばんの 中に ナイフ および マッチは 入れないで ください。
  가방 안에 나이프 및 성냥은 넣지 마세요.
- 応接間に ある ステレオ ならびに 本棚は 日本製だ。
  응접실에 있는 스테레오 및 책장은 일본제다.

および 및
ならびに 및, 또한
ナイフ 나이프, 칼
マッチ 성냥
応接間 응접실
ステレオ 스테레오
本棚 책장
日本製 일본제

(2) 첨가

정보를 덧붙이거나 보태어 쓸 때 사용하며 「また, それに, そのうえ, しかも, そして, おまけに, さらに」 등이 있다.

- 村上さんは 小説家で あり、また 翻訳家でも ある。
  무라카미 씨는 소설가이자 또 번역가이다.

- この セーターは 色も デザインも いい。それに 値段も 安い。
  이 스웨터는 색도 디자인도 좋다. 게다가 가격도 싸다.

- お祖父さんは この頃、耳が 遠く なった。そのうえ、足も 弱く なった。
  할아버지는 요즘 귀가 어두워졌다. 게다가 다리도 약해졌다.

- この レストランの ステーキは とても おいしい。しかも 安い。
  이 레스토랑의 스테이크는 매우 맛있다. 게다가 싸다.

- この 町は 静かで 人々も 優しい。そして 空気も いい。
  이 마을은 조용하고 사람들도 친절하다. 그리고 공기도 좋다.

それに 게다가
そのうえ 게다가
しかも 게다가
おまけに 더욱이
さらに 더욱이

小説家 소설가
翻訳家 번역가
デザイン 디자인
耳が遠い 귀가 어둡다
ステーキ 스테이크
人々 사람들
空気 공기

- この 家は 駅から 遠くて、おまけに 狭い。
  이 집은 역에서 멀고, 더욱이 좁다.
- 大学を 卒業して、さらに 大学院に 進学する 人も いる。
  대학을 졸업하고, 더욱이 대학원에 진학하는 사람도 있다.

大学院 대학원

(3) 순접

앞 뒤 문장을 논리적으로 모순 없이 이어 말할 때 사용하며 「だから, したがって, すると, それで, そこで」 등이 있다.

そこで 그래서

- 夜遅くまで テレビを 見たんでしょう。だから、眠いんですよ。
  밤늦게까지 TV를 봤죠? 그래서 졸린 거예요.
- この 製品は 他の ものより 品質が いい。したがって、値段も 高い。
  이 제품은 다른 물건보다 품질이 좋다. 따라서 가격도 비싸다.
- 彼は「動け」と 言った。すると、ロボットの 足が 動いた。
  그는 '움직여라'라고 말했다. 그러자 로봇의 다리가 움직였다.
- 娘は 毎日 一生懸命 勉強しました。それで 大学に 受かりました。
  딸은 매일 열심히 공부했습니다. 그래서 대학에 붙었습니다.
- あまり 時間が ない。そこで 急いで 話を した。
  그다지 시간이 없다. 그래서 급하게 이야기를 했다.

夜遅く 밤늦게
眠い 졸리다
製品 제품
他 그 밖, 이외
品質 품질
ロボット 로봇
一生懸命 열심히
受かる 합격하다

(4) 역접

앞 문장에서 말한 사실과 반대되는 일이나 그와 일치하지 않는 일을 뒤 문장에서 말할 때 쓰며 「しかし, でも, けれども, ところが, だが」 등이 있다.

しかし 그러나
でも 그래도
けれども 그렇지만
ところが 그런데
だが 하지만

- あの 人は お金持ちです。しかし、家族は いません。
  저 사람은 부자입니다. 그러나 가족은 없습니다.
- 天気が 悪かった。でも 私は 出かけた。
  날씨가 나빴다. 그래도 나는 외출했다.
- 夜に なって 雪が やんだ。けれども 寒さは もっと 厳しく なった。
  밤이 되자 눈이 그쳤다. 그렇지만 추위는 점점 심해졌다.
- 彼の 家に 行った。ところが 彼は 留守だった。
  그의 집에 갔다. 그런데 그는 외출 중이었다.
- 電車は 30分も 遅れて 到着した。だが、乗客は 何も 言わなかった。
  전철은 30분이나 늦게 도착했다. 하지만 승객은 아무것도 말하지 않았다.

お金持ち 부자
寒さ 추위
厳しい 엄하다, 심하다
到着する 도착하다
乗客 승객

(5) 선택

여럿 가운데 한 가지를 선택하는 경우에 쓰며 「あるいは, または, それとも」 등이 있다.

- 日本 あるいは アメリカに 留学する つもりだ。
  일본 혹은 미국에 유학할 예정이다.

- 九州までは 飛行機 または 特急列車で 行くのが いい。
  규슈까지는 비행기 또는 특급열차로 가는 것이 좋다.

- ビールに しますか、それとも お酒に しますか。
  맥주로 하겠습니까, 아니면 정종으로 하겠습니까?

あるいは 혹은
または 또는
それとも 아니면

九州 규슈(지명)
特急列車 특급열차

(6) 환언

앞에서 한 말에 대해 표현을 바꾸어 다시 말할 때 쓰며 「つまり, すなわち, 要するに, たとえば」 등이 있다.

- 父の 兄の 娘、つまり 私の いとこが この 会社に 勤めて います。
  아버지 형의 딸, 즉 내 사촌이 이 회사에서 일하고 있습니다.

- 主婦の 仕事、すなわち 掃除、洗濯 などを 代わりに して くれる 男性が 増えて います。
  주부의 일, 즉, 청소, 빨래 등을 대신 해 주는 남성이 늘어나고 있습니다.

- 農作物は すべて 土から 生まれます。要するに 農作物は 土が 命なのです。
  농작물은 모두 땅에서 태어납니다. 요는 농작물은 땅이 생명인 것입니다.

- お酒、たとえば、ビールや ワイン などの うち、何が 一番 好きですか。
  술, 예를 들어 맥주나 와인 등 중에서 무엇을 제일 좋아합니까?

すなわち 즉
要するに 요는
たとえば 예를 들어

いとこ 사촌
主婦 주부
洗濯 빨래, 세탁
増える 늘어나다
農作物 농작물
土 땅, 흙
命 생명

(7) 보충

부족한 정보를 보태어 첨가할 때 쓰며 「ただ, なお, なぜなら」 등이 있다.

- 彼女は きれいだ。ただ、性格は あまり よく ない。
  그녀는 예쁘다. 단, 성격은 그다지 좋지 않는다.

- これで 授業を 終わります。なお、質問の ある 人は 後で 来て ください。
  이것으로 수업을 마칩니다. 덧붙여, 질문이 있는 사람은 나중에 오세요.

- 結婚に ついては 考えて いません。なぜなら、まだ 学生だからです。
  결혼에 대해서는 생각하지 않습니다. 왜냐하면 아직 학생이기 때문입니다.

ただ 단
なお 덧붙여
なぜなら 왜냐하면

質問 질문
結婚 결혼

(8) 전환

다른 이야기로 이야기의 내용을 바꿀 때 쓰며「さて, ところで, それでは, では」 등이 있다.

- ここまで 日本の 文化を 勉強しました。**さて**、次は 経済に ついて 勉強します。 여기까지 일본 문화를 공부했습니다. 그럼 다음은 경제에 대해 공부하겠습니다.

- 寒く なりましたね。**ところで**、奥さんは お元気ですか。
  추워졌네요. 그런데, 부인은 건강하세요?

- **それでは**、これから 会議を 始めます。 그럼 지금부터 회의를 시작하겠습니다.

- **では**、授業を 始めます。 그럼 수업을 시작하겠습니다.

さて 그럼
ところで 그런데
それでは 그럼
では 그럼

次 다음
経済 경제

연습문제

1 빈칸에 알맞은 것을 고르시오.

(1) 英語は ＿＿＿＿＿ 上手では ありませんが、簡単な 会話なら できます。
① とても　　② かなり　　③ あまり　　④ 少し

(2) 彼は ＿＿＿＿＿ お酒を 飲んだ ような 顔を して います。
① まるで　　② つるつる　　③ すべて　　④ らしい

(3) 窓を 開けました。＿＿＿＿＿ 雪が 降って いました。
① だから　　② または　　③ そして　　④ すると

(4) この 店は とても おいしいです。＿＿＿＿＿ 安いです。
① けれども　　② すると　　③ それに　　④ ところが

2 ( ) 안에 알맞은 부사를 보기에서 고르시오.

> **보기**
> いったい　おそらく　かなり　さっぱり　たとえ　まるで

(1) 大学の 周りも かなり 変わって、(　　　) わからない。

(2) 小泉さんは (　　　) 来ないでしょう。

(3) 君は (　　　) 何を 考えてるんだ。

(4) デザインが いいなら、(　　　) どんなに 高くても 買います。

(5) 彼女の 肌は (　　　) 雪の ように 白い。

3 ( ) 안에 들어갈 접속사를 보기에서 고르시오.

> **보기**
>
> けれども　それで　それに　または

(1) A : いつ 韓国へ 帰りますか。
　　B : 7月（　　　　　）8月に 帰る つもりです。

(2) A : 実は 昨日が 合格 発表の 日だったんだ。
　　B :（　　　　　）どうだった？

(3) A : この アパートは どうですか。
　　B : 駅から 近くて 便利です。（　　　　　）ちょっと うるさいです。
　　A : そうですか。

4 주어진 단어를 이용하여 일본어 문장을 완성하시오.

(1) 아무리 기다려도 그녀는 오지 않았다. **（いくら 待つ）**

　　→ _____ 彼女は 来なかった。

(2) 무라카미 씨는 소설가이자 또 번역가이다. **（小説家、翻訳家）**

　　→ 村上さんは _____ でも ある。

(3) 이시다 선생님은 그야말로 학자다운 모습을 하고 있다. **（学者らしい）**

　　→ 石田先生は _____ 格好を して いる。

(4) 부디 면접 잘 부탁합니다. **（面接の こと）**

　　→ _____、よろしく お願いします。

정답은 P.277

다 이 나 믹 일 본 어 문 법

부 록

부록 01 조수사 ·················· 266

부록 02 명사절 ·················· 268

부록 03 맞장구표현 ·············· 270

부록 04 연습문제 정답 ·········· 274

부록 01 조수사

(1) 조수사 읽기 — 읽는 방법이 두 가지일지라도 사용 빈도가 높은 읽기만을 제시하였다.

조수사			1	2	3	4	5
人 ~명		사람	ひとり	ふたり	さんにん	よにん	ごにん
歳(才) ~살		나이	いっさい	にさい	さんさい	よんさい	ごさい
			11살 : じゅういっさい, 12살 : じゅうにさい 등, … * 20살 : はたち로 읽는 것에 주의				
回 ~번		횟수	いっかい	にかい	さんかい	よんかい	ごかい
階 ~층		층수	いっかい	にかい	さんがい	よんかい	ごかい
個 ~개		사과, 계란	いっこ	にこ	さんこ	よんこ	ごこ
枚 ~장		종이, 셔츠	いちまい	にまい	さんまい	よんまい	ごまい
本 ~자루		연필, 병	いっぽん	にほん	さんぼん	よんほん	ごほん
冊 ~권		책, 노트	いっさつ	にさつ	さんさつ	よんさつ	ごさつ
台 ~대		자동차, TV	いちだい	にだい	さんだい	よんだい	ごだい
匹 ~마리		개, 생선	いっぴき	にひき	さんびき	よんひき	ごひき
杯 ~잔		잔, 그릇	いっぱい	にはい	さんばい	よんはい	ごはい
足 ~켤레		양말, 구두	いっそく	にそく	さんぞく	よんそく	ごそく

(2) 기간 읽기 — 연간, 개월간, 일간, 분간의 間은 생략해도 된다.

		1	2	3	4	5
年(間) ~년(간)	いちねん(かん)	にねん(かん)	さんねん(かん)	よねん(かん)	ごねん(かん)
ヵ月(間) ~개월(간)	いっかげつ(かん)	にかげつ(かん)	さんかげつ(かん)	よんかげつ(かん)	ごかげつ(かん)
週間 ~주간	いっしゅうかん	にしゅうかん	さんしゅうかん	よんしゅうかん	ごしゅうかん
日(間) ~일(간)	いちにち	ふつか(かん)	みっか(かん)	よっか(かん)	いつか(かん)
	하루의 기간은 間을 쓰지 않는다.				
時間 ~시간	いちじかん	にじかん	さんじかん	よじかん	ごじかん
分(間) ~분(간)	いっぷん(かん)	にふん(かん)	さんぷん(かん)	よんぷん(かん)	ごふん(かん)

6	7	8	9	10	몇
ろくにん	しちにん	はちにん	きゅうにん	じゅうにん	なんにん
ろくさい	ななさい	はっさい	きゅうさい	じゅっさい	なんさい
ろっかい	ななかい	はっかい	きゅうかい	じゅっかい	なんかい
ろっかい	ななかい	はっかい	きゅうかい	じゅっかい	なんかい
ろっこ	ななこ	はちこ	きゅうこ	じゅっこ	なんこ
ろくまい	ななまい	はちまい	きゅうまい	じゅうまい	なんまい
ろっぽん	ななほん	はっぽん	きゅうほん	じゅっぽん	なんぼん
ろくさつ	ななさつ	はっさつ	きゅうさつ	じゅっさつ	なんさつ
ろくだい	ななだい	はちだい	きゅうだい	じゅうだい	なんだい
ろっぴき	ななひき	はっぴき	きゅうひき	じゅっぴき	なんびき
ろっぱい	ななはい	はちはい	きゅうはい	じゅっぱい	なんばい
ろくそく	ななそく	はっそく	きゅうそく	じゅっそく	なんぞく

6	7	8	9	10	몇
ろくねん(かん)	ななねん(かん)	はちねん(かん)	きゅうねん(かん)	じゅうねん(かん)	なんねん(かん)
ろっかげつ(かん)	ななかげつ(かん)	はっかげつ(かん)	きゅうかげつ(かん)	じゅっかげつ(かん)	なんかげつ(かん)
ろくしゅうかん	ななしゅうかん	はっしゅうかん	きゅうしゅうかん	じゅっしゅうかん	なんしゅうかん
むいか(かん)	なのか(かん)	ようか(かん)	ここのか(かん)	とおか(かん)	なんにち(かん)
ろくじかん	ななじかん	はちじかん	くじかん	じゅうじかん	なんじかん
ろっぷん(かん)	ななふん(かん)	はっぷん(かん)	きゅうふん(かん)	じゅっぷん(かん)	なんぷん(かん)

부록 02 명사절

(1) 「こと」와 「の」에 의한 명사절

보통체형에 「こと」나 「の」를 붙여서 그 문장을 명사화할 수 있다. 이 명사화된 것을 명사절이라고 한다.

- テニスを する + おもしろい → テニスを する ことは おもしろい。
  　　　　　　　　　　　　　　　　テニスを する のは おもしろい。
  테니스를 하다 + 재미있다 → 테니스를 하는 것은 재미있다.

- 姉が クラシックが 好きだった [こと/の]を 思い出した。
  언니가 클래식을 좋아하는 것을 떠올렸다.

- 彼が 入院した [こと/の]を 知って いますか。
  그가 입원한 것을 알고 있습니까?

 명사의 비과거 긍정형은 「명사+だという こと/である こと」와 「명사+なの」의 형태가 쓰인다.
- 今日は [休みだという こと/休みで ある こと]を 知らなかった。
  今日は 休みなのを 知らなかった。 오늘은 쉬는 날이라는 것을 몰랐다.

(2) 「こと」와 「の」의 구분

문장을 명사화 할 때 「こと」와 「の」는 대부분의 경우 교체가 가능하여 어느 것을 써도 무방하다. 단, 다음과 같은 경우에는 「こと」와 「の」를 구분해서 사용해야 한다.

❶ 「こと」만 써야 하는 경우

ⓐ 「こと」 뒤에 쓰이는 동사가 주로 발화와 관련된 동사(話す(이야기하다), 伝える(전하다), 約束する(약속하다), 命じる(명하다), 祈る(기도하다), 希望する(희망하다), (話を) 聞く((이야기를) 듣다) 등)인 경우

- 木村さんに 電話が あった ことを お伝えください。(○) 기무라 씨에게 전화가 있었다고 전해 주세요
  木村さんに 電話が あったのを お伝えください。(?)
- 私は 彼が 合格する ことを 祈って います。(○) 나는 그가 합격할 것을 기원합니다.
  私は 彼が 合格するのを 祈って います。(?)

ⓑ 「こと」 뒤에 「です(~입니다), だ(~이다), である(~이다)」가 쓰인 경우

- 彼の 夢は 医者に なる ことです。(○) 그의 꿈은 의사가 되는 것입니다.
  彼の 夢は 医者に なるのです。(×)

ⓒ 「～ことが できる(～할 수 있다), ～ことが ある(～하는 일이 있다), ～ことに なる(～하게 되다), ～ことに する(～하기로 하다)」의 표현이 쓰인 경우

- 漢字を 読む ことが できます。(○) 한자를 읽을 수 있습니다.
  漢字を 読むのが できます。(×)
- 来年 日本の 本社に 行く ことに なりました。(○) 내년에 일본 본사에 가게 되었습니다.
  来年 日本の 本社に 行くのに なりました。(×)

❷ 「の」만 써야 하는 경우

ⓐ 「の」 뒤에 쓰이는 동사가 지각동사(見る(보다), 見える(보이다), 聞く(듣다), 聞こえる(들리다))인 경우

- 彼が 泣くのを 初めて 見た。(○) 그가 우는 것을 처음 봤다.
  彼が 泣く ことを 初めて 見た。(×)
- 今日も 鳥が 鳴くのを 聞いた。(○) 오늘도 새가 우는 것을 들었다.
  今日も 鳥が 鳴く ことを 聞いた。(×)

ⓑ 「の」 뒤에 쓰이는 동사가 「手伝う(돕다), 待つ(기다리다), やめる(그만두다), 止める(세우다)」 등인 경우

- アイロンを かけるのを 手伝いました。(○) 다림질 하는 것을 도왔습니다.
  アイロンを かける ことを 手伝いました。(?)
- 明日 キャンプに 行くのを やめました。(○) 내일 캠프에 가는 것을 그만두었습니다.
  明日 キャンプに 行く ことを やめました。(?)

ⓒ 「～のは ～だ(です)(~하는 것은 ~이다(입니다))」의 강조구문이 쓰인 경우

- 木村さんは この CDを デパートで 買った。|기본문|
  기무라 씨는 이 CD를 백화점에서 샀다.

  → この CDを デパートで 買ったのは 木村さんだ。|「木村さん」강조|
  이 CD를 백화점에서 산 것은 기무라 씨이다.

  → 木村さんが デパートで 買ったのは この CDだ。|「この CD」강조|
  기무라 씨가 백화점에서 산 것은 이 CD이다.

  → 木村さんが この CDを 買ったのは デパートだ。|「デパート」강조|
  기무라 씨가 이 CD를 산 곳은 백화점이다.

문장 안에서 한 가지 요소를 강조하기 위해 쓰는 구문을 강조구문이라고 하며, → 가 표시된 문장이 강조구문이다. 이와 같은 형태로 쓰이는 문장에서는 「の」로만 명사화 할 수 있다.

부록 03 맞장구표현

맞장구표현이란 화자가 말하고 있는 것을 듣고 있다거나 이야기의 내용을 이해한다는 등의 신호를 보내는 것으로 일본어로는「あいづち」라고 한다. 우리나라 사람에 비해 일본 사람들은 이 맞장구표현을 많이 사용한다. 일상회화에서 청자가 적절한 맞장구표현을 쓰지 않으면 의사소통이 원활하게 이루어지지 않는다. 따라서 일본인과 자연스러운 대화를 하기 위해서는 적절한 맞장구표현을 알아 둘 필요가 있다.

(1) 이야기를 듣고 있다는 신호

청자가 화자의 이야기를 듣고 있다는 것을 나타내기 위해서는「はい(예), ええ(네), うん(응)」등을 사용한다.「はい」와「ええ」는 손윗사람에게 쓸 수 있으며,「うん」은 대등한 관계나 손아랫사람에게 쓴다.

- はい
  A : 明日、会議の ことですが……。 내일, 회의 말인데…….
  B : はい。 네.
  A : 資料を コピーした ほうが いいんじゃ ないかと 思って……。
  자료를 복사하는 것이 좋을 것 같아서…….

- ええ
  A : カレーの 材料は、玉ねぎと にんじんと、それから……。 카레 재료는 양파와 당근과 그리고…….
  B : ええ。 네.
  A : 牛肉と じゃがいもです。 쇠고기와 감자입니다.
  B : ええ、分かりました。 네, 알겠습니다.

「はい、ええ、うん」등은 화자의 이야기를 듣고 있다는 신호 이외에 화자의 이야기 내용에 청자가 동의하고 있다는 것을 나타내기도 한다.
- A : ごめん、宿題、教えて。 미안, 숙제 좀 가르쳐 줘.
  B : うん、いいよ。 응, 알았어.

(2) 이야기의 내용을 이해하거나 동의한다는 신호

화자의 이야기에 관해 청자가 그것을 납득하거나 동의한다는 것을 나타낼 때에는「おっしゃるとおりです(말씀하신 대로입니다), そのとおりです(그렇습니다), そうだよね(그렇지), それは いえますね(그렇다고 할 수 있네요), そうですね(그러네요)」등을 사용한다.「おっしゃるとおりです, そのとおりです」와「そうだよね」는 화자의 의견에 전적으로 동의한다는 것을,「それは いえますね」는 어떤 의미에서 동의할 수 있다는 것을 나타낸다.

- おっしゃるとおりです
    - A：大事なのは お金では ありません。家族です。 소중한 것은 돈이 아닙니다. 가족이니다.
    - B：おっしゃるとおりです。私も そう 思います。 말씀하신 대로입니다. 저도 그렇게 생각합니다.

- そうですね
    - A：台風の 日に 学校に 行きたくありませんよね。 태풍 날에 학교에 가고 싶지 않지요?
    - B：そうですね。一日中、家に いたいですよね。 그러네요. 하루 종일 집에 있고 싶네요.

> 「そうですね」는 동의 이외에 자신의 의견 등을 말하기 전 서두를 꺼낼 때도 자주 사용한다.
> - A：日本の 生活に ついて どう 思いますか。 일본생활에 대해 어떻게 생각합니까?
> - B：そうですね、便利だけど、物価が 高いと 思います。
>   글쎄요, 편리하지만 물가가 비싸다고 생각합니다.

(3) 이야기의 내용에 납득하거나 공감한다는 신호

청자가 화자의 이야기를 이해하거나 공감을 할 때에는「そうなんですか(그렇습니까), そうでしょうね(그러겠지요), そうなんだ(그렇구나), そうか(그렇군), なるほど(그렇군), よかったですね(다행이네요), よかったね(다행이네), わかります(압니다), 残念ですね(유감스럽네요), 残念だね(유감이네)」등을 사용한다.

- そうでしょうね
    - A：お母さんが 美人だから、子供も きっと かわいいでしょうね。
      엄마가 미인이니까, 아이도 꼭 귀엽겠죠?
    - B：そうでしょうね。お母さんに 似て かわいいと 思いますよ。
      그러겠지요. 엄마를 닮아서 귀여울 거라고 생각해요.

- なるほど
    - A：彼の 日本語は 女みたいだね。 그 사람의 일본어는 여자 같아.
    - B：ええ。日本人の 女の子の 友だちが 大勢 いる そうだよ。 네. 일본인 여성 친구가 많이 있대요
    - A：なるほど……。 그렇군…….

(4) 청자의 감정을 나타내는 신호

청자가 화자의 이야기에 대해 놀람이나 확인 등 자신의 감정을 나타낼 때에는「ええっ(어?), は(응?), え(어?), 本当(ほんとう)ですか(정말입니까?), 本当(ほんとう)(↗)(정말), まじで(진짜), やっぱり(역시), へえ(에~), あら(어머)」등을 사용한다.「は, 本当(ほんとう)(↗)」는 친한 사이에서 쓰며「まじで」는 주로 남자들이 사용한다.「あら」는 주로 여성들이 사용하는데,「あら」를 짧게 말하면 지금까지 알지 못했던 것을 알아차렸다는 것을 나타내며,「あらぁ(↘)」로 길게 말하면 유감스런 기분을 나타낸다.

- ええっ
  - A : ね、あの 話(はなし)、聞(き)いた？ 저기, 저 이야기, 들었어?
  - B : 何(なに)？ 뭐?
  - A : 木村先生(きむらせんせい)、今月結婚(こんげつけっこん)するんだって。 기무라 선생님이 이번 달에 결혼한대.
  - B : ええっ？！ 어?!

- 本当(ほんとう)ですか
  - A : デパートで 財布(さいふ)を なくしたんです。 백화점에서 지갑을 잃어버렸어요.
  - B : 本当(ほんとう)ですか。それで 警察(けいさつ)には 行(い)ったんですか。 정말입니까? 그런데 경찰서에는 갔어요?

(5) 이야기를 재촉하는 신호

화자가 하고 있는 이야기에 대해 더욱 자세한 이야기를 요구하거나 다음 이야기의 전개를 재촉할 때에는「それで(그래서), それから(그래서), それから どうしたんですか(그래서 어떻게 했어요?), と おっしゃいますと(그러하시다면), というと(그렇다면)」등을 사용한다.

- それで
  - A : 韓国(かんこく)へ 旅行(りょこう)した とき、パスポートを 無(な)くしちゃったのよ。
    한국에 여행을 갔을 때 여권을 분실했어요.
  - B : それで、どうしたんですか。 그래서 어떻게 했어요?

- それから
  - A : じゃあ、まず 野菜(やさい)を 洗(あら)って ください。 그럼, 먼저 채소부터 씻어 주세요.
  - B : それから、どうしましょうか。 그래서 어떻게 할까요?

(6) 부정의 신호

화자의 질문에 부정의 신호를 나타낼 때에는 「いいえ(아니요), いえ(아니요), いや(아니), ううん(아니)」 등을 사용한다. 「いいえ, いえ」는 손윗사람에게 쓸 수 있는 표현이며, 「いや, ううん」은 주로 친한 사람에게 쓴다.

- いえ

    A : すみませんが、経済学部の 建物は こちらですか。 죄송합니다만, 경제학부 건물은 이쪽입니까?
    B : いえ、あちらの 白い 建物です。 아니요, 저쪽 하얀 건물입니다.

- いや

    A : お母さんに テストの 結果、見せた？ 어머니에게 시험 결과 보여 드렸어?
    B : いや、まだ 見せて ない。 아니, 아직 안 보여 드렸어.

부록 04 연습문제 정답

01 명사

1. (1) ④　(2) ④　(3) ③　(4) ④
2. (1) 父は 50才で、銀行員です。
   (2) 今日は 日曜日で、休みです。
   (3) これは りんごで、それは みかんです。
   (4) ここは 図書館で、あそこは 学生会館です。
3. (1) 会社員です
   (2) どなたですか
   (3) ビールを 3本
   (4) 先生では(じゃ) なかった
4. (1) あそこは 病院です。
   (2) それは 寿司です。
   (3) あの 方は 佐藤さんです。
   (4) 妹は 中学生です。

02 형용사

1. (1) ④　(2) ③　(3) ②　(4) ④
2. (1) 便利で　(2) 小さくて
   (3) にぎやかでした
3. (1) 有名だった
   (2) どちらが やさしかったですか
   (3) 一番 好きですか
   (4) 近くの
4. きれいな, やさしい, 忙しくて

03 동사의 분류 · 사전형 · ます형

1. (1) ①　(2) ③　(3) ①　(4) ②
2. (1) 集める　(2) 読み　(3) 食べ　(4) 使い
3. (1) アメリカに 留学する
   (2) 海外出張に 行く
   (3) 帰り
   (4) いらっしゃい
4. (1) 料理を 始める 前に、手を 洗います。
   (2) 夜、寝る 前に、日記を 書きます。
   (3) 買い物に 行く 前に、銀行で お金を 下ろします。
   (4) 仕事を 始める 前に、コーヒーを 飲みます。

04 동사의 て형 · た형 · ない형

1. (1) ②　(2) ④　(3) ②　(4) ③
2. (1) 貸して　(2) 描いたり, 聞いたり
   (3) 行か
3. (1) シャワーを あび　(2) 車を 止め
   (3) 友だちと 話さないで
   (4) コーヒーを 飲んだ
4. 見た, 降って, 出したり, かけたり

05 연체형 · 조건형 · 의지형 · 명령형

1. (1) ②　(2) ③　(3) ①　(4) ①
2. (1) 持とう　(2) なろう　(3) 行こう
3. (1) 休もう　(2) 帰ろう　(3) 結婚しよう
   (4) 習おう
4. (1) 朝早く 起きろ　(2) 英語も できれば
   (3) 日本へ 行く　(4) 銀行に 就職しよう

06 보통체와 정중체

1. (1) ③　(2) ①　(3) ④　(4) ②
2. (1) ダイエットは むだだと 思います。
   (2) 鈴木さんは 本当に よく 働くと 思い

ます。
(3) パワー電気の 製品は デザインが いいと 思います。
(4) 田中部長は 来ないと 思います。

3 (1) 寂しい (2) 誕生日だった
(3) 帰国した

4 (1) 何時から 始まる
(2) アメリカへ 行かない
(3) 何が いいか
(4) 駅から 近い

07 자동사와 자동사

1 (1) ① (2) ① (3) ④ (4) ②
2 (1) つけます (2) ついて います
(3) 止めました (4) 倒れました
3 (1) が (2) を (3) を (4) が
4 割れて, 閉めて, 割って, 開いて

08 격조사와 병렬조사

1 (1) ① (2) ② (3) ② (4) ③
2 (1) を (2) で (3) と (4) が
(5) に
3 (1) に (2) に (3) か (4) が
4 で, を, は, と

09 시제

1 (1) ③ (2) ① (3) ② (4) ②
2 (1) 簡単では なかった
(2) 海外旅行を します
(3) 暇だった
(4) 寝る

(5) 高校生だった
3 (1) 作りません (2) 行かなかった
(3) あった
4 (1) うちに いる
(2) 何と おっしゃいましたか
(3) 授業が 終わりましたか
(4) ジョギングを します

10 상

1 (1) ① (2) ③ (3) ④ (4) ③
2 (1) はい、もう 来ました。
(2) いいえ、まだ 終わって いません。
(3) はい、もう 咲きました。
(4) いいえ、まだ 出して いません。
3 (1) 結婚して い (2) 集めて
(3) 着て いる / 着た
4 (1) 雪が 降りだした
(2) 忘れて しまった
(3) 準備を して おきました
(4) 飾って あった

11 수수표현

1 (1) ③ (2) ④ (3) ④ (4) ③
2 (1) あげた/もらった (2) くれた
(3) もらった (4) くれた
(5) くれた
3 (1) 買って くれました
(2) 連れて きて もらいました
(3) ひいて あげます
4 (1) クリスマスカードを くれました
(2) 送って いただきました

(3) 傘を 貸して もらった
(4) 説明して くださった

12 가능표현

1 (1) ③　(2) ②　(3) ①　(4) ②
2 (1) この 話は 秘密だから、話せない。
(2) この 本は 難しくないから、読める。
(3) 弟は アメリカに いるから、会えない。
(4) 席が 空いて いるから、座れる。
3 (1) 借りられます　(2) 吸える
(3) できます
4 (1) 食べられますか　(2) はけません
(3) 自由に 旅行でき　(4) 作れる

13 수동표현

1 (1) ③　(2) ①　(3) ④　(4) ②
2 (1) 勧められて、大学院に 入学した
(2) 話しかけられて、不愉快な 気持ちに なった
(3) 言われて、禁煙した
(4) 怒られて、泣いた
3 (1) 入られ　(2) 吸われ　(3) 開かれる
4 (1) 電話で 呼ばれた
(2) 期末テストに ついて 聞かれました
(3) 友だちに 来られました
(4) 恋人に ふられた

14 사역표현

1 (1) ①　(2) ③　(3) ②　(4) ①
2 (1) 行かせる　(2) 参加させて

(3) 考えさせて
3 (1) 笑わせました
(2) 絵本を 読ませました
(3) 食べさせました
(4) 散歩させました
4 (1) アメリカへ 留学させました
(2) 休ませて いただけませんか
(3) やらせる
(4) 遅くまで 残業させられます

15 원인·목적·역접표현

1 (1) ①　(2) ①　(3) ②　(4) ③
2 (1) 兄は 英語が 得意なのに、私は あまり 得意では ありません。
(2) かぎを かけたのに、泥棒が 入りました。
(3) 今年の 冬は 暖かいのに、長い コートが 売れて います。
(4) 田中さんは 日本人なのに、キムチが 好きです。
3 (1) ある　(2) 留学する
(3) 日曜日な
4 (1) 辞書を 引い　(2) まだ 高校生だ
(3) 試合に 負けない　(4) 今日は 忙しい

16 조건표현

1 (1) ④　(2) ②　(3) ①　(4) ③
2 (1) チャンスが あったら、留学したいです。
(2) バスが 来なかったら、タクシーで 行きます。
(3) バスに 乗る お金が なかったら、どう しますか。
(4) 月曜日が 無理だったら、火曜日に レ

부록 04 연습문제 정답

ポートを 出して ください。
3 ⑴ 雨だった   ⑵ 見る
  ⑶ 行く(の)
4 ⑴ 右へ 曲がる   ⑵ 黒い かばん
  ⑶ 連絡すれ   ⑷ 家へ 帰った

17 서법

1 ⑴ ①   ⑵ ④   ⑶ ③   ⑷ ④
2 ⑴ 上手な ⑵ おいし ⑶ 不便 ⑷ 天気
  ⑸ ほしがって いる
3 ⑴ 話さない   ⑵ 手伝って
  ⑶ 遊ぶ
4 ⑴ 雪が 降る そうです
  ⑵ 留守の はずです
  ⑶ 試験に 合格するに 違いない
  ⑷ 自筆で なければ なりません / なくて
    は いけません

18 특립조사 · 종조사

1 ⑴ ②   ⑵ ③   ⑶ ①   ⑷ ④
2 ⑴ まで   ⑵ さえ   ⑶ ほど   ⑷ な
3 ⑴ ばかり   ⑵ しか   ⑶ ね   ⑷ よ
4 ⑴ ぐらい/ほど   ⑵ とは/って
  ⑶ だけ   ⑷ こそ
  ⑸ なんか, なんて, など

19 경어

1 ⑴ ③   ⑵ ①   ⑶ ①   ⑷ ③
2 ⑴ お休みに なりましたか
  ⑵ ご覧に なりましたか
  ⑶ 拝見しました

⑷ お目に かかる
3 ⑴ 読み   ⑵ 手伝い   ⑶ 座り
4 ⑴ お送りします/お送りいたします
  ⑵ 召し上がって
  ⑶ 銀行で 働いて
  ⑷ 休みを もらいました

20 부사 · 접속사

1 ⑴ ③   ⑵ ①   ⑶ ④   ⑷ ③
2 ⑴ さっぱり   ⑵ おそらく
  ⑶ いったい   ⑷ たとえ
  ⑸ まるで
3 ⑴ または   ⑵ それで   ⑶ けれども
4 ⑴ いくら 待っても
  ⑵ 小説家で あり、また 翻訳家
  ⑶ いかにも 学者らしい
  ⑷ どうか 面接の こと

본 교재의 참고문헌

秋元美春(2002)『よくわかる　語彙』アルク

庵功雄(2001)『新しい日本語学入門　ことばのしくみを考える』スリーエーネットワーク

庵功雄・高梨信乃・中西久美子・山田敏弘(2000)『初級を教える人のための日本語文法ハンドブック』スリーエーネットワーク

庵功雄・高梨信乃・中西久美子・山田敏弘(2001)『中上級を教える人のための日本語文法ハンドブック』スリーエーネットワーク

庵功雄・日高水穂・前田直子・山田敏弘・大和シケミ(2003)『やさしい日本語のしくみ』くろしお出版

井上史雄(1998)『日本語ウォッチング』岩波新書

市川保子(2000)『日本語誤用例文小辞典』凡人社

市川保子(2005)『初級日本語文法と教え方のポイント』スリーエーネットワーク

菊池康人(1996)『敬語再入門』丸善ライブラリー

グループ・ジャマシイ編著(1998)『教師と学習者のための日本語文型辞典』くろしお出版

泉子・K・メイナード(2005)『日本語教育の現場で使える談話表現ハンドブック』くろしお出版

高見澤はじめ監修(1996)『はじめての日本語教育1　日本語教育の基礎知識』凡人社

日本語記述文法研究会(2008)『現代日本語文法 6』くろしお出版

日本語教育学会編(1993)『日本語教育事典』大修館書店

日本語教育学会編(2006)『新版　日本語教育事典』大修館書店

堀口純子(1988)「コミュニケーションにおける聞き手の言語行動」『日本語学』64号　明治書院

水谷信子(1988)「あいづち論」『日本語学』第7巻12号　明治書院

山下暁美・沢野美由紀(2008)『書き込み式でよくわかる日本語教育文法講義ノート』アルク

野田尚志(1991)『はじめての人の日本語文法』くろしお出版

野田尚志編(2005)『コミュニケーションのための日本語教育文法』くろしお出版

益岡隆志・田窪行則(1992)『基礎日本語文法』くろしお出版

다이나믹 일본어 문법

지은이 오현정
펴낸이 정규도
펴낸곳 (주)다락원

초판 1쇄 발행 2010년 3월 2일
초판 8쇄 발행 2023년 3월 27일

편집장 이경숙
책임편집 송화록, 최재영
디자인 정현석, 윤지은, 오연주
일러스트 강진호

다락원 경기도 파주시 문발로 211
내용문의: (02)736-2031 내선 460~465
구입문의: (02)736-2031 내선 250~252
Fax: (02)732-2037
출판등록 1977년 9월 16일 제406-2008-000007호

Copyright ⓒ 2010, 오현정

저자 및 출판사의 허락 없이 이 책의 일부 또는 전부를 무단 복제·전재·발췌할 수 없습니다. 구입 후 철회는 회사 내규에 부합하는 경우에 가능하므로 구입문의처에 문의하시기 바랍니다. 분실·파손 등에 따른 소비자 피해에 대해서는 공정거래위원회에서 고시한 소비자 분쟁 해결 기준에 따라 보상 가능합니다. 잘못된 책은 바꿔 드립니다.

값 13,000원
ISBN 978-89-5995-749-1 13730

http://www.darakwon.co.kr

- 다락원 홈페이지를 방문하시면 상세한 출판 정보와 함께 동영상강좌, MP3 자료 등 다양한 어학 정보를 얻으실 수 있습니다.
- 다락원 **Cyber 어학원** 내 〈일본어 공부방〉에서는 다양한 일본어 학습 코너가 제공되고 있습니다.